La lettre de Martine Cano

Présidente de la Fédération française de cyclotourisme

Nous vous invitons à parcourir le Périgord et le Lot à vélo ! Ce guide, réalisé par le Petit futé et la Fédération française de cyclotourisme, vous propose tous les bons plans et les plus beaux parcours pour profiter de vos balades.

Découvrir le Périgord et le Lot à vélo est une affaire qui roule ! Ces deux départements offrent des paysages diversifiés et des villages d'histoire, propices à la pratique du cyclotourisme.

Les quatre Périgord proposent une multitude de parcours au cœur des cités médiévales telles que Limeuil ou Sarlat ou bien à travers les vallées de la Vézère et de la Dordogne qui raviront les amoureux des jolis panoramas. Passionnés d'histoire ou de nature, vous serez servis !

Le Lot, c'est le spot des émotions, entre les profondeurs de la terre, les villages perchés et les rivières secrètes : Figeac, Padirac ou encore Rocamadour sont des lieux qui vous enchanteront.

Lors de votre séjour, ne manquez pas de profiter également de la gastronomie unique qu'offre la région. Après quelques coups de pédales, rendez-vous à Thiviers, capitale du foie gras en Périgord vert, ou chez des producteurs de truffes et de noix, pour une dégustation qui éveillera vos papilles. Et du côté de Cahors, évidemment, pour parcourir ce vignoble et son cépage bien français, le malbec...

Nul doute que cette aventure dans le Périgord et dans le Lot vous ressourcera ! Et si vous souhaitez aller plus loin, la Fédération française de cyclotourisme anime un portail gratuit et accessible au grand public, veloenfrance.fr : une plateforme unique et interactive qui propose plus de 4 000 circuits route et VTT sur l'ensemble du territoire français. Il y en a plus de 130 en Lot-Périgord.

À Brantôme, découvrez l'abbaye de Saint-Pierre, fondée par Charlemagne
© Vélo en France

SOMMAIRE

Vallée de la Dordogne près de La Roque-Gageac. © LAMIO - STOCK.ADOBE.COM

Vue sur Rocamadour. © JULIEN - ISTOCKPHOTO.COM

70 : Escapade dans la Double

Un petit parcours de 35 km, sans difficulté, parfait pour se mettre en jambes ou pour les plus novices qui souhaitent commencer progressivement. En environ 1h, vous serez à Saint-Michel-de-Double. Les étangs, au gré de votre balade, permettent de se détendre et d'admirer la technique des pêcheurs : vous serez surpris par la taille des poissons qu'ils peuvent sortir de l'eau ! Retour en selle pour boucler la boucle.

73 : Entre rivière et falaises dans le Périgord noir

Cette balade va vous en mettre plein les yeux : histoire, nature et culture s'y entremêlent. Le château de Fénelon ayant servi de décor à des films, les maisons troglodytes de La Roque-Gageac, le château de Josephine Baker et sa « tribu arc-en-ciel », les jardins suspendus de Marqueyssac... Et, en point d'orgue, Domme, un des Plus Beaux Villages de France. Il faut grimper pour y arriver, mais l'effort est largement récompensé par un panorama sur la vallée de la Dordogne.

83 : Les berges de l'Isle du Périgord blanc

Voici un bel aller-retour entre Chancelade et la base nautique de Chandos *via* la Voie Verte des Berges de l'Isle : autant dire que tout est fait pour vous faciliter la tâche. Il s'agit là d'un parcours sans difficulté, jalonné d'un château, d'écluses et de jolis villages avec de bonnes adresses. Il n'y a qu'à profiter !

87 : Au pays des châtaigniers : les bastides du Périgord pourpre

A cheval entre le Périgord Pourpre et le Périgord Noir, ce circuit vous fait profiter des atouts de ces deux magnifiques parties de la Dordogne. La châtaigne et la truffe sont les reines, et les bastides aux pierres jaunes, aux halles majestueuses et aux ruelles pittoresques sont leur royaume. Le parcours présente de beaux challenges, mais aussi de sacrées belles récompenses. Prêts à relever le défi ?

92 : À travers la Forêt Mêlée : le Périgord vert

Lancez-vous dans cette balade où arbres et forêt sont les vedettes du spectacle. Vous sentez la nature ? Nous ne sommes pas au cœur du Périgord Vert pour rien ! Jardins, châteaux, abbayes, grottes préhistoriques vont aussi vous enchanter : laissez-vous porter par leur histoire. La voie Flow vélo vous ramènera à bon port sans trop d'effort.

97 : Sur la route des châteaux du Périgord vert

Un circuit assez court, mais suffisant pour vous emmener entre Nontron et Mareuil-en-Périgord, où nous vous recommandons fortement la visite du château. Sur la route, vous pourrez faire plusieurs escales pour découvrir le château des Bernardières, celui de Bellusière ou encore celui de Beauvais. Leur architecture et leur prestance ne pourront pas vous laisser insensible !

102 : Au fil de la Dordogne

De difficulté modeste, ce circuit a peu de dénivelé, mais demande de la régularité. En effet, longeant la Dordogne, il ne présente qu'un très léger relief et vous invite à rejoindre le Port de Mouleydier, en passant par son ascenseur à poissons, l'écluse d'aval de Tuilières et le bassin du même nom, avec beaucoup d'aisance. Il suffit de 3h, sans forcer, pour profiter de cette balade.

107 : Bergerac, vignoble Monbazillac

Ce circuit sans difficulté, d'une distance de 35 km, est idéal pour les débutants. Faisable en 2 à 3 heures, selon les pauses, il traverse les domaines de Bergerac et Monbazillac, où vous pourrez contempler à loisir des vignobles à perte de vue. Et pourquoi ne pas s'y arrêter et se laisser tenter par des dégustations ? Avec modération, bien évidemment...

114 : Entre bastides et châteaux

Cette petite boucle permet de profiter de chaque étape : les bastides, notamment Issigeac, sont de toute beauté avec leur architecture médiévale, leurs maisons à colombage particulièrement bien entretenues et leur halle au marché couvert. Lanquais n'est pas en reste avec son château pittoresque, tout comme celui de Bannes, perché sur sa colline, qui se laisse admirer en redescendant sur Beaumont.

Bergerac. © OKS_MIT - ISTOCKPHOTO

119 LES BALADES DANS LE LOT

120 : Le Causse Martel

Ce circuit n'est pas d'une grande difficulté, mais les Causses du Lot offrent quelques vallons et virages. Evidemment, les paysages fabuleux vont de pair. De hameaux en lieux-dits, vous croiserez sûrement quelques jolies constructions du petit patrimoine local : murs-ruchers, cazelles, gariottes, chapelles... et peut-être aussi les stars des Causses : la brebis à lunettes noires.

124 : Padirac, entre Préhistoire et Géologie

Vous êtes au cœur de ce qui fait du Lot un lieu exceptionnel dans le milieu de la géologie : commencez par la visite du Gouffre de Padirac qui vous fait naviguer sur une rivière souterraine. Mais à la surface, le chemin n'est pas mal non plus : cap au nord vers les ruines de Taillefer de Gintrac. Forêts, châteaux, grottes préhistoriques et l'un des bijoux naturels qui s'impose, c'est bien la cascade d'Autoire.

127 : Rocamadour, entre Ouysse et Causse

Entre la Vallée de l'Ouysse, le Causse et Rocamadour, vous allez en prendre plein les yeux, mais aussi plein les mollets... Forcément, ça grimpe, mais ça redescend aussi, histoire de se laisser porter ! Mais vraiment, c'est pour la bonne cau(s)se : ce circuit sauvage vous fera découvrir le Rocher des Aigles, la Forêt des Singes et de nombreux lieux naturels et historiques à l'ambiance magique.

134 : Sur les hauteurs du Lot et les contreforts du Massif Central

Circuit sportif de 43 km avec de jolies routes en serpents, des vues splendides, de la forêt : vous n'aurez pas le temps de vous ennuyer ! Quelques pauses seront nécessaires, et pour cela, les endroits accueillants ne manqueront pas. Il n'y a pas de grosses difficultés, mais ce sera un challenge à relever pour les novices, et du pur plaisir pour les plus aguerris. Prêts ?

137 : Sur les traces du Moyen Âge

Pour partir sur les traces du Moyen Âge, Gourdon est évidemment le meilleur point de départ. La route dans la forêt de châtaigniers vous guide vers Lamothe-Fénelon. Quelques passages à travers champs vous laisseront voir l'horizon, mais les arbres seront, en grande partie, vos compagnons de route, ainsi que quelques animaux de la ferme.

144 : Où coule le vert, où l'argile prend forme

Pour aller saluer les potiers d'Uzech et admirer leur travail, partez à l'assaut des collines, après quelques boucles et virages, sentez le parfum des châtaigniers et laissez-vous porter ! Cette balade entre la rivière du Vert et le début de la forêt de la Bouriane, offre des vues splendides, la découverte de petits villages pittoresques et la possibilité d'une baignade dans le lac Vert de Catus à l'arrivée.

148 : Le long de la Vallée du Lot - Partie 1

Ce circuit couvre une assez longue distance, mais longe la rivière et reste donc assez plat. Vous suivrez en grande partie les boucles du Lot, dont celle de Luzech qui forme une sorte de presqu'île. Pour passer d'un charmant village à un autre, vous bénéficierez d'un côté, des falaises, de l'autre, de la rivière et des vignobles de l'AOC Cahors.

160 : Le long de la Vallée du Lot - Partie 2

La basse Vallée du Lot est très agréable pour les cyclistes, puisque l'on peut emprunter la voie verte ou le chemin de halage sur une bonne partie de ses rives. Il est aussi intéressant de s'aventurer sur ses collines... notamment pour s'offrir une vue spectaculaire sur ladite vallée depuis les hauteurs de Belaye. Puis, vous traverserez les vignobles et pourrez vous arrêter pour déguster quelques productions locales.

165 : La Bouriane dans tout son art

La Bouriane est un coin du territoire lotois peu connu et qui pourtant mérite d'y passer du temps. Les maisons aux pierres jaunes, les collines de châtaigniers, son esprit sauvage que l'on ressent à chaque détour... et l'art qui y est très implanté : le musée dédié à l'artiste Zadkine dans le village des Arques en est la meilleure preuve. Un lieu riche de surprises à découvrir !

169 : Au cœur du Quercy blanc

Cette grande boucle sinueuse dans le Quercy blanc doit son nom à la roche calcaire. Ici, les maisons sont donc faites d'une pierre claire et lumineuse. Il est parfois dit de ce Quercy qu'il a quelque chose de méridional, sans doute un peu pour sa lavande. Vous profiterez des grands espaces à travers champs, qui offrent une vue dégagée sur de charmants petits villages.

173 : A la découverte de la forêt de la Braunhie et ses légendes

Au départ de Labastide-Murat, appelée également Cœur-de-Causse, vous ne pourrez pas être plus au cœur du Parc Naturel Régional des Causses du Quercy. Le paysage est splendide, souvent verdoyant mais parfois aride : à travers les chemins, vous croiserez sans doute quelques dolmens, gouffres et fontaines naturelles. L'architecture des vieilles maisons typiques du Quercy vous enchantera.

Ligeac. © MIPIMAGES - SHUTTERSTOCK.COM

© JUANJE PEREZ PHOTOGRAPHY - SHUTTERSTOCK.COM

175 : Sur la route de l'art roman

Cette petite boucle offre quelques dénivelés pour vous emmener depuis la magnifique ville de Figeac jusqu'à la frontière avec l'Aveyron. Pour cela, vous traverserez champs et forêts, hameaux et villages, sans être gêné par la circulation ou la foule de touristes. Une vraie déconnexion pour profiter au maximum de la nature. Seuls quelques animaux sauvages ou de la ferme pourront parfois faire leur apparition.

179 : Au cœur des Causses du Quercy

Voici une partie des Causses du Quercy qui montre bien le cœur battant de ce territoire : de belles falaises, des villages qui semblent sortir d'un décor de film, la rivière du Célé dont on suit le cours, de la nature à foison. Vous en voulez encore ? Pas de souci : le château de Cénevières, la cité médiévale de Saint-Cirq-Lapopie, les écluses, les petits ponts, et des points de vue à couper le souffle.

186 : Escapade en Causse Limogne

Voilà une balade pour prendre le temps, sans se fatiguer, pour se laisser porter et profiter de l'environnement naturel... Assez courte, elle permet de rester un peu dans chaque village, d'aller à la rencontre des artisans, comme à la Ferme des Cazalous, ou de faire une longue pause dans la nature. Rien ne viendra troubler ce moment paisible, avant de reprendre tranquillement la route vers Beauregard.

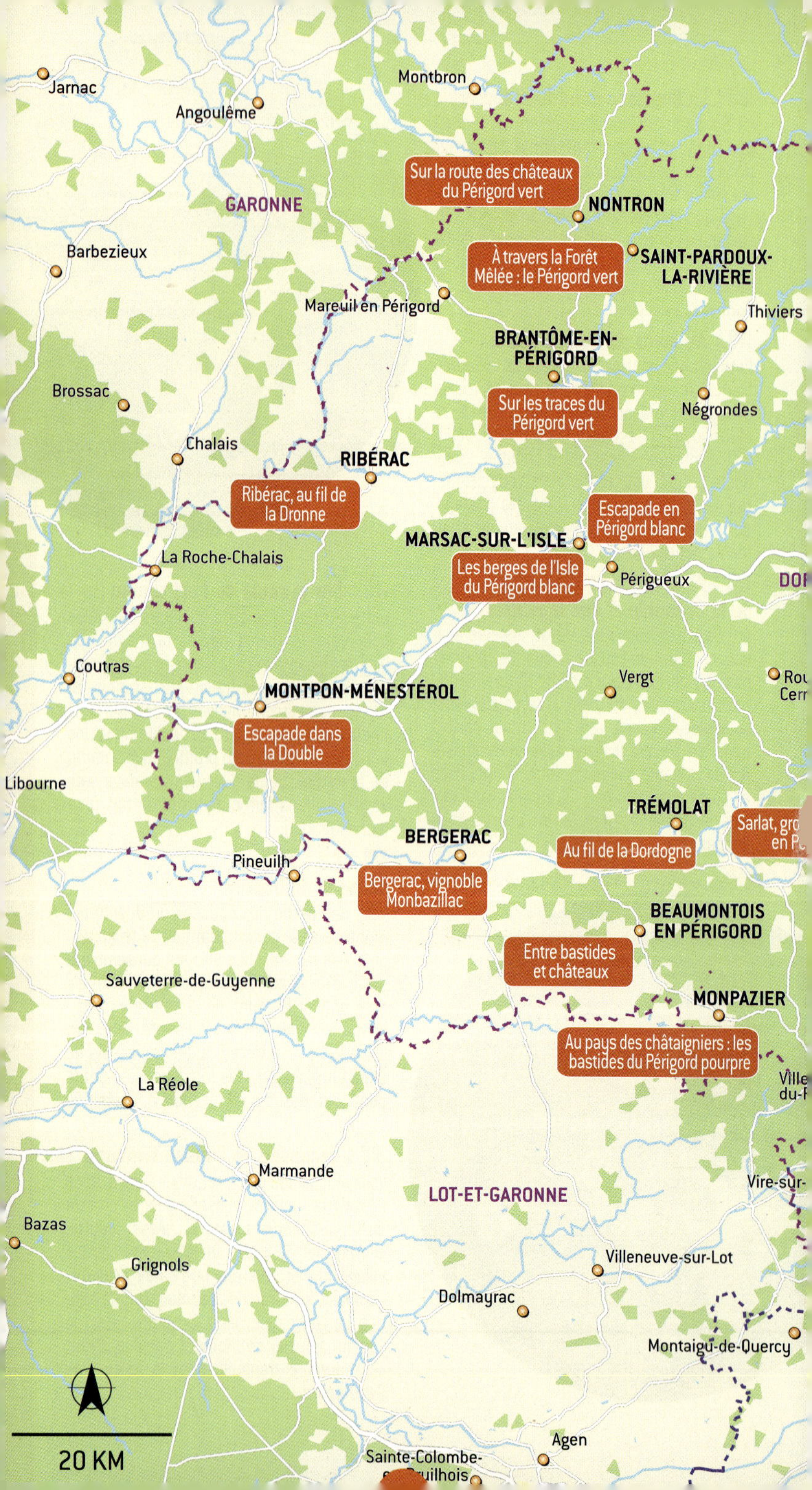

Jarnac
Angoulême
Montbron
Sur la route des châteaux du Périgord vert
GARONNE
NONTRON
Barbezieux
À travers la Forêt Mêlée : le Périgord vert
SAINT-PARDOUX-LA-RIVIÈRE
Mareuil en Périgord
Thiviers
BRANTÔME-EN-PÉRIGORD
Brossac
Sur les traces du Périgord vert
Négrondes
Chalais
RIBÉRAC
Ribérac, au fil de la Dronne
Escapade en Périgord blanc
MARSAC-SUR-L'ISLE
La Roche-Chalais
Les berges de l'Isle du Périgord blanc
Périgueux
Coutras
Vergt
MONTPON-MÉNESTÉROL
Escapade dans la Double
Libourne
TRÉMOLAT
BERGERAC
Au fil de la Dordogne
Pineuilh
Bergerac, vignoble Monbazillac
BEAUMONTOIS EN PÉRIGORD
Entre bastides et châteaux
Sauveterre-de-Guyenne
MONPAZIER
Au pays des châtaigniers : les bastides du Périgord pourpre
La Réole
Marmande
LOT-ET-GARONNE
Bazas
Grignols
Villeneuve-sur-Lot
Dolmayrac
Montaigu-de-Quercy
Agen
Sainte-Colombe-
20 KM

LES PLUS BELLES BALADES À VÉLO EN PÉRIGORD-LOT

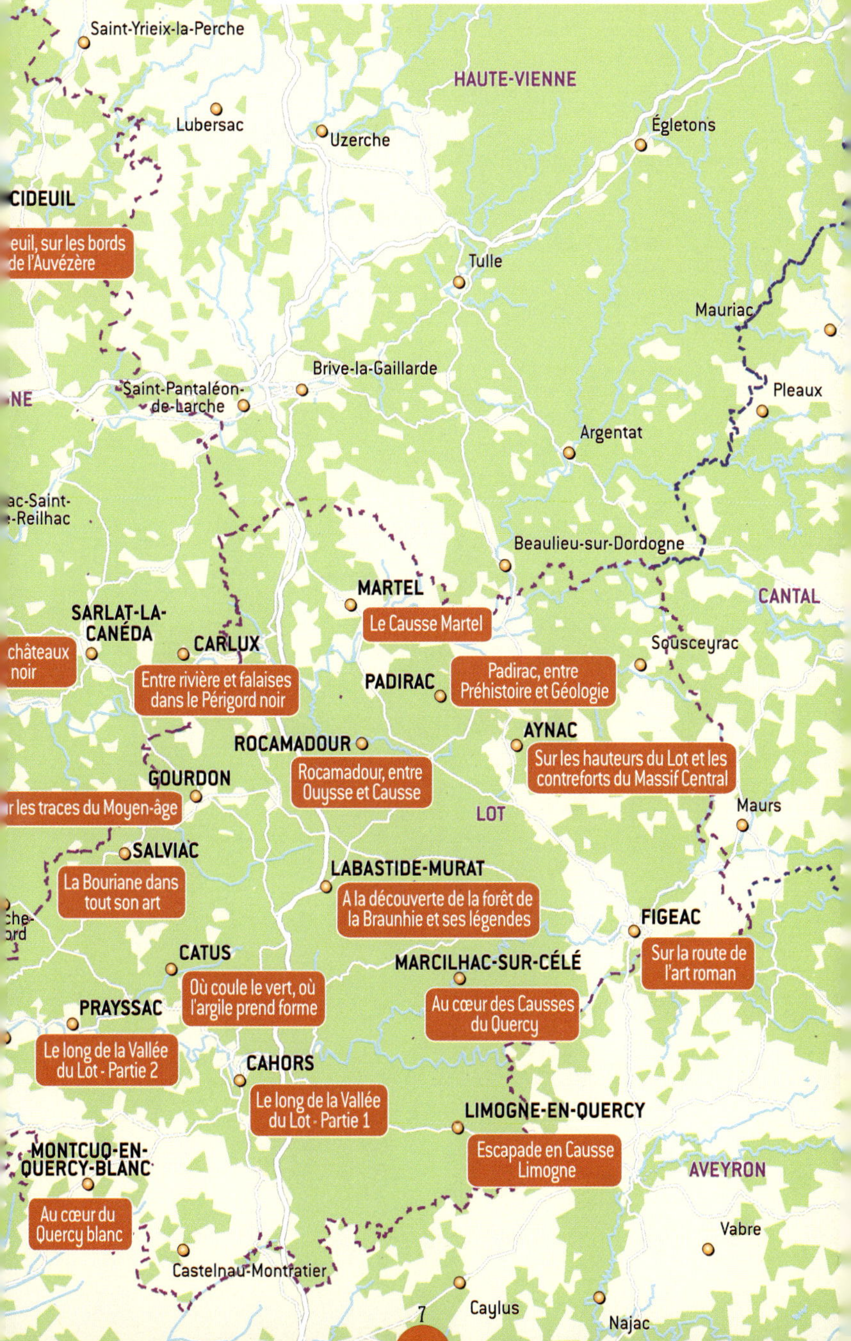

PASSPORT

CARNET

LA BALADE À VÉLO

La balade à vélo poursuit son bel essor, dans un contexte propice. La Loi d'orientation des mobilités de 2019 et ses décrets d'application favorisent la mise en place d'un « système vélo », qui associe aménagements, services, accompagnement aux changements de pratique. Cette loi intègre également le schéma national des véloroutes, ce qui lui confère, outre une dimension juridique, une portée stratégique, imposant aux aménageurs la construction d'infrastructures cyclables en site propre. L'objectif est de disposer d'itinéraires de longues distances, continus et interconnectés. Au 1er janvier 2021, la France avait inscrit plus de 25 000 km au schéma national des véloroutes, soit 58 itinéraires, et en avait réalisés 74 %, dont 45 % en site propre. Le plan « Destination France » dévoilé en novembre 2021 affiche quant à lui l'objectif de faire de l'Hexagone la « première destination vélotouristique » au monde d'ici 2030 !

Des aménagements et dispositifs pour favoriser les pratiques

Pilier du système vélo, les aménagements cyclables contribuent à une pratique sécurisée et apaisée, si toutefois ils sont conçus comme des continuums, en évitant l'écueil des tronçons disjoints ou « confettis » qui peuvent constituer un frein pour les cyclistes non aguerris. Les pistes cyclables sont des aménagements dédiés uniquement aux vélos, et séparés physiquement des autres voies. Les bandes cyclables sont quant à elle également réservées aux deux-roues non motorisés mais séparées des autres voies uniquement par un marquage sur la chaussée. D'autres dispositifs favorisent la pratique cyclable. Les routes à faible trafic, ou les zones 30, limitées à 30 km/h, induisent des conditions agréables et sécurisantes pour pédaler. Les « tourne-à-droite » (ou « cédez le passage cycliste » au feu) parfois autorisés aux feux rouges (et matérialisés par des panneaux) sont des réglementations qui favorisent la sécurité des cyclistes. Limiter la place de la voiture, via par exemple le stationnement payant constitue également un moyen de rendre la pratique cycliste plus sûre. À cela s'ajoutent les autres piliers du système vélo : des dispositifs de stationnement en nombre suffisants et sécurisés, des services permettant l'accès au vélo (location, vente, réparation), et l'accompagnement à la pratique (cours d'apprentissage et de remise en selle). Ce sont ces éléments, ajoutés à d'autres, que l'on va retrouver dans les itinéraires dédiés à la pratique de loisirs.

Des itinéraires pour développer les mobilités liées notamment aux loisirs

Les itinéraires cyclables peuvent prendre la forme d'une piste cyclable, voie verte ou route à faible circulation, jalonnés et signalisés (panneaux et marquages au sol indiquant la direction et le kilométrage).

Une véloroute est un itinéraire cyclable touristique, fléché et sécurisé, qui relie des villes et régions entre elles de manière continue. Elle emprunte des routes en sites propres (dédiés aux vélos, comme des voies vertes) mais aussi des petites routes à faible circulation. Les véloroutes sont conçues selon un cahier des charges national. L'objectif est de constituer un réseau d'itinéraires cyclables continus et interconnectés.

Un itinéraire cyclable est plus qu'un tracé signalisé et balisé : il associe souvent tout un ensemble de services : services liés aux vélos (location, réparation), hébergements, mais aussi sites touristiques ou d'intérêt naturel et paysager.

Plusieurs véloroutes s'inscrivent dans des itinéraires grandes distances, à l'échelle du pays ou de l'Europe, comme les véloroute européennes, appelées également EuroVelos.

Les EuroVelos constituent des itinéraires cyclables culturels européens. Dix EuroVelo traversent le territoire français :

- EuroVelo 1 - Véloroute de la côte Atlantique (suit le tracé de la vélodyssée sur la partie française)
- EuroVelo 3 - Véloroute des Pèlerins
- Eurovélo 4 - Véloroute d'Europe centrale (dont 1 500 km sur la Vélomaritime en France)
- EuroVelo 5 - La Via Romea Francigena
- EuroVelo 6 - Atlantique - Mer Noire (suit l'itinéraire de la Loire à vélo)
- EuroVelo 8 - Véloroute de la Méditerranée
- EuroVelo 12 - Véloroute de la mer du Nord
- Eurovelo 15 – Véloroute du Rhin
- Eurovelo 17 – Véloroute du Rhône
- Eurovelo 19 – La Meuse à Vélo

Une voie verte est un aménagement entièrement dédié aux véhicules non motorisés. Il s'agit souvent d'anciennes voies de halage ou lignes ferroviaires. La continuité du parcours est assurée, et la morphologie de la voie (plate ou avec faibles pentes) permet une large accessibilité. De plus ces voies peuvent constituer un itinéraire culturel et bénéficie d'un cadre paysager qui les rend agréables. Elles incluent également des services (logement, location de vélo, etc.)

1. *Au fil de la Dordogne*

Route	06:15
Bergerac	Difficile
78 km	
Dordogne	673 m

Vous débuterez votre itinéraire au plus près de la rivière Espérance et du canal de Lalinde, le plus souvent sur les anciens chemins de halage. Laissez-vous guider au fil de la Dordogne où vous apercevrez les barrages de Tuilières et de Mauzac, avec des panoramas uniques ! Votre voyage vous emmènera au cœur du village de Trémolat, une occasion idéale pour admirer son église fortifiée datant du Ve siècle.

Vous traverserez la cité médiévale de Limeuil où vous découvrirez les origines historiques de la région. Ancien port à l'activité commerciale intense, le village est une halte charmante et rafraîchissante.

COMITÉ DÉPARTEMENTAL DE CYCLOTOURISME 24

Place de l'Église
24400 Mussidan

06 85 67 71 70
departement24-presidence@ffvelo.fr
www.dordogne.ffct.org

2. *Lapopie*

Route	02:30
Vers	Difficile
43 km	
Lot	520 m

Votre circuit à vélo commencera au pied des falaises de calcaires, à l'embouchure du ruisseau de Vers et du Lot. Vous suivrez le cours de l'eau au cœur d'une vallée riche de ses cultures (fraises, tabac) et de ses petits villages tels que Saint-Géry. Après avoir bien pédalé, vous arriverez à la Tour-de-Faure et cela vaut le coup d'œil !

En hauteur, vous pourrez contempler, telle une figure de proue, l'un des Plus beaux villages de France, Saint-Cirq-Lapopie. Perdez-vous dans ses ruelles où vous pourrez admirer les riches maisons médiévales à ogives et à pans de bois, son église au clocher du XVIe siècle.

Vous terminerez votre parcours en passant par Arcambal où le château du Bousquet, datant du XVe siècle, tutoie le ciel ! Vous rejoindrez Vers par une belle route dominant la vallée du Lot.

LOT TOURISME

107 quai Cavaignac - CS9007
46001 Cahors Cedex 9

05 65 35 07 09
infos@tourisme-lot.com
www.tourisme-lot.com

3. *Lascaux et la vallée de la Vézère*

Route	01:40
Montignac	Facile
20 km	
Dordogne	324 m

Du château de Montignac, dont il ne reste qu'une tour et une partie de son infrastructure, vous vous dirigerez vers la vallée de la Vézère, classée au patrimoine mondial de l'Unesco. Vous enchaînerez par la Chapelle-Aubareil, dont les habitations sont très représentatives du style traditionnel du Périgord noir.

Votre parcours vous orientera vers la découverte de nombreux sites touristiques. Vous explorerez les cabanes gauloises, sans oublier le château de Losse et, évidemment, le célèbre site de Lascaux.

COMITÉ DÉPARTEMENTAL DE CYCLOTOURISME 24

Place de l'Église
24400 Mussidan

06 85 67 71 70
departement24-presidence@ffvelo.fr
www.dordogne.ffct.org

La commune de Valojoulx et son écrin de verdure.

4. Au pays des croquants

Route		3:15	
Vergt		Facile	
39 km			
Dordogne		434 m	

Rendez-vous dans la ville de Vergt, capitale de la fraise ! Vous pédalerez à travers bois et vallées qui dévoileront un patrimoine d'un autre temps. Refuge ultime et intemporel de tous les bannis, la densité des forêts et la diversité de l'écosystème rappellent l'époque des croquants sous Louis XIV et des maquisards de la Seconde Guerre mondiale.

Votre randonnée à vélo vous permettra de retracer un bout d'histoire de France dès votre arrivée à Cendrieux où vous suivrez les traces de l'Empereur Napoléon. À sa conclusion, ce périple vous conduira jusqu'aux porte de Sainte-Alvère dans le vallon de la Louyre.

CONSEIL DÉPARTEMENTAL DE LA DORDOGNE
Service du tourisme et Développement touristique

2 rue Paul Louis Courier
24019 Périgueux Cedex
05 53 02 01 30

rando.cd24@dordogne.fr
www.rando.dordogne.fr

5. Boucle en Périgord vert

Route	02:45
Brantôme	Facile
33 km	
Dordogne	485 m

Bienvenue à Brantôme dans le Périgord vert. Votre circuit débutera depuis l'abbaye de Saint-Pierre, fondée par Charlemagne. À Saint-Crépon-de-Richemont, vous pourrez vous attarder devant le château ayant appartenu au célèbre chroniqueur Brantôme. Vous grimperez ensuite jusqu'au village de Saint-Pancrace, en bordure du parc naturel régional Périgord-Limousin.
Lors de votre randonnée, une pause gastronomie s'imposera à Thiviers, capitale du foie gras et producteur de l'or noir, la truffe. Les gourmets auront du mal à résister !

CONSEIL DÉPARTEMENTAL DE LA DORDOGNE
Service du Tourisme et Développement Touristique

2 rue Paul Louis Courier
24019 Périgueux Cedex
05 53 02 01 30

rando.cd24@dordogne.fr
www.rando.dordogne.fr

Une pause s'impose face à l'abbaye de Saint-Pierre.

6. Les Truffières

VTT	02:00
Coly-Saint-Armand	Difficile
39 km	
Dordogne	815 m

Cette boucle s'adresse aux passionnés de VTT pour un rendez-vous en pleine nature alliant plaisir des jambes et plaisir des yeux ! Vous pourrez apercevoir la source du Coly, le plus long syphon connu d'Europe, et plusieurs truffières. Vous aurez aussi un panorama magnifique sur la vallée de la Vézère.

Lors de cette escapade, ne manquez pas de vous arrêter en face du château de Sauveboeuf, de style Louis XIII. Il possède une terrasse renaissance surplombant la Vézère, qui a elle seule vaudra le détour !

BASE VTT VÉZÈRE PÉRIGORD NOIR
108, Le Bourg
24290 Saint-Amand-de-Coly

05 53 51 68 46
basevtt@orange.fr
www.vtt-perigord-noir.fr

© Château de Sauveboeuf

Le château de Sauveboeuf et son style très Louis XIII.

7. Balade au pays du diamant noir

Route	01:00
Cremps	Très facile
14 km	
Lot	182 m

Partez à la découverte du « diamant noir » ! Vous pédalerez sur des petites routes balisées au cœur d'un paysage typique du Parc naturel régional des Causses du Quercy. Une sortie à vélo idéale pour découvrir le berceau de la truffe du Quercy, de plus en plus rare, qui a fait du pays de Lalbenque un endroit phare de la gastronomie, animé par des marchés.
Vous profiterez de la quiétude, le long des murets en pierres sèches, et de ce site remarquable du goût... Bon appétit !

COMITÉ DÉPARTEMENTAL DE CYCLOTOURISME 46
Le Bourg
46220 Pescadoires

07 57 49 77 57
departement46@ffvelo.fr
www.lot.ffvelo.fr

À la recherche du « diamant noir ».

8. Circuit entre Lot et Célé

VTT	03:30
Cabrerets	Très difficile
27 km	
Lot	707 m

Vous partirez à la découverte d'un des circuits les plus beaux et les plus sportifs du Lot ! Avec près de 710 m de dénivelé sur un itinéraire de 27 km, cette randonnée VTT pourrait être éprouvante, mais la récompense sera à la hauteur de l'effort lorsque vous apercevrez deux sites incontournables de la région.

Entre falaises et maisons troglodytes, la vallée de Célé vous offrira un parcours sauvage et poétique à la fois : vous profiterez de panoramas tout aussi splendides que variés. Durant votre parcours, profitez-en pour marquer un arrêt à Saint-Cirq-Lapopie, un des Plus beaux villages de France, qui vous offrira un point de vue de vigie sur la rivière et un riche patrimoine médiéval.

COMITÉ DÉPARTEMENTAL DE CYCLOTOURISME 46
Le Bourg
46220 Pescadoires
07 57 49 77 57
departement46@ffvelo.fr
www.lot.ffvelo.fr

Profitez de la diversité des paysages lotois.

9. *Le petit rapporteur*

Route	05:45
Prayssac	Difficile
69 km	
Lot	702 m

Au départ de Prayssac, ce circuit vous fera traverser le vignoble de Cahors de la Vallée du Lot jusqu'au Quercy Blanc, à la découverte de la diversité des paysages lotois.

De nombreux vignerons vous accueilleront dans un cadre privilégié pour partager la passion de la viticulture et déguster ce vin d'exception au cépage caractéristique.

À vélo, le Lot vous séduira par la beauté de ses villages anciens à l'architecture unique. Vous ne serez pas déçu également par l'accueil chaleureux et bienveillant des locaux, soucieux de vous faire déguster les spécialités de la région. Un voyage à vélo très sympathique s'offrira à vous !

OFFICE DE TOURISME CAHORS - VALLÉE DU LOT
2 place du Rampeau
46700 Puy-l'Évêque
05 65 21 37 63
contact@cahorsvalleedulot.com
www.cahorsvalleedulot.com

10. *Le pont Valentré*

Route	04:40
Luzech	Facile
55 km	
Lot	631 m

Ce parcours, à travers le vignoble de Cahors et le long du Lot, vous mènera jusqu'au célèbre pont Valentré également appelé « Pont du diable ». Ce monument médiéval à trois tours a servi de forteresse contre les attaques venant du sud et mit plus d'un demi-siècle à voir le jour. Vous pourrez admirer ce remarquable témoignage de l'architecture médiévale, inscrit sur la liste du patrimoine mondial de l'Unesco.

Cette randonnée à vélo sera finalement une visite historique puisque vous croiserez plusieurs châteaux sur votre chemin et notamment le château de Caïx appartenant à la reine du Danemark.

OFFICE DE TOURISME CAHORS - VALLÉE DU LOT
2 place du Rampeau
46700 Puy-l'Évêque
05 65 21 37 63
contact@cahorsvalleedulot.com
www.cahorsvalleedulot.com

À QUI S'ADRESSE LA BALADE À VÉLO ?

Trop âgé pour la balade à vélo ? Trop jeune ? Pas assez entraîné ? En situation de handicap ? Avez-vous déjà entendu l'une de ces sentences ? Eh bien sachez que le vélo est adapté à toutes et tous. Tout est affaire de motivation, parfois d'émulation, éventuellement de formation et d'expérience, mais aussi d'ajustement du matériel, et de choix des itinéraires. Voici quelques éclairages, issus notamment des retours d'expérience de pays ayant une pratique cyclable plus développée qu'en France (Danemark et Pays-Bas où la part modale du vélo représente respectivement 18 % et 27 %). Il apparaît que c'est bien le déploiement d'un « système vélo » qui permet des conditions favorables à une large pratique de la bicyclette. Ce système se fonde sur trois piliers : l'aménagement de voies cyclables, le stationnement et les services (formation, réparation, etc.). Voici quelques conseils, afin que la balade soit avant tout un moment de plaisir.

À chacun son rythme et ses envies

Il convient au préalable d'identifier ses envies en matière de balade (découverte en famille, visite d'un site touristique, parcours en forêt, etc.) et de les ajuster à ses contraintes (temps, horaires de train, etc.) mais aussi à ses capacités (condition physique). Un itinéraire en site propre (voie verte) est idéal pour débuter en toute confiance la balade à vélo, seul ou avec des enfants. Ce type d'itinéraire est en général plat, balisé et jalonné de points d'intérêt touristique et de services (restaurants, café, etc.). Pour ce qui est des parcours qui présentent un peu de dénivelés, on choisira un parcours adapté à ses capacités, en veillant toujours à pédaler à son rythme. On n'oubliera pas que les montées font la beauté des paysages et sont associées aussi à des descentes. Pour celles et ceux qui souhaiteraient apprendre à pédaler ou tout simplement se remettre en selle avant de s'élancer en balade, des vélos-écoles présentes sur le territoire permettent un apprentissage à tous les âges. Le choix du vélo peut également orienter votre pratique et le choix de vos itinéraires.

Un vélo réglé et un équipement adapté

Il s'agit d'avoir à la fois un vélo bien révisé, réglé à sa taille, et d'être soi-même bien équipé. En cas de pluie, le garde-boue est un élément important. Quant au cycliste, il adoptera une tenue de pluie qui garantisse son étanchéité : cape de pluie, pantalon imperméable, guêtres. Pour ce qui est de la conduite, il conviendra de redoubler de vigilance, de diminuer sa vitesse, d'anticiper en évitant les freinages brusques et les éléments glissants sur la chaussée (feuilles, etc.). Enfin, pour les adeptes de nouvelles technologies, des applications smartphone existent, pour mieux prévoir les précipitation comme Rain Today' ou Alerte Pluie. En hiver, on conseillera de lutter contre le froid par le port de différentes épaisseurs de vêtements, de bons gants, éventuellement des manchons de guidons, et de rester visible (comme par temps de pluie ou de nuit). En été, on veillera à se protéger de la chaleur et des UV (protection solaire et vestimentaire) et de privilégier des parcours ombragés.

Évaluer son temps de parcours

Sur une voie dédiée, on ne craint pas les embouteillages, ni les heurts liés aux voitures. Les temps de parcours sont donc fiables : vous seul êtes maître du temps. Plusieurs éléments rentrent en compte dans le temps de parcours d'une balade, qui doit rester, rappelons-le, une source de plaisir. Il faudra ainsi intégrer les temps de pause liés à vos envies : visites touristiques, pique-niques, baignades, photos, etc.

©LIGHTPOET - SHUTTERSTOCK.COM

© JAYSI - SHUTTERSTOCK.COM

Autre point à intégrer, votre condition physique. Généralement, en matière de cyclotourisme, on conseille de parcourir 30 à 50 km par jour pour une personne peu sportive. Cette distance peut être portée à 80 km par jour pour une personne sportive et jusqu'à 180 km par jour pour des personnes entraînées. Pour information, les systèmes d'informations géographiques qui calculent des itinéraires vélos se fondent sur une vitesse moyenne de 15 km/h pour des itinéraires sur des voies cyclables, donc avec de faibles pentes. Attention aussi à un ennemi bien connu des cyclistes : le vent de face, qui même sur du plat, peut contribuer à ralentir vos temps de parcours et à rendre la balade un peu moins aisée et agréable. Mais ce sont les aléas du vélo et ils peuvent être anticipés grâce à la météo… et l'expérience. Dernier point : les distances doivent aussi tenir compte d'autres paramètres tels que la saison (journées plus longues en été), la chaleur et l'ensoleillement (rouler plutôt le matin, éviter les créneaux 12h-16h ou faites une pause à ce moment-là, à l'ombre ou sous abri).

Avec les enfants

Pour les enfants, on conseillera de s'adapter à leur rythme et de réaliser des distances n'excédant pas 40 km par jour. L'idée, pour toutes et tous, est de débuter par des itinéraires courts avant de se lancer dans de plus grandes escapades. Le maître-mot doit rester le plaisir ! Des vélos-cargos (avec remorques) permettent de transporter les enfants selon leur âge. Des systèmes d'attache (barre-tandem, follow-me) servent quant à eux à relier votre vélo à celui de votre enfant, lorsque celui-ci n'est pas encore pleinement autonome.

Le vélo, c'est bon pour la santé

« Le vélo ce n'est pas bon pour la santé, à cause de la pollution. » Cette affirmation n'est pas valable, au regard des avantages cumulés de la pratique du vélo. Une étude conduite par l'Observatoire régional Île-de-France, publiée en 2012, indique en effet que les bénéfices sanitaires liés au vélo sont vingt fois supérieurs aux risques (accidents, pollution de l'air). Il convient ici de rappeler, qu'en matière d'exposition à la pollution de l'air, il vaut mieux circuler à vélo qu'être confiné dans un bus, une voiture ou dans le métro. Sur le même parcours, un automobiliste sera exposé à un niveau de pollution 1,5 fois supérieur à celui du cycliste. Dès lors que celui-ci peut rouler sur une piste cyclable, il diminuera par deux son niveau d'exposition. Au Danemark, une étude a mis en avant que les personnes qui pratiquaient le vélo dans leurs déplacements domicile-travail avaient un taux de mortalité inférieur de 28 % par rapport aux autres. Résumons : se déplacer à vélo induit des processus mécaniques et chimiques qui sont bons pour le cœur, les poumons, le système musculaire et osseux. Pratiquer régulièrement le vélo contribue également à diminuer le risque de certains cancers et le diabète de type II, et favorise le développement neurosensoriel. L'OMS a également mis en exergue le lien entre activité physique et santé psychique : ainsi le vélo peut-il favoriser le sommeil, et baisser le niveau de stress. Une pratique en plein air et dans la nature réduit quant à elle le risque de dépression. Plus il y a de vélos, moins il y a d'accident… mais aussi moins de pollution. Car le vélo est aussi bon pour tout ce qui nous environne ! Sachez qu'aux Pays-Bas, les plus de 65 ans effectuent plus d'un quart de leurs déplacements à vélo. Le pays est traversé de voies cyclables et s'il est plutôt plat, le vent et la pluie n'arrêtent pas les cyclistes de tout âge.

CHOISIR SON VÉLO

Si choisir son vélo peut être source de bonheur pour les passionnés, les cyclistes débutants ou occasionnels peuvent facilement se perdre devant la multitude d'offres. Le choix d'un vélo passe avant tout par la pratique que vous allez en faire. Pour de petites randonnées ou des trajets plutôt plats, de nombreux modèles feront l'affaire. Suivant votre pratique, vous pourrez par exemple opter pour un vélo de ville, un vélo tout chemin (VTC), un vélo tout terrain (VTT) ou un vélo de course. Les professionnels, comme les vélocistes, sauront vous guider dans votre choix. Gardez en tête que l'essentiel est le confort. Un vélo trop grand ou une selle mal réglée provoqueront immanquablement des douleurs qui vous décourageront. Il convient aussi d'être attentif à la qualité des éléments du vélo. Sachez qu'il n'est pas besoin d'investir dans un vélo haut de gamme pour rouler dans de bonnes conditions et se faire plaisir.

Identifier votre besoin

Le choix du vélo dépend de l'usage que vous souhaitez faire : balades occasionnelles sur voies vertes, randonnées sportives sur terrains accidentés, etc. Pour des balades en France sur des véloroutes, un VTC conviendra parfaitement. N'hésitez pas à prendre conseil auprès de professionnels avant de vous lancer dans un achat ou une location : vélocistes, loueurs, réseaux cyclos, vélo-écoles, ateliers d'autoréparation, ou associations. Il s'agit aussi de toujours essayer le vélo en condition réelle au préalable !

Éléments à vérifier

Un vélo doit être adapté à votre morphologie et à votre pratique. On veillera à régler la selle et le guidon à sa taille et à gonfler les pneus suffisamment et en fonction du temps et du revêtement. Pour cela, les professionnels sauront aussi vous aider. Un vélo, c'est bien, un vélo bien équipé, c'est mieux. Voici quelques points à examiner qui vous aideront à choisir une monture adaptée à vos besoins :

- **La selle.** La selle est l'un des éléments fondamentaux du vélo. Pour tout cycliste recherchant le confort, le bon compromis est peut-être de choisir une selle un peu moins légère mais plus confortable : bien rembourrée et souple pour une pratique de loisir ou plus ferme et légère pour une pratique sportive.

- **Les roues.** Elles ont un rôle important dans le rendement de votre machine, un impact sur l'aérodynamisme et ont une grande influence sur le confort d'une sortie. Il existe plusieurs types de roues sur le marché suivant différents critères comme le profil de la jante, la matière (aluminium ou carbone), le freinage (à patins ou à disque), leur poids, le type de roulements, etc.). Sans rentrer dans les détails, les roues sont considérées comme un investissement mais aussi peuvent améliorer notablement les qualités d'un vélo.

- **Les pneus.** Les pneus sont des éléments déterminants en termes de confort, rendements et fiabilité. Il existe de nombreux pneus différents qui correspondent à chaque fois à un type de vélo, pour des personnes, conditions et terrains spécifiques. Plus le pneu est large et plus la surface de contact au sol est grande, meilleur sera le confort de conduite.

- **Le guidon.** Le guidon ou cintre a une influence réelle sur le confort, l'endurance et les performances. Lorsqu'on a mal aux fesses, on pense tout de suite à la selle, mais on ne sait pas toujours que le guidon peut être responsable de certaines douleurs ressenties. En effet, une mauvaise posture de conduite peut être liée à la forme du guidon, sa largeur ou sa hauteur provoquant des douleurs plus ou moins pénibles.

© NIKADA - ISTOCKPHOTO.COM

© RYANJLANE - ISTOCKPHOTO.COM

Les vitesses. Les vitesses ou le développement correspondent à la distance parcourue par un vélo à chaque tour de pédale. La majorité des vélos possèdent entre 21 et 24 vitesses, en général 3 à 5 vitesses suffisent en ville pour passer les petites côtes et faux plats. Par contre, si votre conduite est plus sportive, 21 vitesses sont préférables, ce qui vous permettra de réaliser des randonnées d'une certaine distance et d'adapter votre pédalage au gré des changements du relief. C'est aussi en pratiquant quotidiennement que vous vous rendrez compte si les développements sont appropriés à votre propre utilisation.

Le système de freinage. L'un des organes les plus importants d'un vélo est le système de freinage. La plupart des vélos possèdent deux poignées de frein indépendants, commandant chacune une mâchoire équipée de patins en caoutchouc venant exercer une force sur la jante par l'intermédiaire de câbles de frein. Certains systèmes de freinage sont basés sur le principe du frein à disque ou du frein tambour, mais plus coûteux et demandent plus d'entretien que leurs homologues de type V-brakes.

Le cadre. Le cadre représente moins de 1/3 du poids du vélo et pour la pratique sportive, mieux vaut un vélo confortable, solide et bien équipé, que léger. Sur le marché, on retrouve plusieurs types de matériaux: carbone, acier ou aluminium. Le carbone est plutôt réservé aux pratiquants qui recherchent le rendement et la performance. L'acier amortit mieux les petits chocs et vibrations et vieillit bien. Un bon cadre en acier peut être confortable et est très apprécié par les randonneurs et les voyageurs sur longue distance. Tandis que le cadre en aluminium est en général plus léger, mais plus raide. Un cadre alu endommagé est plus difficile à réparer. Il résiste moins bien aux chocs et vibrations, mais mieux à la corrosion par l'eau salée. Pour ce qui est du choix de la géométrie du cadre, essayez plusieurs vélos, au besoin plusieurs marques. Il est important de se faire conseiller par un détaillant spécialisé qui vous aidera à adapter le vélo à votre morphologie et à votre pratique.

Équipements

Les autres accessoires importants sont un gilet haute visibilité (obligatoire par temps pluvieux, sombre et hors agglomération), des sacoches latérales, ou un sac à dos que vous accrocherez sur votre porte-bagages à l'aide d'un tendeur, éventuellement une sacoche avant ou un panier, un casque (obligatoire pour les enfants de moins de 12 ans). Une béquille et un carter (pour ne pas abîmer ses bas de pantalons) pourront se révéler intéressants. Pour rappel, les éléments obligatoires sur un vélo sont deux dispositifs de freinage, un système d'éclairage et une sonnette.

Différents types de vélo

Vélo de ville. Il existe différents types de vélo de ville. Ce sont des cycles adaptés aux déplacements urbains et confortables pour de courtes distances. On trouve dans cette catégorie le fameux vélo hollandais.

Vélo de route. Les vélos de route ou vélos de course sont adaptés à la conduite sur route (pneus fins), dans le cadre d'une pratique sportive.

Vélo tout chemin (VTC). Il s'agit d'un vélo polyvalent, qui convient à la fois à la pratique en ville et en randonnée sur des chemins peu accidentés. C'est le vélo idéal pour la balade. Il est adapté au port de charge (porte-bagages) et existe avec assistance électrique.

Vélo tout terrain (VTT). Le VTT, appelé aussi mountain bike, est un vélo robuste, équipé de pneus larges, et dédié aux pratiques en sentiers accidentés. Il constitue également un vélo de voyage intéressant, équipé de porte-bagages et d'une fourche suspendue. Il existe également en version à assistance électrique.

Gravel. Issu d'un mot anglais signifiant « gravier », il s'agit d'un vélo hybride, entre VTT et vélo de route, adapté aux sentiers accidentés et à la route.

Autres vélos. Le **vélo pliant**, s'il s'avère pratique dans les transports, est de manière générale moins confortable pour les balades à vélo. À partir de 20 km, le **vélo couché** peut être très agréable, même si moins manœuvrable en ville avec de la circulation. Quant au **tandem** c'est là une question très personnelle, à tester pour voir si cela convient !

Avec les enfants, différentes modalités sont envisageables. Les enfants peuvent avoir leur propre vélo ou des systèmes qui relient le vélo de l'adulte à l'enfant (tandem d'attelage, barque de remorquage ou follow-me). Enfin, selon l'âge et le niveau de pratique des enfants, il existe des sièges bébé, remorques ou vélos-cargos.

Vélos à assistance électrique (VAE)

Un vélo à assistance électrique est avant tout un vélo sur lequel on pédale. L'assistance électrique vient accompagner le pédalage, afin de donner plus de puissance à l'effort déjà fourni par le cycliste et s'arrête à partir de 25 km/h et en l'absence de pédalage. Les « speed-bikes » qui permettent de rouler au-delà de 25 km/h avec l'assistance électrique ne sont plus considérés comme des vélos et relèvent de la réglementation afférente aux véhicules motorisés : obligation d'assurance, d'immatriculation et port du casque. Le choix du vélo à assistance électrique est en premier lieu défini par l'usage auquel on le destine. Pour des balades loisirs ou randonnées, il faudra s'orienter vers des vélos type VTC. Le VTT électrique est une solution possible pour des sentiers plus accidentés. On conseillera le vélo à assistance électrique à celles et ceux qui, pour des raisons de santé, ne peuvent pédaler sur de longues distances , ou qui se remettent à l'activité physique.

Les modes d'assistance : l'assistance « tout ou rien », elle, est liée à un capteur de pédalier et couplé à un moteur dans la roue. Elle se déclenche dès qu'il y a pédalage et peut donner des sensations d'à-coup. L'assistance progressive, elle, est liée à une motorisation pédalier et un capteur d'effort. Elle est délivrée selon l'effort du cycliste, de manière plus progressive, et donne un plus grand confort de pédalage.

L'autonomie des batteries. Pour assurer une bonne autonomie, une batterie d'un minimum de 400 Wh est vivement recommandée. Côté budget, il existe des vélos électriques en dessous de 1 000 € mais ils ne seront pas adaptés pour un usage type balade. Mieux vaut investir un minimum de 1 500 € pour un vélo qui sera un investissement dans la durée. Attention, une fois la batterie déchargée, le pilotage du vélo est nettement moins confortable. Il s'agit aussi d'un vélo souvent lourd, ce qui peut poser des contraintes lorsqu'il faut porter le vélo (dans les transports ou dans des escaliers). Dans tous les cas il est conseillé de s'adresser à un vélociste spécialisé dans les VAE, avant tout achat. Demander à essayer le vélo au préalable et à faire la manipulation pour enlever et remettre la batterie, pour vous assurer de sa praticité. Le professionnel, outre vous conseiller, pourra effectuer la réparation et la révision de votre vélo. Enfin sachez qu'il existe des aides financières régionales pour l'achat d'un VAE.

Quelques marques proposant différentes gammes de VAE : Lapierre®, Gitane®, Orbea®, Scott®, Trek®, Moustache®, Cannondale®, Eveo®, O2Feel®, Giant®, Peugeot®, Winora®, Kalkhoff®, Gazelle®, Matra®, B'Twin (Décathlon®), Nakamura (Intersport®), Scrapper (Go Sport®), etc.

Achat de vélos

Dans tous les cas, toujours essayer le vélo. Moult canaux existent pour se procurer un vélo. Nous conseillons les achats chez les vélocistes, qui vendent du neuf mais aussi de l'occasion, en général des VTC en très bon état, qui ont servi une saison chez des loueurs. Vous pouvez aussi contacter directement les loueurs. Pour ce qui est des petites annonces, nous conseillons les forums ou sites spécialisés de vélos (ex : CCI). Quant aux sites comme le Bon Coin, un peu de prudence s'impose, pour éviter de vous retrouver en possession d'un vélo volé. Il est cependant possible de faire de bonnes affaires (prenez le temps de bien discuter avec le vendeur). Des associations (MDB), bourses aux vélos organisées par des tiers lieux ou des municipalités proposent des vélos d'occasion. Les vélos peuvent s'acheter pour une vingtaine d'euros et il vous faudra souvent être bricoleur ou bricoleuse. N'hésitez pas à chiner, vous trouverez peut-être chaussure à votre pied, enfin vélo à votre besoin. Pour le marché du neuf, nous conseillerons plutôt les magasins spécialisés, où il sera plus facile de trouver des vélos de qualité, avec des vendeurs compétents et un service après-vente.

Vélocistes et budgets

Face aux nombreuses évolutions technologiques et à la segmentation du marché, il n'est pas toujours facile de faire son choix. Rien ne vaut un vélo de marque acheté auprès d'un vendeur spécialisé. Évitez la super promo proposée par les supermarchés : la qualité est médiocre, comme le service après-vente, et certains équipements essentiels peuvent poser des problèmes. Il sera alors compliqué par la suite de trouver une personne compétente pour les régler, car un grand magasin, en général n'a pas de service pour cela. Un vélociste, au contraire, c'est un entretien gratuit après le premier mois, une taille ajustée, un bon conseil et du suivi si vous le souhaitez. Au bout du compte, les quelques euros que vous pensiez économiser sur l'achat en grande surface seront bientôt engloutis dans des frais de réparation ou de remplacement. Un vélo neuf peut coûter entre 180 € et 5 000 €. À moins de 200 €, vous aurez du matériel bas de gamme et pas très confortable. Si vous décidez de faire des balades d'une certaine distance, il risque de ne pas tenir la route, voire de se détériorer rapidement. Si nécessaire, investissez un peu plus afin d'avoir un meilleur équipement. Sachez qu'il existe aussi des vélocistes qui peuvent vous monter un vélo sur mesure à partir d'un cadre et de composants, et des artisans qui fabriquent eux-mêmes les cadres de vélos. Les prix pour un vélo artisanal sur mesure s'échelonnent entre 3 000 € et 8 000 €, ce qui est le fruit d'une grande qualité et d'un confort optimal.

Quelques marques et fabricants

- **Fabricants de vélos de cyclotourisme sur mesure** en France : rendez-vous sur le site www.francevelotourisme.com, dans la rubrique « conseils » > onglet « vélo et matériel de cyclotourisme » > « fabriquant de vélo sur mesure ».
- **Marques de vélos de cyclotourisme** : Lapierre® (www.cycles-lapierre.fr), Gitane® (www.cycles-gitane.fr/), Cannondale® (www.cannondale.com), Giant Bicycles® (www.giant-bicycles.com), et Cyclable® (www.cyclable.com) qui sélectionne des vélos et des accessoires de haute qualité, qui ne nécessitent qu'un minimum d'entretien ou de réparation en s'appuyant sur des marques françaises ou européennes de renom : Peugeot®, Gitane®, Gazelle®, VSF Fahrradmanufaktur®, Genesis®, Surly®, Kalkhoff®, Brompton®, Electra®. Côté accessoires: Abus®, Thule®, Vaude®, Ortlieb®, Brooks®, etc.

AVANT LE DÉPART

Afin de profiter pleinement de votre balade, quelques précautions peuvent s'avérer utiles. Le choix de l'itinéraire doit tout d'abord répondre à vos envies mais aussi être adapté à votre condition physique. Il s'agira d'établir votre parcours en fonction de vos capacités, sans souci de performance. Vous veillerez également à accorder votre itinéraire à vos contraintes personnelles (temps disponible, etc.), aux éventuels horaires de train pour vous rendre sur le parcours et repartir, mais aussi à vérifier certains paramètres comme la durée d'ensoleillement du jour et la météo (inutile de vous imposer une escapade en plein soleil ou sous l'orage !). Tout cela peut s'anticiper, en écoutant vos envies et en étudiant le profil du parcours, en consultant les prévisions météorologiques et en prévoyant un équipement adapté, pour vous et le vélo. On conseillera également de voyager léger, pour plus de confort, en laissant le superflu à la maison.

Envie et condition physique

Le choix du parcours constitue la première étape de votre balade ! Il s'agit en effet de vous accorder, avec celles et ceux qui seront du voyage, à un itinéraire qui répondent à vos goûts (visite culturelle, balade le long d'une rivière avec possibilité de baignade, etc.) mais aussi à vos capacités. Une balade à vélo n'est pas une compétition et ne requiert pas d'entraînement spécifique. Il s'agit plutôt de veiller à avoir une bonne hygiène de vie (activité physique, alimentation, sommeil), de pédaler à votre rythme et d'adapter le parcours (longueur, dénivelé) à vos capacités et sans souci de performance. N'hésitez pas à demander l'avis de votre médecin en cas de doute.

Étudier le parcours et consulter la météo

Avant de partir, pensez ainsi à examiner les principales difficultés du parcours tels que le dénivelé, le profil de l'itinéraire, la distance totale en utilisant le roadbook et la carte. Définir des options afin de raccourcir l'itinéraire si besoin peut s'avérer judicieux (par exemple, gare SNCF ou arrêt de bus). Le parcours est aussi fait de tout un ensemble de caractéristiques géographiques et historiques. Les sites d'intérêt naturels, culturels ou paysagers pourront faire l'objet d'une halte touristique et il conviendra au préalable de vérifier les horaires de visites et d'en tenir compte dans le calcul de votre temps de parcours. Ces points d'intérêt touristiques pourront également vous donner quelques indications et constituer des repères en cas de doute sur la direction. La saisonnalité (durée du jour, chaleur, etc.) et la météo sont aussi des paramètres importants qui vous permettront d'affiner votre parcours (en évitant par exemple de pédaler aux heures les plus chaudes en été).

Voyager léger : l'essentiel, pas le superflu

Voyager léger contribue à limiter les efforts et à garder une sensation de fluidité sur le vélo. On veillera donc à ne pas surcharger le vélo et à n'emporter que l'essentiel. On préférera l'utilisation de porte-bagages sur lesquels on pourra installer un sac à dos et/ou des sacoches. Le port de sac sur soi est en effet déconseillé pour des raisons de confort (il peut être une source de mal au dos et contribue à faire transpirer). Dans les sacoches, ou emportera de quoi se sustenter (pique-nique ou en-cas selon la durée de la balade).

On n'oubliera pas non plus d'emporter une ou plusieurs gourdes d'eau selon le parcours et la saison, et selon la possibilité de trouver des points d'eau potable sur le chemin. Les sacoches contiendront les autres éléments nécessaires au bon déroulement de votre balade, parmi lesquels, une carte ou un guide, un téléphone portable, une pharmacie de premiers secours et une trousse à outils pour les réparations (kit anti-crevaison : en général fourni par le loueur de vélo). On veillera également à emporter des équipements adaptés au temps et à la saison et à préparer et régler le vélo en conséquence.

Les équipements obligatoires à vélo en France

- Pour le vélo : deux freins en état de fonctionnement et un avertisseur sonore. Pour les éclairages, de nuit (ou de jour en cas de visibilité insuffisante) : un phare avant (blanc ou jaune), un phare arrière (rouge), un catadioptre avant (blanc ou jaune), un catadioptre arrière (rouge), des réflecteurs visibles latéralement (par exemple, entre les rayons) et des réflecteurs de pédales.

© CLICK_AND_PHOTO - ISTOCKPHOTO.COM

▶ Pour la tenue du cycliste : un gilet haute visibilité est obligatoire hors agglomération la nuit ou en agglomération lorsque la visibilité est insuffisante et un casque (obligatoire pour les enfants de moins de 12 ans).

La check-list avant de partir

Ça y est, vous avez décidé de vous lancer. Vous avez fixé le jour, l'itinéraire, et vous êtes en forme. Comme dans toute chose, un peu d'imprévu fait partie intégrante du voyage. Voici cependant une petite check-list qui vous permettra de partir en toute sérénité :

▶ Météo. Consultation des prévisions météorologiques (sur la route vous pouvez aussi utiliser des applications, par exemple, Rain today).

▶ État des routes. Vérification de l'itinéraire et de son état : travaux, boue, périodes de chasse (contactez les offices de tourisme, les services de la préfecture ou les collectivités locales si besoin).

▶ Intermodalité. Vérification de l'intermodalité au cas où vous prenez le bus ou le train : perturbations, travaux sur les lignes, horaires, éventuellement réservation des places avec les vélos et vérification des modalités d'acceptation des vélos (démontés ou non démontés). Si les vélos doivent être démontés, prévoir une housse de transport ou une bâche et des outils pour démonter roues et pédalier).

▶ Prévenir. Tenir informé quelqu'un de votre itinéraire (surtout si vous partez seul).

▶ Cartes. Vérifier que vous avez une carte de l'itinéraire, guide papier ou numérique, et penser à bien télécharger le fonds de carte sur votre GPS.

▶ Batteries chargées. Téléphone, appareil photo, VAE, vous pouvez prévoir un chargeur solaire pour votre téléphone ou des batteries de rechange.

▶ Vérification du vélo. Une bicyclette révisée et réglée à votre taille ; et vérifier notamment le gonflage des pneus, l'éclairage, les freins, la transmission et l'antivol.

▶ Vérification du matériel. Sacoches, pompe, kit de réparation et outils, téléphone (avec applications) ou GPS, boussoles, trousse de pharmacie (premiers secours) et couverture de survie.

▶ Équipement personnel. Gilet haute visibilité, casque, mitaines, pinces à pantalon, et équipement en fonction de la météo : en cas de pluie, cape de pluie, pantalon imperméable, guêtres ; contre le vent et/ou le froid, veste coupe-vent, polaire, gants, manchons ; et enfin pour se protéger du soleil et des UV, crème solaire, t-shirt ou vêtement long, lunettes de soleil, mitaines, chapeau. Autre équipement selon vos besoins et la balade : serviette et maillot de bain, couverture ou plaid pour s'étendre, carnet de croquis, etc.

▶ Horaires et réservations. Vérifier les horaires des sites touristiques que vous souhaitez visiter, les créneaux d'arrivée pour hébergements ; pensez à vous munir des justificatifs de réservation (billets papiers ou électroniques).

▶ À boire (gourde) et à manger (en-cas ou pique-nique).

▶ Documents et argent. Carte d'identité, carte Vitale et mutuelle, carte d'assurance, carte bancaire, espèces.

MÉCANIQUE ET ENTRETIEN

Entretenir et réparer son vélo sont la base d'une pratique agréable et sans stress. Les rudiments en matière d'entretien et de mécanique s'apprennent rapidement. Connaître les principaux éléments qui composent le vélo et effectuer leur entretien est une première étape. Savoir identifier l'état général du vélo s'acquiert avec l'expérience. Pouvoir réparer une crevaison est un point important mais n'ayez crainte, en cas de difficulté, vous pourrez demander de l'aide autour de vous. Nous vous donnons ici quelques conseils de base mais il existe aussi des livres et tutoriels en lignes. Vous pouvez aussi apprendre la mécanique (ateliers d'auto-réparation, cours ou stages). Sur votre route, vous trouverez des professionnels (vélocistes) qui pourront procéder tant à l'entretien qu'à la réparation de votre vélo. Et puis, en balade, l'entraide fonctionne en général très bien et vous trouverez sûrement quelqu'un pour vous épauler.

Entretien du vélo

La longévité du vélo, sa sûreté et sa fiabilité tiennent en partie à un entretien régulier. Entretenir son vélo ne demande pas beaucoup de temps. A partir du moment où l'état général du vélo semble correct, une simple vérification de routine est suffisante.

▶ Nettoyage, graissage et vigilance. Nettoyez votre vélo régulièrement, notamment après vos balades. Pour cela, vous pouvez vous munir de chiffons, éponges, brosses et d'huile de coude. A l'aide d'un chiffon sec ou de brosses, vous pouvez frotter les éléments à nettoyer. Le nettoyage du cadre, des roues et de la chaîne peut aussi se faire à l'aide d'eau et de savon, en pensant à bien rincer et sécher les parties humides, ce qui évitera à votre vélo de s'abîmer prématurément. Une fois propre, il s'agit de graisser la chaîne, afin qu'elle puisse coulisser et changer de vitesse sans aucun problème. Une chaîne bien entretenue dure cinq fois plus longtemps. Pour nettoyer votre chaîne de manière écologique – et économique –, rien de mieux qu'une brosse ou brosse à dent sur laquelle vous pouvez ajouter du vinaigre blanc. On pourra aussi utiliser une brosse à dents pour graisser la chaîne ou déposer une goutte sur chaque maillon, pour éviter les surplus d'huile. Une chaîne qui « chante » ou reste sèche doit vous alerter. Les éléments de câble (freins et dérailleurs) pourront, quant à eux, être régulièrement lubrifiés. D'une manière générale, soyez attentifs aux sensations de gênes, aux bruits qui peuvent signaler un dysfonctionnement et n'hésitez pas à contacter un spécialiste (atelier de réparation) pour avoir des conseils.

© PREDRAG VUCKOVIC - ISTOCKPHOTO.COM

Il est important de bien entretenir son vélo.

© ARTISTGNDPHOTOGRAPHY - ISTOCKPHOTO.COM

La crevaison est l'incident le plus fréquent.

▶ Gonflage des pneus. L'entretien passe aussi par la vérification et le gonflage des pneumatiques. En règle générale, l'usure des pneus est globalement assez facile à déterminer puisque les caractéristiques de détérioration sont généralement visibles. Si votre pneu est déchiré ou fendu et que vous pouvez voir la chambre à air n'attendez pas avant de le changer car le risque de crevaison est maximal. Pour vérifier l'usure normale d'un pneu, il s'agit de regarder son état global comme par exemple les flancs du pneu. En passant votre doigt sur la partie inférieure du pneu et si celle-ci s'effrite, c'est qu'il est usé. N'hésitez pas également à le soulever pour examiner l'état du pneu sous la roue. Il est possible dans certains cas d'être confronté à de mauvaises surprises. Pour obtenir une pression correcte dans les pneus, celle-ci est indiquée sur le côté du pneu défini par une mesure appelé PSI ou Bars. Pour les vélos de route et de ville, on recommande de gonfler entre 7 et 8 kg [bars] max. Il vous suffit de vous munir d'une pompe adaptée avec le compteur intégré afin d'administrer la bonne pression. Si vous n'en disposez pas, vous pouvez gonfler vos pneus dans les stations de gonflage vélo qui sont présentes sur le long de certaines voies cyclables.

▶ Stockage du vélo. Quelques autres astuces pour profiter de votre vélo le plus longtemps possible : il est fondamental de mettre son vélo à l'abri de l'eau et du soleil. En effet, l'eau est le pire ennemi du vélo. Elle s'infiltre partout et détruit tout sur son passage. L'idéal est de l'essuyer rapidement avec un vieux chiffon après être revenu si vous avez pris une averse. Quant au soleil, il détériore prématurément les pneus. Mieux vaut donc protéger votre vélo du soleil, si vous ne voulez pas vous retrouver avec une crevaison.

▶ Précaution sécurité et environnement. La sécurité commence par vous. On vous conseillera une tenue qui ne craint pas les salissures et vous protégera : gants, blouse, avec un point d'eau, du savon [et éventuellement du marc de café] à proximité pour vous nettoyer les mains. Le mieux est d'effectuer l'entretien dans un lieu ventilé et de veiller à la propreté de l'atelier et au rangement des produits et des outils. Et n'oubliez pas, lorsque vous entretenez votre vélo, de protéger le sol des égouttures. Un litre d'huile pollue un km^2 d'eau. L'huile usagée et certains produits [vérifier les étiquettes] sont des déchets spéciaux : contacter la déchetterie ou le service en charge de la collecte des déchets de votre collectivité afin de connaître les modalités d'enlèvement. Pensez également à stocker vos produits et déchets à l'abri des pluies, sur un support étanche et étiquetez-les.

Mécanique : quelques éléments de réparation

Réparer son vélo n'est pas toujours chose facile, mais il est toujours préférable de connaître quelques notions de base. Cela vous fera économiser de l'argent, et vous rendra totalement en confiance et autonome envers ce moyen de transport qu'est le vélo.

Réparer une crevaison

La crevaison est l'incident le plus banal qui puisse arriver à un vélo, et sans doute le plus énervant. L'opération de réparation d'une crevaison peut durer entre 15 minutes à plusieurs heures selon votre expérience en mécanique. Avant tout, il s'agit de trouver la crevaison, donc il faut au préalable démonter le pneu et la chambre de la jante. Voici en trois étapes comment démonter un pneu :

▶ Étape 1 : retirer la roue du vélo et dégonfler le pneu en appuyant sur le petit picot situé au milieu de la valve, pas besoin d'attendre que le pneu soit entièrement dégonflé ; s'il est mou, cela suffit.

▶ Étape 2 : enlever le pneu de la roue, pour cela vous devez tout d'abord appuyer sur les flancs du pneu, vers l'intérieur. Le pneu se détache simplement des parois où l'on va pouvoir insérer les démonte-pneus entre le pneu et la jante à des endroits différents. Vous les utilisez comme leviers afin que le pneu sorte des rails de la jante. Attention à ne pas pincer la chambre à air !

▶ Étape 3 : une fois le pneu hors de la jante, il suffit de retirer la chambre à air du pneu.

Une fois que c'est fait, gonfler légèrement la chambre, celle-ci laisse entrer un sifflement d'air et permet de trouver le trou. Si la crevaison est très légère et ne siffle pas, il suffit de tremper la chambre à air légèrement gonflée dans l'eau [ou utilisez la salive avec son doigt, à défaut d'eau] : des bulles d'air sortent du trou. L'objectif est de préparer la pose de la rustine. C'est l'opération la plus délicate, il faut bien noter que toute la qualité de votre réparation dépendra de ce passage difficile ! Dans un premier temps, avec l'aide d'un papier de verre, poncez délicatement la chambre à air à l'endroit du trou. Il est conseillé aussi de poncer l'intérieur du pneu qui se situe au niveau de la crevaison, car il se peut qu'une épine ou un morceau d'épine soit toujours logé dans le pneu et puisse re-crever instantanément le pneu. Et puis, appliquez la colle sur toute la surface que vous avez poncée pour ensuite poser la rustine sur le trou en la pressant fortement quelques minutes, sans la faire glisser. Une fois la rustine en place, regonflez très légèrement la chambre afin qu'elle ait une relative rigidité permettant de la glisser plus facilement dans le pneu. Pour finir, faites levier avec les démonte-pneus comme vous l'avez fait précédemment pour replacer le pneu dans la roue, en faisant très attention de ne pas pincer la chambre à air. Une fois la chambre à air ou le pneu changé, gonflez la chambre à air à la pression requise (cf. § entretien) puis resserrez fermement la roue en vous aidant des attaches rapides ou écrous. Dernière opération avant de remettre le pneu et la roue de vélo en place : vous devez vérifier le sens du pneu. Bien sûr, la plupart des pneus ont un sens. Il est indiqué sur le pneu par une petite flèche avec la mention front/rear soit avant/arrière.

▸ Pour mener à bien l'opération, pensez à vous munir d'une trousse à outils comprenant un kit anti-crevaison (mis à disposition par le loueur de vélo) : pompe à main, démonte-pneus, rustines, colles, grattoir, clés, pince, outil multiple et chiffon.

Avarie de chaîne

Lors des sorties, on prévoit souvent le kit de réparation pour crevaison, plus rarement de quoi réparer la chaîne. C'est vrai, l'incident est plus rare, mais tout aussi pénalisant. D'autant que l'outillage est simple et léger : un dérive-chaîne suffit. Le changement de chaîne, dans le cas de bris, n'est pas obligatoire. La chaîne peut être réparée, en supprimant le couple du maillon brisé. La chaîne sera plus courte, mais, à moins que la chaîne ait été précédemment raccourcie, cela n'aura pas d'incidence. Il n'est pas possible d'installer ou de retirer une chaîne d'un vélo sans l'ouvrir. En effet, la chaîne passe autour de la base arrière droite. Pour déterminer la longueur d'une chaîne, copier sur l'ancienne chaîne, en comptant le nombre de maillons, la longueur pouvant différer si l'ancienne chaîne est usée (allongée avec le temps). Ensuite, installer provisoirement la chaîne sur le vélo en la faisant passer sur le grand pignon et le grand plateau. La chape du dérailleur ne doit pas alors être trop ni trop peu tendue. Retirer l'excédant de maillons.

Ateliers de réparation et réseaux d'entraide

Nous vous conseillons les ateliers de réparations associatifs et solidaires, où pour une cotisation annuelle (de 5 à 20 €) vous pourrez gagner en « vélonomie », en apprenant à entretenir et réparer votre vélo. Vous pouvez également apprendre seul, à l'aide d'ouvrage ou tutoriels. N'oubliez pas non plus les gens autour de vous : famille, amis, collègues. Ponctuellement des ateliers de réparation, des cours d'entretien ou stages de mécanique peuvent être organisés (par des associations, collectivités territoriales, vélocistes) ou lors d'événements ou manifestations vélo. Si vous êtes hermétique à la mécanique et que vous n'aimez pas mettre les mains dans le cambouis, vous pouvez tout à faire sous-traiter cette prestation. Les vélocistes sont des professionnels qui assurent la réparation des vélos. N'hésitez-pas à leur confier votre bécane. Des collectivités, dans le cadre de leur système vélo, ont également mis en place des ateliers de réparations, souvent situés dans des endroits stratégiques (gares).

© PETAR CHERNAEV - ISTOCKPHOTO.COM

L'ACCUEIL EN BALADE

La balade à vélo ne se résume bien souvent pas à de l'activité physique. Elle offre matière à découvrir tout un patrimoine et un terroir. Cela passe par l'observation des paysages depuis votre bicyclette, des visites culturelles, des baignades, des déjeuners sur l'herbe ou encore par l'accueil chez des hôtes, pour un repas, une nuitée ou tout un séjour. Le réseau des offices de tourisme pourra vous aider en amont et pendant la balade, pour vous indiquer de bonnes adresses. Il existe tout un réseau de prestataires dans l'accueil des cyclistes. Le label national Accueil Vélo référence un ensemble de services liés au vélo, sélectionnés selon des cahiers des charges précis, incluant les activités de restauration et d'hébergement. Sachez également que la balade à vélo est accessible à toutes les bourses et que vous trouverez différents types d'offres pour vos pauses repas, vos nuits, et des tarifs réduits pour des visites touristiques.

Des hébergements pour toutes les bourses

En balade, différentes possibilités s'offrent à vous en matière d'hébergements, selon vos envies et vos contraintes.

Sous la tente. Envie de profiter de la balade pour dormir sous la toile ? Vous pouvez opter pour le camping, qui offre, avec un emplacement pour votre tente, de l'électricité, un espace cuisine et un bloc sanitaire. Selon le standing, d'autres services pourront vous êtres proposés : restaurant, piscine, soirée à thème, etc. Les campings qui ont le label Accueil vélo offrent un espace couvert pour ranger les deux-roues, un coin blanchisserie et un atelier pour les petites réparations. Des aires de bivouac existent également sur certains parcours où vous pourrez passer la nuit souvent à la condition de planter la tente à la nuit tombée et de la replier au lever du jour. Vous trouverez sur le site suivant des conseils pour vous initier au camping : www.pc.gc.ca/fr/serapprocher-connect/ltc-dlc

© SHAUNL - ISTOCKPHOTO.COM

Une autre option qui peut séduire certains d'entre vous est le camping sauvage. L'idée est de trouver un spot à l'abri pour vous permettre de passer la nuit le plus confortablement possible. Cette pratique est autorisée et réglementée en France, à l'exception de certains endroits (dont villes et réserves naturelles). L'interdiction peut être signalisée par des panneaux et formalisée par des arrêtés municipaux. Renseignez-vous.

Vous pouvez également poser votre tente chez l'habitant, dans un jardin. Des plateformes existent, qui mettent en lien hôtes et voyageurs pour du gambing (contraction de garden + camping) : www.homecamper.fr

Chez l'habitant. Si vous souhaitez passer du temps avec des habitants, le réseau warmshowers ou couchsurfing pourra vous permettre de faire de belles rencontres. Attention, il ne s'agit pas d'un simple hébergement gratuit mais bien d'un partage entre un hôte et un voyageur, qui souhaitent s'enrichir de la rencontre. La communauté Warmshowers (« douches chaudes » en anglais) met en relation les cyclotouristes selon un principe simple : se faire héberger pendant un voyage à vélo, le temps d'une escale, tout en rendant la pareille à d'autres dès que vous en aurez l'occasion. Une carte interactive référence les personnes qui peuvent vous recevoir pour une nuit ou plus, avec les détails de leurs moyens d'accueil (une parcelle de camping dans leur jardin, une chambre, repas offert ou non, etc.), ainsi que leurs coordonnées. Couchsurfing fonctionne sur le même principe mais est non spécifique aux voyageurs à vélo : www.couchsurfing.com

Hôtels, chambre d'hôtes et gîtes. Principalement installés sur les zones traversées par des véloroutes et autres pistes cyclables, de nombreux hébergeurs proposent des équipements particuliers et des services spécifiques destinés aux cyclotouristes. On y retrouve entre autre les Logis Vélo avec plus de 450 hôteliers

© HALFPOINT - ISTOCKPHOTO.COM

sur toute la France offrant un accueil de qualité. Plus d'infos sur www.logishotels.com/envie-de/les-themes/velo.html

Accueil vélo

Certaines régions de France ont développé leur propre réseau d'hébergements labellisés, et proposent le label Accueil Vélo. C'est une sélection d'hébergements qui bordent un itinéraire cyclable. Regroupés en réseau, ces campings, hôtels, gîtes et chambres d'hôtes vous réservent un accueil adapté : local à vélos fermé, petit matériel de réparation, possibilité de transport de bagages à l'hébergement suivant, etc. Les hôteliers en général vous proposent un petit déjeuner copieux, un panier pique-nique, un local sécurisé pour les vélos, un point d'eau pour laver les vélos, un lavage et séchage du linge, une mise en relation avec un loueur ou un transporteur du réseau, une mise à disposition d'une place de parking pour un véhicule pendant l'absence du client. Vous pourrez trouver un prestataire grâce à son moteur de recherche en ligne sur www.francevelotourisme.com

Autres hébergements

En balade à vélo, vous pouvez aussi trouver à vous loger en gîte rural. Sur les chemins de Saint-Jacques-de-Compostelle, muni d'une credential, vous pourrez faire halte dans les auberges pour pèlerins. Pour ce qui est des hôtels, auberges de jeunesse ou chambres d'hôtes traditionnelles, n'hésitez pas à les appeler. Ils sont de plus en plus nombreux à s'équiper pour recevoir les cyclistes ou peuvent s'adapter pour accueillir votre vélo dans de bonnes conditions (mise à disposition d'un abri protégé pour le vélo par exemple).

Se restaurer sur la route

En balade, vous pourrez opter pour plusieurs formules, selon votre temps ou votre porte-monnaie. Le label Accueil Vélo identifie des restaurateurs bike-friendly (www.francevelotourisme.com/restaurants-bars). Dans certaines villes vous pourrez trouver des cafés-vélo qui combinent les services de réparateurs vélos, bar et restaurant. Encore une fois, les itinéraires cyclables tels que voies vertes comportent des services de restauration à proximité ou directement le long de l'itinéraire. Vous pourrez aussi bénéficier de formules panier-repas à emporter chez vos hôtes. N'hésitez pas à le demander. Pour un pique-nique de qualité, vous pouvez aussi vous arrêter chez les commerçants, producteurs locaux ou marchés situés le long de votre itinéraire. Renseignez-vous auprès de vos hôtes ou des offices de tourisme pour connaître les jours de marché.

Découvrir le terroir

Certains offices de tourisme sont labellisés Accueil Vélo et pourront vous prodiguer des conseils spécifiques. D'une manière générale, ces établissements constituent des mines d'informations qui vous seront utiles dans votre pérégrination tant sur l'aspect pratique que pour la découverte du patrimoine et des sites culturels. Le mieux est de les contacter en amont ou consulter leur site Internet, afin de préparer au mieux votre voyage. Pour les cyclotouristes qui n'aimeraient pas l'organisation et préfèrent le confort d'un voyage organisé, sachez que des voyagistes proposent des séjours à vélo, en groupe. Ils peuvent aussi vous confectionner un voyage sur mesure pour un groupe que vous aurez constitué.

LES SERVICES EN BALADE

En balade, vous n'êtes pas tout seul ! Un circuit vélo ne se résume pas à un simple tracé et vous pourrez trouver un ensemble de services sur la route ou à proximité. Sachez d'abord qu'il existe des possibilités pour transporter votre vélo non démonté dans les trains, bus, mais aussi métros et bateaux (bacs, ferries, etc.). Des services de location (intégrant, outre le vélo, les sacoches, le kit de réparation, parfois aussi le casque ou d'autres équipements) existent et peuvent être réservés à l'avance. D'autres services pourront égrener votre parcours et vous faciliter la vie : réparations, stations de gonflage, stations de recharge de batterie de VAE, transport des bagages ou taxis. Les véloroutes et voies vertes intègrent cette notion de service dans leur cahier des charges, ainsi que le label Accueil Vélo. Dans tous les cas, pas de panique. Les circuits sont fréquentés par d'autres cyclistes, souvent prompts à l'entraide.

Intermodalité : vélo et train

Les politiques évoluent en matière d'intermodalité et nous vous conseillons de consulter les sites Internet des transporteurs pour vérifier les conditions de transport des vélos.

- **Vélos démontés.** Les vélos démontés et placés dans une housse (de format 120 x 90 cm max. pour la SNCF), ainsi que les vélos pliables sont acceptés gratuitement dans tous les trains. Toutefois, dans les trains OUIGO, il vous en coûtera 5 € lors de votre réservation pour transporter votre vélo pliable ou démonté.

- **Vélos non démontés.** Les trains TER (Trains Express Régionaux) acceptent en général (mais pas toujours !) les vélos non démontés gratuitement et sans réservation, dans la limite des places disponibles. Consultez au préalable le site Internet TER de votre région. Pour ce qui est du réseau Intercités, il vous en coûtera 10 € lors de la réservation pour transporter votre biclou. Dans certains TGV INOUI, il est possible de transporter votre vélo pour 10 € et avec réservation, dans la limite des places disponibles. Sachez que vous pouvez également réserver un emplacement vélo payant dans l'Eurostar et dans les TGV Lyria.

- **Pour plus d'informations**, rendez-vous sur www.sncf.com/fr/offres-voyageurs/voyager-en-toute-situation/velo-a-bord

Réseau transilien et RATP

Pour ce qui est du réseau transilien les modalités sont les suivantes : du lundi au vendredi, avant 6h30, entre 9h30 et 16h30 et après 19h30. Le samedi, dimanche et les jours fériés sans restriction d'horaires. Attention, en cas de forte affluence, l'accès au train avec votre vélo pourra vous être refusé. Le vélo est accepté dans les bus Transilien (dont Noctilien) dotés d'une soute à bagages. Dans les RER, les vélos sont acceptés les samedis, dimanches et jours fériés toute la journée, et les autres jours avant 6h30, entre 9h et 16h30, puis après 19h.

Vélo et bus interurbains

Nous vous conseillons de consulter les sites ou de contacter directement les transporteurs. Les vélos démontés dans des housses sont considérés comme des bagages, mais les conditions varient selon les lignes pour les vélos non démontés (et la période). À noter que la Loi d'orientation des mobilités prévoit que les autocars assurant des lignes régulières de transport public, en circulation après le 1er juillet 2021, devront pouvoir transporter un minimum de 5 vélos non démontés.

Vélo et bateau (bac, ferry)

Les itinéraires vélos nécessitent parfois le passage de rivières, mers ou estuaires et empruntent des bacs ou ferry, qui acceptent généralement les vélos. Renseignez-vous auprès des opérateurs de transport. À Paris, le service Navibus (navette sur la Seine) a la capacité d'accueil d'un vélo non démonté par bateau.

Vélo et voiture

Un dispositif de porte-vélo vous permettra de transporter votre vélo en voiture. Parmi les différentes possibilités on citera le porte-vélo hayon. Il se fixe rapidement sans aucune restriction de hauteur, pouvant transporter jusqu'à quatre vélos, s'il est doté d'un bras articulant.

Location de vélos

Il existe des systèmes de location de courte ou moyenne durée, à utiliser selon vos besoins. Les locations courte durée se révèlent très pratiques pour la balade et permettent de découvrir diffé-

© VM - ISTOCKPHOTO.COM

rents types de vélos et de louer directement sur le lieu de votre balade. Certains loueurs peuvent également récupérer votre vélo en fin de séjour si vous n'effectuez pas une boucle. Les locations longue durée vous permettent, quant à elles, de bénéficier d'un vélo pour les déplacements du quotidien. Les collectivités qui proposent ce service, ont souvent des tarifs intéressants (dont des tarifs solidaires) et incluent d'autres services : consignes, maintenance du vélo, etc.

Voici quelques ressources utiles :

- www.francevelotourisme.com (label Accueil Vélo) ;
- offices de tourisme : ils vous informent sur les loueurs et proposent parfois des vélos en location ;
- collectivités territoriales ;
- vélocistes, loueurs privés ;
- associations ;
- l'application en ligne Ouibike (www.ouibike.net) qui propose un service de réservation en ligne 7j/7 et toute l'année. Ouibike propose aussi la location et livraison de vélos au sein d'un réseau de plus de 300 points de location ;
- l'application de location entre particuliers Bebike (www.sobebike.com). C'est la première application de location de vélo entre particuliers. Il vous suffit de télécharger l'application et vous pourrez ensuite trouver un vélo partout dans votre région.

Réparation du vélo

Avant de partir, assurez-vous que votre vélo est en bon état de fonctionnement et bien réglé. En cas de souci sur la route, pas de panique, voyez déjà si vous êtes en mesure de diagnostiquer et traiter le problème. Les itinéraires étant généralement fréquentés par d'autres cyclistes, il est fort probable qu'on vienne spontanément vous aider. Sachez que des réparateurs de cycles sont souvent présents à proximité des itinéraires, en tout cas dans les villes. Le label Accueil vélo recense un certain nombre de prestataires qui peuvent assurer les réparations ou vous aider. Vous pouvez également contacter le loueur de vélo qui pourra vous prodiguer des conseils ou dans certains cas venir vous récupérer.

Services de bagagerie et taxis

Si vous partez plusieurs jours en itinérance et que vous ne souhaitez pas porter vos bagages sur votre vélo, sachez que sur certains itinéraires, des prestataires assurent un service de portage. Vous retrouverez ainsi chaque soir vos effets personnels dans votre hébergement. Des services de taxi existent également afin de vous transporter avec votre vélo d'un point A à un point B si vous ne souhaitez pas pédaler toute la journée. Ayez aussi un œil sur les horaires de bus ou train qui acceptent les vélos sous certaines conditions.

Label Accueil vélo

Cette marque nationale réunit plus de 600 prestataires de différents secteurs : hébergeurs/restaurateurs, loueurs de vélos, réparateurs de vélos, offices de tourisme et sites touristiques qui assurent un certain nombre de services dédiés au vélo selon des critères précis, notamment une localisation à moins de 5 km d'un itinéraire cyclable, des conseils et équipements spécifiques (stationnement vélo sécurisé), etc.

Pour plus d'informations :

- www.francevelotourisme.com
- consulter les offices de tourisme
- contacter votre loueur de vélo et votre hébergeur

SÉCURITÉ ET PROTECTION CONTRE LE VOL

La sécurité est un paramètre important en balade. Cela commence par un vélo correctement réglé et en bon état de fonctionnement. A cela s'ajoute la tenue du cycliste, qui devra associer confort, visibilité et résistance aux aléas climatiques. Une fois équipé, il s'agira, pour s'élancer avec confiance et fluidité, de respecter quelques règles de bonne conduite, ainsi que la réglementation en vigueur, tant dans le trafic que sur les aménagements cyclables. Pour celles et ceux qui auraient besoin de se remettre à pédaler, sachez que des vélos-écoles permettent un apprentissage ou une remise en selle à tout âge. Enfin, afin d'éviter de se faire voler son vélo, ce qui est un risque somme toute assez fréquent, on conseillera également quelques mesures de prévention. Outre la vigilance, des dispositifs tels que des antivols, ou des systèmes de marquage peuvent dissuader plus d'un voleur et vous éviter de voir disparaître votre monture.

La sécurité à vélo

Voir et être vu. La visibilité est le premier atout du cycliste. De jour comme de nuit, il est important d'être bien visible de tous : des automobilistes, bien sûr, mais aussi des piétons, des autres cyclistes. Le gilet de sécurité haute visibilité permet d'attirer l'attention de tous, et il est obligatoire la nuit, hors agglomération, de même que de jour par temps sombre ou de brouillard. Des dispositifs d'éclairages, eux aussi obligatoires, assureront votre visibilité (catadioptres, dynamo, lampes amovibles ou systèmes autonomes reelight). Il s'agit aussi d'être clair dans ses intentions : tendre le bras pour indiquer chaque changement de direction et s'assurer que notre intention ait été bien comprise par les autres usagers. Les cyclistes sont particulièrement vulnérables aux intersections. Observer le Code de la sécurité routière aide aussi les automobilistes à prévoir où se dirigent les cyclistes. En agglomération, soyez attentifs aux revêtements tels que ralentisseurs et grilles d'égout. Attention aux angles morts et aux mouvements latéraux des camions, bus, camionnettes : il est préférable de rester bien derrière.

© DIGOARPI - ISTOCKPHOTO.COM

Le gilet de sécurité haute sécurité permet de bien être vu des autres.

Code de la route. Toute une réglementation s'impose aux cyclistes et leur confèrent des droits mais aussi des devoirs en matière d'équipement, de circulation, ou d'aménagements. La réglementation est évolutive et varie d'un pays à l'autre. Aussi est-il nécessaire de se renseigner au préalable. Pour ce qui est de la circulation en France, des panneaux bleus indiquent les pistes cyclables : le rond à caractère d'obligation et les rectangulaires conseillent de les emprunter. Les voies expresses interdites sont matérialisées par des panneaux blancs cerclés de rouges. Pour plus d'informations, voir le site de la Fédération des Usagers de la bicyclette : www.fub.fr

Oser prendre sa place. Il s'agira de s'élancer avec confiance et de prendre sa place dans le trafic ou dans les aménagements dédiés. On tâchera de rester maître de son vélo et de sa vitesse en évitant de zigzaguer sur la route. Sous la pluie et sur chaussée détrempée, pensez à anticiper le freinage. Si vous roulez en groupe, assurez-vous de rouler dans une formation appropriée. Peu de choses sont aussi irritantes aux yeux des automobilistes qu'un groupe de cyclistes désorganisés qui pédale lentement et qui bloque la voie. Evitez de rouler à plus de deux de front. En cas de dépassement par un autre véhicule ou sur une route étroite, roulez en file simple. Aussi est-il important de communiquer entre vous afin de prévenir les obstacles placés sur la route (trous, gravillons, etc.), mais aussi d'informer les autres qu'une voiture va doubler ou vient en face. En cas

© AROCHAU - STOCK ADOBE.COM

Il est important d'avoir une tenue adaptée.

d'incident mécanique, il vaut mieux ne pas s'arrêter sur la chaussée, mais sur le bas côté droit de l'accotement. Apprendre à pédaler ou se remettre en selle est toujours possible : renseignez-vous auprès du réseau des vélos-écoles ou de votre collectivité : www.fub.fr

Un vélo réglé et en état de fonctionnement

Pour rouler en sécurité, il s'agit d'abord d'avoir un vélo réglé et en bon état de fonctionnement. Récent ou vieux, le vélo doit être en parfait état de marche : les vitesses doivent changer sans problème (danger en cas de saut de chaîne dû à un mauvais entretien de la transmission). Les freins doivent fonctionner correctement et sans à coup (il faut de temps à autre surveiller l'usure des patins et câbles). Il est aussi important de vérifier le serrage des boulons et attaches rapides, notamment des roues, du guidon, de la selle et des freins. En ce qui concerne les pneus, ils doivent être regonflés régulièrement en respectant la pression donnée par le fabriquant, indiquée sur le pneu. Parmi les éléments importants à prendre en compte figure la selle, un composant essentiel en terme de confort, surtout pour les longues échappées. Sa hauteur ainsi que celle du guidon doivent favoriser l'ergonomie. Tout vélociste ou loueur saura vous prodiguer les bons conseils en matière de réglage et d'entretien.

Éléments de sécurité du vélo. Les éléments obligatoires sur un vélo sont deux dispositifs de freinage, un porte-bagage, un système d'éclairage, une sonnette. La sonnette sert notamment à prévenir les autres usagers, piétons, voitures ou cyclistes et à éviter ainsi d'éventuels accidents. Les garde-boues vous permettront de rester propre et de ne pas aveugler le cycliste qui vous suit avec des éclaboussures. Un rétroviseur, installé du côté gauche, permet de savoir à tout moment ce qui se passe derrière soi et peut se révéler bien utile dans le trafic. Il est important de vérifier au préalable si le champ de vision n'est pas trop réduit. Une béquille facilite les petits arrêts. Il s'avère également important de disposer d'une pompe (à main, car transportable) et d'une trousse à outils contenant : un démonte-pneus, chambres à air, colle et rustines ; chiffons, gants, pompe, dérive-chaîne, pince et outil multifonction (clé BTR, tournevis).

Un équipement vestimentaire adapté. D'une manière générale, pour pratiquer le vélo dans de bonnes conditions, il est important de s'équiper correctement et en fonction des aléas climatiques. On évitera les bas de pantalons larges, les lacets de chaussures non lacés, les écharpes tombantes et les longs manteaux s'accrochant facilement : risque de chute ! Préférez des vêtements de couleurs claires de préférence qui permettent d'augmenter votre visibilité en journée. Pour les randonnées longues, vous pouvez opter pour un cuissard court ou long en fonction de la saison. Il vous épargnera les désagréments de la selle bien connus des cyclistes professionnels, tels que les échauffements ou brûlures de la peau. Pour le choix du casque (obligatoire pour les moins de 12 ans), préférez ceux à coque rigide qui protège d'éventuels traumatismes crâniens en cas de chute. Des lunettes de soleil vous protègeront des UV mais aussi de la poussière.

Prévenir le vol

Quelle que soit leur qualité, les vélos sont très recherchés par les voleurs. Chaque année, ce sont environ 400 000 vols de vélos qui sont déclarés en France. Tout cycliste qui se respecte vous parlera de son premier vol de vélo (en ville, un cycliste sur deux s'est déjà fait voler son vélo). Comme il vaut mieux prévenir que guérir, voici quelques conseils de première ligne.

A l'extérieur, veillez à ne pas laisser trop longtemps votre vélo et dans la mesure du possible gardez-le dans votre champ de vision. Préférez les endroits fréquentés ou les parkings sécurisés et/ou surveillés. Certaines collectivités, dans le cadre de leur système vélo ont mis en place des parkings de stationnement sécurisés et des locations de box.

Comment attacher son vélo pour pouvoir le sécuriser au mieux ? Attachez à la fois le cadre et la roue avant. En effet, il est très important d'attacher la roue avant au cadre, car celle-ci est plus vulnérable au vol que la roue arrière puisqu'elle se démonte plus facilement. Évitez les attaches rapides de selle et de roues de vélo surtout pour une utilisation en agglomération. Ils peuvent sembler pratique au premier abord, mais sachez qu'ils facilitent le vol de votre vélo. Il faut savoir que les accessoires sont également une proie très facile des voleurs, même les moins expérimentés. N'hésitez pas à garder avec vous vos sacoches, pompe, ou compteur, lorsque vous laissez le vélo.

Marquage. A partir de 2021, le marquage des vélos est obligatoire pour les vélos vendus neufs (depuis le 1er janvier 2021) et d'occasion par les professionnels (dès l'été 2021). Des opérateurs agréés par l'État sont en charge de ce marquage. Sachez que vous pouvez aussi faire marquer un vélo déjà en votre possession. Le marquage est associé à l'enregistrement du vélo sur un registre national unique. Le marquage du vélo permet de dissuader les voleurs (difficulté à revendre votre vélo par la suite) et facilite les recherches en cas de vol. Nombre de deux-roues volés et retrouvés ne peuvent en effet être rendus à leurs propriétaires faute d'identification. Si vous souhaitez plus d'informations, consultez www.bicyoce.org et la Loi d'orientation des mobilités 2019 et les décrets d'application.

Antivols. Un ou plusieurs antivols sont aujourd'hui souvent indispensables pour empêcher le vol si vous êtes obligé de vous séparer de votre vélo un certain temps. Pour un arrêt court, le cadenas en étrier permet de bloquer rapidement la roue arrière. Alors que pour un arrêt plus long, il vaut mieux utiliser de gros cadenas en forme de U, étudiés pour résister à de multiples agressions. Ils sont lourds, mais leur prix est nettement inférieur à celui d'un nouveau vélo. Les antivols en spirale cèdent en revanche à la première pince coupante venue, et les cadenas à chiffres ne résistent pas non plus longtemps au voleur. Un U plutôt court, associé à un antivol bloquant la roue arrière est en général recommandé. Sachez que peu de choses arrêtent un voleur bien équipé et organisé. C'est pourquoi l'ensemble des conseils précédemment évoqués s'applique pour diminuer les risques de vol. La FUB propose également un comparateur d'antivol (www.bicyoce.org).

Assurance. Le vol de vélo à votre domicile est en général compris dans votre assurance habitation. Des assurances spécifiques existent pour le vol de vélo. Le site www.bicycode.fr en répertorie quelques-unes.

Un système de parking vélo entre particuliers : https://www.velhome.co/

En cas de vol

Zut, on vous a dérobé votre vélo : échappé, volatilisé ! La première chose à faire est d'aller porter plainte au commissariat ou à la gendarmerie. Il s'agit ensuite de le renseigner, via la base de données de votre opérateur, si votre vélo est marqué. Vous pouvez également consulter les sites suivants : www.bicycode.org et http://veloperdu.fr. Consultez également votre assurance et demandez à vos amis d'ouvrir l'œil, regardez les petites annonces. A froid, essayez de comprendre les facteurs qui ont permis le vol afin de mieux anticiper la prochaine fois. Et relativisez : ce n'est que du matériel. Par sécurité prenez toujours une photo de votre vélo attaché dans votre abri.

Le casque est obligatoire pour les enfants de moins de 12 ans.

Le magazine web 100% passion cyclisme
TopVélo
Essais de vélos de route
Gravel - Vintage - V.A.E. - Matériel
Reportages - Actualité - Art de vivre
YouTube
topvelo.fr

S'INFORMER

Voici quelques adresses pour vous aider à chaque étape de votre parcours, de sa préparation jusqu'à la fin de la balade. Vous trouverez des structures qui proposent des ateliers de remise en selle afin de vous permettre de reprendre ou apprendre le vélo en toute confiance. Nous vous présentons également différentes organisations qui pourront vous apporter des conseils en matière de vélo (achat, entretien, conseils pour rouler). Nous vous indiquerons aussi quelques pistes pour préparer vos itinéraires avec des informations et des outils pratiques. Vous trouverez le nom de structures associées au cyclotourisme via lesquelles vous pourrez trouver des compagnons de route et des idées de parcours. Enfin, quelques éléments de littérature, revues et sites liés à l'univers du vélo vous seront présentés, car ils peuvent constituer des sources d'inspiration et contiennent des informations récentes.

Se (re)mettre en selle, trouver un vélo et circuler en toute sécurité

FUB

Fédération des Usagers de la Bicyclette
12, rue des Bouchers
67000 Strasbourg
✆ 03 88 75 71 90
contact@fub.fr
www.fub.fr

Créée en 1980, la FUB, Fédération française des usagers de la bicyclette, agit pour apporter des réponses concrètes aux préoccupations quotidiennes des cyclistes et promouvoir l'usage du vélo comme mode de déplacement quotidien, par la mise en réseau des associations locales. Les principaux champs d'action sont concertation entre usagers et collectivités, le conseil et l'information, les bourses aux vélos, le marquage BICYCODE®, les ateliers d'autoréparation et la vélo-école pour adultes et enfants.

FNAUT

Fédération nationale des Associations d'Usagers des Transports
32, rue Raymond Losserand - 75014 Paris
✆ 01 43 35 02 83
www.fnaut.fr

La Fédération nationale des Associations d'Usagers des Transports rassemble aujourd'hui 150 associations implantées dans toutes les régions françaises. Association de consommateurs agréée, la FNAUT conseille et défend les usagers de tous les modes de transport et les représente auprès des pouvoirs publics et des entreprises de transport. Groupe de pression d'intérêt général, la FNAUT s'efforce d'infléchir la politique des transports et de l'aménagement du territoire.

© ESTUDI M6 - SHUTTERSTOCK.COM

Mieux se Déplacer à Bicyclette (MDB)
Maison du Vélo
37, boulevard Bourdon
75004 Paris
✆ 01 43 20 26 02
https://mdb-idf.org
Il s'agit d'une association pionnière en matière de promotion du vélo qui propose des accompagnements (vélos-écoles, ateliers de réparation, marquage, etc.), des projections, des bourses aux vélos, des balades et manifestations cyclofestives, ainsi que des actions militantes (convergence francilienne).

UPWAY
https://upway.shop
info@upway.shop
Cette plateforme en ligne est dédiée au rachat, au reconditionnement et à la revente de vélos électriques, sous garantie d'un an. Leur credo ? Rendre le vélo électrique accessible au grand public avec des offres pour tous les budgets et une livraison assurée à domicile ! Vous retrouverez des marques incontournables, telles que Cowboy, VanMoof ou encore Giant. En plus d'un aspect économique attrayant, la démarche d'Upway s'inscrit dans un cycle vertueux en prolongeant la durée de vie des vélos électriques plutôt que de créer du jetable.

S'informer sur les itinéraires, trouver des compagnons de route

ASSOCIATION FRANÇAISE DES VÉLOROUTES ET VOIES VERTES (AF3V)
www.af3v.org
Cette association d'usagers, qui fonctionne avec des délégations départementales, propose notamment des randos vélos de plusieurs types : randonnées militantes (pour faire avancer les voies vertes), randonnées grands itinéraires, randos-découvertes, autres randonnées ; on trouve sur le site une carte interactive et un moteur de recherche qui permet de trouver une véloroute ou une voie verte en fonction de la région, du type de revêtement de la voie et le type d'activité.

CYCLO-CAMPING INTERNATIONAL (CCI)
www.cyclo-camping.international/fr
Cyclo-Camping International est une association sans but lucratif qui regroupe et informe ceux qui voyagent à vélo sans aide motorisée. Elle est animée par des bénévoles et réunit tous les passionnés du voyage à vélo, ceux qui partent demain, et ceux qui sont revenus hier... Elle leur permet de s'informer, de se rencontrer, et de communiquer entre eux à partir de leurs expériences.

CYCLOTRANSEUROPE
www.eurovelo3.fr
CyclotransEurope, fondée en 1996, a pour objectif la réalisation en France d'une véloroute reliant à la fois Paris à Moscou et Saint-Jacques-de-Compostelle à Trondheim (la Scandibérique), autant que possible en site propre. Depuis 2001, CyclotransEurope propose de découvrir une partie de l'itinéraire de la TransEuropéenne, entre amis ou en famille, grâce aux randonnées organisées tous les étés.

FÉDÉRATION FRANÇAISE DE CYCLOTOURISME (FFCT)
www.ffvelo.fr
Les Comités régionaux et départementaux permettent une présence active et soutenue auprès des licenciés, mais également des institutions sportives, touristiques et des administrations régionales et départementales. Les clubs sont les acteurs principaux de la FFCT. À ce titre, ils gèrent et assurent l'activité du cyclotourisme sur le territoire français incluant les départements d'Outre-mer. Ils en assurent la promotion, l'animation auprès de leurs adhérents, l'organisation de manifestations et de randonnées, la création de structures d'accueil et la mise en place d'écoles de cyclotourisme.

FRANCE VÉLO TOURISME

www.francevelotourisme.com

Vous retrouvez sur ce site des idées d'itinéraires pour vos balades à vélo de 2h ou de plusieurs jours. Grâce à un moteur de recherche et une carte interactive, vous pouvez confectionner un itinéraire sur mesure, selon vos envies et vos capacités (difficulté, durée, thématique et destination), en préconisant des itinéraires cyclables aménagés. Vous retrouvez aussi, sur France vélo tourisme, tous les établissements labellisés Accueil Vélo sur votre itinéraire : hébergements, restaurants, lieux de visite, offices de tourisme, loueurs et réparateurs.

Livres

Littérature :

Petit Traité de Vélosophie de Didier Tronchet, Éditions Plon.

Besoin de Vélo de Paul Fournel, Éditions Points Seuil.

Voici des Ailes de Maurice Leblanc, Éditions Phébus.

Ouvrages spécialisés (réparation, droit) :

Comment entretenir et réparer son vélo. Le manuel de survie pour les nu(le)s en mécanique de Romain Puissieux, Éditions Mango, 2018.

Le Code du Cycliste de Ludovic Duprey, Éditions Dalloz, 2021.

Livres sur la pratique du vélo :

Le Retour de la bicyclette, de Frédéric Heran, Éditions La Découverte, 2015.

En roue libre, de David Le Breton, Éditions Terre Urbaine, 2020.

Réenchantons le vélo, de Priscilla Parard, Éditions Terre Vivante, 2021.

Magazines et presse spécialisée

Cyclo-camping international, la revue trimestrielle de l'association CCI (www.cyclo-camping.international/fr/revue/non-categorise/revue) : des récits de voyageurs, des infos et des annonces.

200 le vélo de route autrement, magazine trimestriel (www.200-lemagazine.com) : des articles en lien avec le monde du vélo, des récits de voyages, pour tout public du néophyte au compétiteur.

Chasse-goupille, fanzine bordelais (https://wiklou.org/wiki/Chasse-Goupille_(fanzine)) réalisé par des autrices de la France entière dans l'esprit *do it yourself* et dont le thème est « l'émancipation avec et par la bicyclette ».

Cyclotourisme Mag (www.cyclotourisme-mag.com), mensuel édité par la Fédération française de cyclotourisme, consacré à l'ensemble de l'actualité de la discipline avec de nombreux conseils pratiques et techniques.

LE CYCLE

✆ 01 41 40 32 32 - www.lecycle.fr

Le Cycle est le magazine n° 1 des pratiquants, sa mission est de vous faire rêver et vous faire vivre votre passion avec les meilleurs conseils et guides d'achat. Dans chaque numéro, retrouvez les essais des vélos et des produits avec une analyse en laboratoire et des tests sur le terrain. Découvrez des comparatifs de matériels ainsi que des dossiers techniques. Les reportages Parcours et Col dur mettent à l'honneur une région, son patrimoine, en parcourant trois circuits adaptés. Avec les rubriques Atelier, Diététique, Entraînement, les actus régionales, les suppléments du Guide du Tour, des vélos et des équipes pros sans oublier le carnet Entraînement, vivez votre passion du cyclisme dans toutes les pratiques, du cyclosport à la compétition, de la route au gravel.

© PIXDELUXE - ISTOCKPHOTO.COM

© 501ROOM - SHUTTERSTOCK.COM

CYCLIST

✆ 04 73 14 03 00 - www.turbulencespresse.fr

7,50 € le numéro. 39 € l'abonnement d'un an (19,50 € l'abonnement numérique).

Bimestriel dédié au cyclisme sur route à destination des passionnés avec des reportages sur des escapades à vélo en France, des news et tests de matériels, l'actualité des clubs et également des astuces pour bricoler son vélo. Des portraits des grandes légendes du cyclisme, des dossiers thématiques, du coaching, du choix d'un vélo, des interviews de personnalités et des reportages présentant de belles balades sur les plus belles routes de l'Hexagone ; le tout avec des photographies qui font rêver et donnent envie d'enfourcher sans plus attendre son vélo !

E-BIKE MAGAZINE

✆ 03 44 62 43 79

6,50 € l'unité, abonnement 1 an : 36 €.

E-bike Magazine, c'est une revue bimestrielle qui est intégralement consacrée au vélo à assistance électrique (VAE). Tous les deux mois, vous retrouvez toutes les actualités liées au VAE et aux derniers modèles. Dans chaque numéro, un chapitre « essais » vous livre les résultats de plusieurs tests et essais techniques. Retrouvez également des portraits de coureurs pro, une rubrique « courrier des lecteurs », des conseils pratiques et des dossiers et des inspirations pour vos randonnées. Un magazine spécialisé au contenu dense et pratique.

E-BIKE LIFE MAGAZINE

✆ 03 44 62 43 79

6,90 €/l'unité.

À la suite du succès de *E-Bike Magazine*, les éditions Larivière ont décidé de prolonger le plaisir des « cyclolecteurs » en lançant *E-Bike Life Magazine*. Ce nouveau magazine trimestriel est dédié aux vélos à assistance électrique (VAE) et plutôt spécialisé pour les usagers de VAE en milieu urbain. Partant d'une tendance générale : dans les grandes villes, de plus en plus de personnes cherchent des solutions de déplacement plus écologiques. On retrouvera donc des conseils pour accompagner cette mobilité électrique, des tests techniques et recommandations.

VTT MAGAZINE

✆ 03 44 62 43 79

5,80 € à l'unité, abonnement 1 an en numérique : 39 €, abonnement 1 an papier : 56 €.

Mensuel emblématique consacré à l'ensemble de l'actualité du vélo tout-terrain avec des essais matériel et expertises techniques, des focus sur les pilotes les plus charismatiques, mais aussi des sauts impressionnants, entre autres thématiques. Bien sûr, vous trouvez également dans le *VTT magazine*, disponible à l'unité ou en abonnement (papier et/ou numérique), une sélection de randonnées sur les plus beaux sentiers de France et des idées de voyages à faire à VTT partout dans le monde, pour vous inspirer et vous donner envie.

VÉLO VERT MAGAZINE

✆ 01 39 13 33 22 - www.velovert.com

À l'unité : 6,95 €, abonnement 1 an : 49 € et abonnement 2 ans : 85 €. Offres avec produits offerts disponibles.

Vélo Vert Magazine, c'est un mensuel consacré à l'actualité du vélo tout-terrain et vélo tout-terrain à assistance électrique, et des numéros hors-série de référence. On y trouve des interviews de coureurs, des conseils pour l'entretien de son VTT, l'agenda des randonnées et courses en France et de nombreuses autres rubriques telles que, par exemple, toute l'actualité des coureurs emblématiques de VTT, des tests techniques des vélos dernier cri, en plus de conseils pratiques. Et chaque année, le magazine fait une sélection et élit « le VTT de l'année ».

Sites et applications

Sites et blogs :

- www.isabelleetlevelo.fr/ : un site incontournable avec toute l'actualité vélo (« mais pas que... »).
- www.weelz.fr : le mag « leader de pignon ». Ce site encourage la pratique du vélo comme mode de déplacement à part entière.
- www.citycle.com : un blog d'actualité et d'information autour du monde du vélo, cyclisme urbain, cyclotourisme, tous les conseils y sont apportés.
- www.cyclos-cyclotes.org : un forum consacré au cyclotourisme.
- www.cartovelo.fr : une librairie en ligne des guides et cartes.
- umap.openstreetmap.fr : pour créer vos propres cartes personnalisées.

Applications pour tracer son itinéraire :

- komoot
- IGNrando'

SUR LES TRACES DU PÉRIGORD VERT

LIEUX	Km cumul	Km partiel	Routes
Brantôme	0	0	D78
Champagnac-de-Belair	6	6	D78, D83
Puyguilhem	13	7	D82, D3
Saint-Jean-de-Côle	21	8	D98
Saint-Pierre-de-Côle	28	7	D78
Saint-Front-d'Alemps	34	6	D68 Route La Bélonnie D3
Agonac	39	5	D3
Brantôme	53,5	14,5	D69

BRANTÔME-EN-PÉRIGORD ★★★

La bien nommée, Venise verte, est probablement l'un des spots les plus romantiques du Périgord. Comment ne pas tomber sous le charme de cette petite cité baignée par la Dronne, sculptée dans la pierre et blottie contre le rocher ? La forte affluence en haute saison mettra votre patience à rude épreuve ! Levez la tête vers le magnifique clocher (en fait un campanile construit sur le roc), étudié par Viollet-le-Duc, et dit le plus vieux de France. Accolée à lui, la vénérable abbaye bénédictine fondée par Charlemagne porte les stigmates d'une histoire vieille de 12 siècles. L'exceptionnelle grotte sculptée, dite Grotte de Jugement dernier vaut la visite.

ABBAYE DE BRANTÔME ✞ ★★★

Boulevard Charlemagne ✆ 05 53 05 80 63
www.perigord-dronne-belle.fr

Fermé fin décembre à mi-février. Haute saison : 10h-18h. Durée 1 heure. Adulte 8 €. Réduit : 6 €. Gratuit -12 ans.

La légende veut que Charlemagne ait fondé cette abbaye bénédictine pour le diocèse de Périgueux, il y aurait déposé les reliques d'un des saints Innocents prénommé Sicaire. L'abbaye comprend l'abbatiale, une galerie, un clocher roman du XIe siècle élevé sur un rocher, un bâtiment monastique et une magnifique salle d'exposition sous la charpente. Le parcours le long de la falaise permet de contempler le joyau troglodytique de la grotte du Jugement Dernier et ses bas-reliefs sculptés dans le roc. La fontaine dédiée à saint Sicaire était fréquentée pour ses vertus curatives et fécondantes. Pierre de Bourdeille, le célèbre auteur Brantôme (1540-1614) y fut abbé commendataire. Les enfants apprécieront les livrets-jeux disponibles gratuitement et téléchargeables pour mener l'enquête dans l'abbaye. Des visites guidées sont organisées de Pâques à Toussaint sur réservation pour les groupes à tarif préférentiel. En juillet et août, les visites nocturnes vous enchanteront et vous plongeront dans une atmosphère mystérieuse. Notez que la visite est accessible en fauteuil roulant avec une aide. La billetterie se trouve à l'Office de Tourisme ou sur place. Vous pouvez bénéficier de billets groupés : cloître + église + clocher, grotte de l'abbaye + musée Desmoulin (libre ou guidé) et grotte + musée + église + cloître + clocher (guidé).

En saison, attendez-vous à du monde et de l'attente... Cela en vaut la peine ! Patientez donc avec une petite crème glacée à la main en regardant couler l'eau au pied de l'abbaye... ou les canoéistes !

CLOCHER DE L'ABBAYE DE BRANTÔME ★

Boulevard Charlemagne ✆ 05 53 05 80 63
www.perigord-dronne-belle.fr

Ouvert toute l'année. Visite guidée selon disponibilité. Gratuit jusqu'à 12 ans. Adulte 8 €. Enfant 6 €. Groupe 6,50 €.

La légende veut que l'abbaye bénédictine ait été fondée par Charlemagne. D'abord troglodytique, on peut encore visiter la salle capitulaire où se réunissait la communauté monastique. Il est possible de visiter également la galerie du cloître, qui a résisté aux restaurations entreprises au XIXe siècle, l'abbatiale renfermant les reliques de Sicaire, l'un des saints Innocents, pour terminer par l'ascension du clocher. La vue imprenable est méritée car il faut gravir 130 marches.

CD BIKE

24, Boulevard Coligny
✆ 06 08 66 59 19
www.cdbike.fr/

Ouvert tous les jours de 9h à 19h. Location la demi-journée : VTT adulte ou enfant 35 €. Trottinette 15 €/demi-journée.

C'est tout nouveau et bien pratique. Découvrez Brantôme et ses environs en louant un vélo électrique, VTT ou VTC ou une trottinette. Il y en a pour toutes les tailles, pour les grands et les petits. Louez à la journée ou juste la demi-journée. Charles vous reçoit tous les jours de 9h à 19h en saison (ou sur rendez-vous hors saison). L'occasion de pousser plus loin vos explorations dans la vallée de la Dronne. D'aller jeter un œil à Bourdeilles ou à Villars en suivant les chemins de randonnée que l'on vous aura indiqués. C'est écologique et ça donne bonne mine.

JARDIN BOTANIQUE ALAIJE

Chemin du Vert Galant
✆ 05 53 35 38 64
www.alaije.fr

Ouvert à l'année. Haute saison : du lun au sam 10h-18h. Gratuit -15 ans. Visite sur don.

Ce modèle de jardin unique a été réalisé par une association d'insertion. Ce magnifique jardin botanique est ouvert à la visite, on peut s'y promener librement à la rencontre d'une grande diversité de plantes et de fleurs, cultivées dans le respect de l'environnement, sans intrant chimique et avec des solutions alternatives (paillage, désherbage manuel) pour réduire la consommation d'eau : géraniums vivaces, sauges, toxiques, aromatiques, médicinales, des aquatiques. Les groupes sont les bienvenus. Un concours d'épouvantails et des nocturnes animent les lieux.

CAMPING PUYNADAL** €€

Puynadal
✆ 05 53 06 19 66
www.camping-puynadal.com

Ouvert du 01/04 au 30/09. Emplacement + véhicule + 2 personnes de 14 € à 23 €. Mobil-home 189-629 €/sem. Piscine, jeux.

Le Camping Puynadal est un camping familial de 33 places, sur 3 hectares. On y accueille les campeurs en tente, caravane ou camping-car, sur des emplacements standards ou premium. Le bloc sanitaire est récent et spacieux. Mobil-homes à louer à la semaine ou à la nuitée (sauf juillet et août) Le camping dispose d'un snack et propose le dépôt de pain (en juillet et août si boulangerie disponible), d'une piscine, d'une aire de jeux avec château gonflable, ping-pong, cabane, toboggan, filet multi-sport, cage de foot, pétanque, le tout en accès libre.

MUSÉE FERNAND-DESMOULIN

Boulevard Charlemagne
✆ 05 53 05 80 63
www.perigord-dronne-belle.fr

Ouvert toute l'année. Adulte : 6,50 € (réduit : 4,50 €). Tarif couplé avec la visite de l'abbaye. Guide en supplément.

Il ne faut pas manquer d'entrer dans le musée Fernand Desmoulin (1853-1914) dédié à ce peintre et graveur qui réalisa une œuvre médiumnique qui l'impose comme un grand artiste spirite : de 1900 à 1902, trois esprits ont pris vie sous sa main, L'Instituteur, Ton Vieux Maître et Astarté. Il réalisa 93 figures à la mine de plomb au cours de séances de tables tournantes. Fernand Desmoulin portait aussi le titre très officiel de portraitiste de la 3e République. Comme on se trouve dans l'enceinte de l'abbaye, le billet d'entrée est groupé avec la grotte de l'abbaye.

AU FIL DU TEMPS €€

1, chemin du Vert-Galant
✆ 05 53 05 24 12
www.fildutemps.com

Fermé en janvier. Ouvert le dimanche et le lundi le midi ; du mercredi au samedi le midi et le soir. Menu dès 39 €.

Le Fil du Temps c'est le pendant du Fil de l'eau. C'est le vieux relais de poste à l'ancienne. Cuisine à l'ancienne, rôtisserie à l'ancienne... On n'en trouve pas deux comme cette belle adresse, avec une terrasse qui fait face aux superbes jardins de Brantôme. A l'intérieur, un style restaurant typique du Périgord avec la suggestion du jour à 39 euros. Au menu, un tartare aux deux saumons et fruits exotiques, un filet de bœuf local, et la célèbre tarte citron revisitée. L'ambiance est agréable, le service rapide et courtois, et les tarifs sont très honnêtes.

COUTELLERIE LE PÉRIGORD BRANTÔME

7, rue Puyjoli-de-Meyjounissas
✆ 05 53 05 35 82
www.couteau-leperigord.com
Ouvert du mardi au samedi de 10h30 à 18h30.

Née il y a plus de 15 ans à Nontron, berceau de la coutellerie française, l'entreprise familiale a installé son second atelier boutique dans une charmante rue à Brantôme. Qu'il soit précieux en bois exotique ou plus rustique, le couteau du Périgord a su séduire son public. Si vous cherchez un cadeau unique, on pourra personnaliser votre couteau Périgord avec le texte de votre choix. L'entreprise propose des visites de ses ateliers de fabrication à Saint-Estèphe au Moulin de Lapeyre.

LA BOUTIQUE DE MIMIE

Avenue Ferdinand Beyney
www.laboutiquedemimie.fr
Ouvert le mardi, le jeudi et le vendredi : 9h15-18h ; le samedi : 10h-12h30 et 14h-17h ; le dimanche : 10h-12h.

La boutique de Mimie est une épicerie vrac, mais pas uniquement. Vous y trouverez l'essentiel pour votre quotidien alimentaire, de l'apéritif jusqu'au dessert, mais aussi des produits d'hygiène. De nombreux produits vous sont proposés et Mimie s'attache à trouver les plus locaux possibles. Elle vous propose sa sélection : viande, salaisons, conserves, vins... mais aussi de l'artisanat, des bijoux et des produits de déco (dont une jolie gamme pour les chambres d'enfants). Pour jouer le jeu du vrac, et éviter les emballages, pensez à ramener vos contenants.

CHAMPAGNAC-DE-BELAIR ★

Au cœur du Périgord Vert dans un cadre champêtre, Champagnac-de-Belair, traversé par la Dronne, le Libourny et le Trincou, possède quelques petits trésors, comme son église Saint-Christophe qui a la particularité d'avoir deux clochers, ou sa chapelle Notre-Dame de Bon Secours du XVIIIe siècle à l'architecture modeste. Surtout, désormais transformé en chambres d'hôtes, le château de la Borie-Saulnier datant du XVIe et XVIIe siècle est un édifice impressionnant avec ses tours aux machicoulis et son charmant parc. Plus modestement, le lavoir de Champagnac-de-Belair offre une escale bucolique agréable.

AGONAC

Se balader dans Agonac, c'est remonter le temps à travers un village qui a connu les aléas de l'Histoire, notamment des invasions dont il a dû se protéger. Des vestiges de la préhistoire ont été retrouvés, mais c'est au Moyen Âge qu'Agonac s'est construit en village dans la vallée de la Beauronne. Aujourd'hui, il reste des traces de ces siècles passés : le château édifié au Xe siècle et ayant connu de nombreuses évolutions, l'église Saint-Martin classée aux Monuments Historiques, la chapelle Notre-Dame, le logis de l'hospice du XVIIe siècle, la Chartreuse du Pouliquet, le château de Gourjou ou le manoir d'Agonac, désormais résidence privée.

LA RODA AU MOULIN DU ROC €€

Lieu dit le Moulin du Roc ✆ 05 53 02 86 00
www.moulinduroc.com
Fermé de déc à avril. Ouvert du jeu au lun midi & soir, merc soir. Carte 70 € env. Chambres 270-470 €, petit déj 22 €.

Le Chef Alain Gardillou de la Roda (la roue en occitan), a un rapport à son métier très affectif, sa mère étant elle-même cheffe de cette cuisine double étoilée au guide Michelin dans le cadre enchanteur du Moulin du Roc, bâti en 1670 sur la Dronne au cœur d'un parc appelant à la quiétude et à la sérénité. L'endroit inspire et la cuisine du chef respire la sincérité. Les ingrédients sont magnifiés, l'assiette sublimée. L'hôtel renouvelle ses chambres depuis quelques années, confortables et accueillantes. L'endroit est magique, on ne vous le dira pas assez.

LES DÉLICES DE SYLVAIN

Avenue de la Beauronne
✆ 05 53 35 33 81
Ouvert du lundi au samedi de 6h45 à 12h30 et de 16h à 19h ; le dimanche de 6h45 à 12h30.

Un petit creux en passant par Agonac, faites une pause gourmande chez Sylvain. Ce boulanger-pâtissier qui ne manque ni d'audace ni d'idées ! La réputation de son dartois chocolat/praliné imbibé au vin de noix du Périgord n'est plus à faire, celle de sa baguette 100 % céréales produite localement non plus. Pour du pain, des viennoiseries, des gâteaux et même des grignotages dans l'espace snacking pour faire une halte sur la route des vacances, c'est une bonne adresse. Les gourmands seront comblés, les autres regretteront de ne pas l'être !

EXCIDEUIL, SUR LES BORDS DE L'AUVÉZÈRE

LIEUX	Km cumul	Km partiel	Routes
Excideuil	0	0	
Dussac	7,5	7,5	D67
Lanouaille	13	5,5	D707
Payzac	19	6	D75
Saint-Mesmin	29	10	Chambon, Savignac Lédrier
Génis	36	7	D72E4
Excideuil	48	12	D72E4,D4s D705

EXCIDEUIL ★

Excideuil s'est construit autour du château du Xe siècle qui reste ancré à son piton rocheux. Il a dû repousser les assauts de Richard Cœur de Lion et les tumultes des guerres de Religion, avant de sombrer dans l'abandon au XVIe siècle. On peut se promener dans les ruelles médiévales pour découvrir la maison du maréchal Bugeaud, les couvents Saint-Claire et des Cordeliers, la Commanderie Saint-Antoine. L'église est un ancien prieuré bénédictin qui n'a conservé de ses origines romanes du XIIe siècle qu'un fragment de portail dans la façade, et se trouve surmontée d'un drôle de clocher, reconstruit en béton dans les années 1930 après un incendie...

CHÂTEAU D'EXCIDEUIL

✆ 05 53 52 29 79

www.naturellementperigord.fr

Ouvert toute l'année. Pour la partie communale : gratuit.

Ce château a l'originalité d'avoir 2 propriétaires, l'un privé et l'autre municipal. Des XIIe et XIVe siècles subsistent un donjon roman, un logis Renaissance et un pavillon d'entrée du XVIe. D'un coup d'œil on comprend toute la force de cette construction surplombant la vallée de la Loue taillée de façon à empêcher les assauts. La partie communale est accessible : vous pourrez déambuler le long des remparts et dans la cour, admirer le panorama et découvrir de juin à octobre dans les salles du châtelet, les expositions organisées par l'association Excit'Œil.

CABANES EN PIERRE SÈCHES

✆ 05 53 52 29 79

renseignements auprès de l'Office de tourisme.

Il y aurait quelque 123 cabanes de pierres sèches autour d'Excideuil. Pour partir à leur rencontre, il vous faudra chausser de bonnes chaussures et arpenter les magnifiques chemins de randonnée de la commune. De nombreuses boucles balisées à découvrir auprès de l'office de tourisme. Toutes différentes les unes des autres, elles sont les témoins de la mise en culture et de l'épierrage constants des terres ingrates du causse. Le phylloxéra, l'exode rural, la déprise agricole furent à l'origine de l'abandon de ce petit patrimoine rural tout à fait remarquable.

GALERIE DU CHÂTEAU

Les Charreaux

SAINT-MÉDARD-D'EXCIDEUIL

✆ 06 77 91 94 74

Ouvert du jeudi au dimanche de 10h à 18h ou sur rendez-vous. Entrée libre.

Une galerie d'art moderne et contemporain, qui présente principalement les œuvres de l'artiste Grégoire Mathias, peintre, sculpteur et organiseur d'intérieurs. Il apprécie le cubisme et a développé le cubisme temporel. C'est aussi un passionné, un expert, un vulgarisateur. Il anime des cours de peinture, pour offrir à ses élèves une connaissance étendue de la création d'une toile ou d'une sculpture. Il présente dans sa galerie ses tableaux et ses sculptures et il y présentera des tableaux d'autres cubistes comme Lucien Lautrec, voire Picasso, Miro, Messager...

Excideuil.

TROTTINETTES DU PÉRIGORD VERT

Gare ✆ 05 53 62 16 38

Haute saison : Tlj. Sur réservation. Deux parcours : Boucle de Saint-Raphaël ou Boucle du Viaduc. 35 € par personne.

Au départ de la gare d'Excideuil, offrez-vous une balade au creux de chemins et au sommet des collines. C'est pratique d'utiliser une trottinette électrique pour partir sur l'un des deux parcours : à la découverte d'une rando de 19 km vers Saint-Raphaël ou après une halte à la table d'orientation, le retour se faisant par le chemin des roches enchantées, les falaises d'escalade, ou vous préférerez peut-être la boucle du Viaduc avec sa traversée de petits villages typiques.

RESTAURANT DU LAC DE ROUFFIAC €

Centre de Tourisme Rouffiac

ANGOISSE

✆ 05 53 52 60 32

Ouvert du samedi au jeudi le midi et le soir.

On ne s'attend certainement pas à trouver une si bonne adresse sur une base de loisirs. Et pourtant, on vient de loin pour y déguster la viande bovine sélectionnée localement par le Chef et ses vraies frites belges. Pour les gourmands de spécialités du Périgord, vous pourrez y déguster un excellent foie gras. Pour finir sur une note sucrée, le café gourmand est vraiment copieux avec cinq mini-desserts minimum. La terrasse en bois est très accueillante.

CAMPING MUNICIPAL DU PONT ROUGE €

1, impasse de la loue ✆ 05 53 62 43 72

www.excideuil.fr

Ouvert du 01/05 au 30/09. Emplacement + 2 adultes + véhicule + électricité 12,90 €/nuit. Caravane 3 €, camping-car 6 €.

Le camping municipal est situé au Pont Rouge sur la route de Saint-Médard-d'Excideuil, avec accès à la rivière. Il accueille les tentes, les caravanes et les camping-cars sur des emplacements individuels. L'espace est boisé avec un terrain de pétanque et une table de ping-pong, ains qu'une piscine municipale et un terrain de tennis à 500 m. Vous pourrez pêcher à proximité et louer des vélos et VTT dans le village. Idéal pour profiter de la nature et des balades aux alentours.

GAILLARD GOURMAND

13, rue Jean Jaurès

✆ 05 53 55 10 08

Ouvert le lundi, le mardi et le vendredi de 9h à 17h ; le jeudi de 7h30 à 17h ; le samedi de 9h30 à 12h. Terrasse.

Marjolein vous offre déjà son sourire immense et un bel accent néerlandais. Dans ce délicieux coffee shop/salon de thé, il fait bon s'accouder au comptoir ou se lover dans la petite salle pour plus d'intimité. Aux beaux jours, une seconde salle est prévue d'ouvrir. La terrasse est fort agréable et s'étire dans la rue les jours de marché ou sur la placette en face. Pour les gourmands, une offre de pâtisseries maison, accompagne votre boisson : cookies, brownies et quelques propositions salées pour déjeuner sur le pouce. Vente sur place ou à emporter.

LA MAISON DU BONHEUR €€

La Marzelle - **ANLHIAC** ✆ 09 74 53 18 34

http://vacancesenperigord.com/

Fermé décembre et janvier. Chambres d'hôte, hébergement insolite en roulotte, camping et aire de camping-car.

David et Carine ont organisé leur ferme en une maison d'accueil où ils se consacrent à offrir de beaux souvenirs à leurs visiteurs. Les 5 chambres d'hôtes ont chacune un nom mémorable. Avec une configuration en suite, on peut y dormir avec toute la famille. Leur table d'hôte est généreuse, et comme ils ne font pas les choses à moitié, ils avaient démarré une roulotte à Pizza qu'ils viennent de mettre en gérance depuis peu. Avec leurs autres roulottes, ils proposent des hébergements insolites qui satisfont une clientèle séduite. Ils ont aussi un espace camping.

LA VIE EN VRAC

25, Rue Jean Jaurès

✆ 06 78 99 95 77

Ouvert du lundi au vendredi de 9h à 18h ; le samedi de 9h à 13h30.

Voilà une petite épicerie vrac (mais pas que), avec des produits bio (mais pas que) et locaux (mais pas que) ! Autant dire que le concept est large. Néanmoins, l'accueil est chaleureux et complètement bilingue, le duo à la tête de la boutique est anglais. Vous y trouverez des fruits, légumes, œufs, miel, chocolats, graines, farines, fromages et une proposition de produits anglais et végétariens. On vient avec son panier, ses boîtes, ses bocaux, pour un objectif zéro emballage, zéro déchet. À l'arrière de la boutique, des livres d'occasion à tout petit prix.

ATELIER DE CERAMIQUE LES PIEDS SUR TERRE

48, Rue Eugène Leroy
✆ 06 72 57 59 20
www.atelier-lespiedssurterre.fr

Ouvert à l'année. Saison : tous les jours 10h-18h. Stage 320 €/pers, réduit 290 €. Boutique : pièces à partir de 18 €.

Marie-Laure vous accueille avec gentillesse et bienveillance dans ce bel espace vitré consacré à la fois à la vente de ses productions en céramique et à son atelier de production. Pas de barrière, on peut voir son travail en toute transparence. Elle propose 2 gammes, l'une utilitaire en grès émaillé à la cendre aux couleurs toutes douces et une série plus décorative faite de pièces polies et enfumées. On peut aussi la retrouver sur les marchés des potiers en saison.

PONT LASVEYRAS

Gratuit.

En prenant la route de Pompadour, on peut aller jusqu'au lieu-dit Pont Lasveyras pour son superbe pont à avant-becs du XIIIe, mais aussi pour rendre hommage aux résistants tombés ici pendant la guerre, sur un site émouvant marqué par un Mémorial. Le 16 février 1944, un groupe de résistants a été surpris par une division allemande alors qu'il se croyait en lieu sûr. Une exposition relative aux 49 victimes du massacre y est présentée. En 10 stations réparties sur le site, le Chemin de la Mémoire du Pont Lasveyras aborde la Résistance, une balade très émouvante.

PAYZAC

Dans ce village, la mairie est installée dans une villa baroque style 1900, dite Beauséjour. En 1902, sa construction avait fait grand bruit à Payzac. Ce superbe hôtel particulier, créé par un homme d'affaires du nom de Lassagne, avait mobilisé pendant deux ans, les artisans du pays et attisé la curiosité, car de nombreux éléments du mobilier, comme les cheminées de marbre et les boiseries sculptées, venaient directement de Paris par train ! Cet homme de goût avait planté un parc, où trônaient en particulier trois magnolias grandiflora qui prirent au fil des décennies de magnifiques allures, aux côtés de camélias, aux floraisons toujours généreuses.

LE MOULIN DU CHATAIN* €

Route de Saint-Cyr-Les-Champagnes
✆ 06 28 26 45 33
www.moulinduchatain.com

Pêche/bar de mars à nov. Camping 16 €-19 €. Chalets 240 €-515 €/sem. Tentes aménagées dès 35 €/nuit. Animaux 3 €/jr.

Le camping du Moulin du Châtain vous accueille dans un cadre de nature préservée. Ce petit camping familial offre à la location des chalets, tentes aménagées, caravanes et emplacements et son étang de pêche privé uniquement pour les campeurs où vivent des brochets, des perches, des carpes. A disposition aussi, une piscine, des jeux, des coins pour le pique-nique, des sentiers de balade, une boutique de producteurs et de créateurs, le restaurant-bar et sa terrasse. De juin à septembre, de nombreuses animations sont organisées pour les petits et les grands.

PAPETERIE DE VAUX

Vaux ✆ 05 53 62 50 06
www.ecomuseesdelauvezere.fr

Fermé du 15/12 au 15/01. Pendant les vacances, ateliers sur réservation. Gratuit -7 ans. Adulte 7 €. Moins 15 ans 3 €.

La papeterie de Vaux se trouve à l'emplacement d'anciennes forges connues dès le XVIIe siècle, sur un affluent de l'Auvézère. La forge à haut fourneau se situait légèrement en aval. En 1861, les deux forges sont reconverties en une papeterie pour produire entre autres le célèbre papier « de boucherie » à partir de la pâte à base de paille de seigle. C'est la dernière usine en Europe à présenter une chaîne de fabrication intacte d'époque. Achetée par la commune et classée Monument historique, elle a été réhabilitée et transformée en espace muséographique de 800 m^2.

NATUR'ÔTREMENT

Laubuge Haute ✆ 06 18 28 93 62
https://naturotrement.fr/fr

Ouvert à l'année et sur réservation. Accompagnateur e-VTT escalade et tir à l'arc, tarifs les consulter. Location VTT.

Christophe Morange et son équipe organisent depuis des années les activités plein air soit à l'occasion d'événements comme « l'été actif » en Dordogne, soit sur des lieux en Périgord Vert et en Limousin, bien entendu au cœur du Parc naturel du Périgord Limousin. Ils sont spécialisés dans l'accompagnement sur des parcours en VTT électrique, en encadrement pour de l'escalade ou du tir à l'arc. Ce sont des moniteurs diplômés dans chaque discipline. L'entreprise assure aussi de la location de VTT, la vente de matériels d'occasion, et réalise l'entretien de vos vélos.

RIBÉRAC, AU FIL DE LA DRONNE

LIEUX	Km cumul	Km partiel	Routes
Ribérac	0	0	
Saint-Victor	9,5	9,5	D708, D99, D104
Montagrier	13	3,5	D104
Lisle	21	8	D103, D1
Toscane-Saint-Apre	28	7	D78
Saint-Alquilin	38	10	D103, D109, D39
Siorac-de-Ribérac	48	10	D43
Ribérac	55,5	7,5	D43, D13

RIBÉRAC ★

Ville fondée au XIe siècle. Arnaud Daniel, un grand troubadour périgourdin du Moyen Âge, est né au château ; son œuvre poétique en langue d'oc révèle les sentiments dans l'amour courtois et sert aussi à voiler les réalités politiques et sociales de la féodalité. Les splendides anciens châteaux sont le témoin de cette époque luxuriante. Ce chef-lieu de canton en bord de la Dronne est encore une ville de négoce (1er marché hebdomadaire départemental). Son économie repose essentiellement sur l'agriculture (céréales, noix, tabac, volailles, veaux sous la mère), mais incontestablement le tourisme culturel et les loisirs sportifs y sont en plein essor.

CIRCUIT ROMAN DES ÉGLISES À COUPOLES ✞

Place du Général-de-Gaulle

✆ 05 53 90 03 10

Circuits libres sur une centaine de km, à vélo ou à auto. Brochures et conseils à l'Office de Tourisme de Ribérac.

La campagne autour de Ribérac est riche d'un patrimoine roman qui n'attend que votre visite. L'Office de Tourisme a bâti des circuits d'une grande richesse architecturale à la découverte d'une quarantaine d'églises souvent fortifiées. En auto ou à vélos, ne manquez pas les plus remarquables, à Saint-Privat-des-Prés, Saint-Aulaye, Grand-Brassac, Saint-Martial-Viveyrol, Bourg-du-Bost, Cercles, Siorac-de-Ribérac, Montagrier. Les églises sont ouvertes normalement tous les jours 10h-18h.

COLLÉGIALE NOTRE-DAME ★

Place de la Vieille Eglise

Entrée en fonction des expositions programmées.

Édifiée au XIIe siècle, elle devient collégiale par une charte de 1500. Elle était à l'origine la chapelle d'un château aujourd'hui disparu construit vers l'an 1000. L'église a été très endommagée lors des guerres de Religion et à la Révolution. Abandonnée en tant qu'église en 1935, sa restauration récente l'a transformée en salle d'exposition d'art contemporain et de concert. Le chœur est surmonté d'une coupole sur pendentifs, ornée de magnifiques peintures murales du XVIIe siècle. Les vitraux modernes d'Henri Guérin, illuminent ce bel ensemble.

ÉGLISE SAINT-PIERRE-ET-SAINT-PAUL LIZONNE ✞

SAINT-PAUL-LIZONNE

✆ 06 83 68 14 33

Visites commentées avec bénévoles jeudi 15h-18h de juin à septembre. sur Rdv le reste de l'année.

L'église Saint-Pierre et Saint-Paul est un des plus beaux joyaux romans fortifiés du Périgord. De l'église du XIIe siècle, il reste l'avant-chœur et l'abside surmontée d'une chambre de défense installée pendant les guerres de religion. Le plafond en forme de coque de bateau retourné, peint au XVIIe siècle, est remarquable. Il est classé Monument historique. Les portraits de saint Pierre et saint Paul ont été peints au XVIIe siècle sur les deux portes de la sacristie. Prix Trévise 2020.

MUSÉE LA MÉMOIRE DES GRENIERS

Hôtel Paradol - **TOCANE-SAINT-APRE**

✆ 05 53 90 82 27

https://musee-tocane.fr/

Ouvert de juin à septembre du mardi au dimanche 14h30-18h30. Adulte 4 €. Enfant -15 ans 2 €. Visite guidée/résa.

Ginette Valprémy a dirigé pendant des années un groupe folklorique perpétuant les traditions du Périgord. Passionnée de couture et de broderie, elle a rassemblé des pièces anciennes et authentiques : costumes, coiffes, outils, objets divers ayant trait à la vie du XIXe siècle en Périgord. Ainsi le musée de la mémoire des greniers a vu le jour. La municipalité a mis à disposition le 2e étage de l'hôtel Paradol, un beau bâtiment du XVIIe siècle pour présenter ces trouvailles.

CAMPING MUNICIPAL DE LA DRONNE €

Route d'Angoulême

✆ 05 53 90 50 08

Ouvert à l'année, forfait journalier autour de 15 €. Tente meublée 30 €/nuit/2 pers.

Ce camping municipal est situé au bord de la rivière la Dronne avec un accès direct à la rivière pour se baigner. Il compte 100 emplacements. Côté sport, le camping bénéficie de la base de canoë-kayak située à l'entrée et d'un centre équestre tout proche. C'est un terrain ombragé, à 500 mètres de tous les commerces. Côté sécurité, il est gardé jour et nuit. Ce camping est parfait pour profiter avant tout de la nature, du calme, et des activités de rivière.

CHÂTEAU DU BOURBET €€

CHERVAL

✆ 05 53 90 84 89

chateaudubourbet-fr.com

Chambre double de 100 € à 150 €. Suites à partir de 150 €. Petit déjeuner inclus. Offres spéciales et tarif entreprises.

Construit au XVe siècle par les seigneurs du Bourbet, ce château a été occupé par l'armée allemande et partiellement démoli à la fin de la Seconde Guerre mondiale. Ce véritable havre de paix et de sérénité est entouré de six hectares de prairie. Vous profiterez de somptueuses chambres, chacune avec vue magnifique et salle d'eau privée : du charme élégant pour la chambre Ivory avec son lit à colonnes Georgien, douillette Ivory Too attenante, idéale pour les enfants, la Bordeaux très romantique, la chaleureuse Damson et la Jade, simple et aérée.

LA PETITE CLAVELIE €€

✆ 05 53 91 25 21

www.lapetiteclavelie.com

Deux gîte à partir de 900 € la semaine.

Christian et Yannick vous accueillent avec une convivialité sincère. La maison, noyée dans la verdure, date du XVIIe siècle. Toutes les chambres très confortables sont joliment décorées. Plusieurs salons sont à disposition car ici, les hôtes partagent librement les pièces de vie des propriétaires. Un gîte pour 2 à 4 personnes, totalement indépendant, avec cour et prairie, a été aménagé avec beaucoup de goût et avec tout le confort moderne. Dehors, vous profiterez de pelouses, terrasses, d'un grand parc ombragé, d'un verger, d'un jardin d'herbes à l'ancienne...

LE CHABROT €€

8, rue Gambetta

✆ 05 53 91 28 59

www.lechabrot.fr

Ouvert lundi, jeudi et vendredi midi et soir, mardi et dimanche le midi, samedi le soir. Menus 29-44 €. Midi 14,50 €.

Le nom de ce restaurant est un hommage au chabrot traditionnel en Périgord : un peu de vin rouge servi dans un fond de soupe et qu'il faut boire à l'assiette. Parmi les spécialités maison, à base de produits frais et locaux, vous aurez le choix entre des plats traditionnels de la table française (plats canailles, confit, etc.) et des préparations plus créatives comme le pavé de veau élevé sous la mère à la trappe d'Echourgnac. En été, on peut profiter de la terrasse et parfois de soirées festives avec des tapas et des concerts le mardi soir.

CRÉATION VITRAIL

La Croix

LA CHAPELLE-GRÉSIGNAC

✆ 06 25 01 87 33

Ouvert du lundi au samedi de 9h à 12h et de 14h à 18h. Ouvert à l'année, et sur demande.

Dans ce coin du Périgord Vert vous profitez de cette étape pour parcourir le village de La Chapelle Grésignac et découvrir sa motte castrale. Vous découvrirez l'univers dans lequel Martine a installé son atelier de créations et rénovation de vitraux. Sa boutique est installée dans une ancienne forge, la lumière donne toute sa force aux objets qui s'éclairent soudainement. Vous pourrez acheter ses œuvres, participer à des ateliers ou en savoir plus sur les différentes techniques pour réaliser le vitrail, avec du plomb ou du cuivre. Les enfants sont bienvenus.

STATION DES SAVEURS MAGASIN DE PRODUCTEURS

29, Rue de Saint Apre - **TOCANE-SAINT-APRE**

✆ 05 53 90 14 35

www.stationdessaveurs.com/

Ouvert du lundi au samedi de 9h à 13h et de 15h à 19h ; le dimanche de 9h à 12h.

Un magasin de producteurs dans une ancienne station-service, c'est la Station des Saveurs ! Vous y trouverez un assortiment éclectique, mais 100 % local, du miel, des tisanes, des savons, des conserves d'oie et de canard, des recettes à base d'autruche, des confitures, des moutardes, des vinaigres, du vin, du chocolat, du café. Pour résumer, une offre d'épicerie fine locale de grande qualité, à déguster pendant votre séjour et à ramener pour faire durer le plaisir après les vacances.

CANOES RIBERAC

Le Chalard - **VILLETOUREIX**

✆ 06 77 30 89 63

Ouvert du 15 juin au 15 septembre 7j/7 10h-19h et sur Rdv le reste de l'année. Location dès 9 €/pers. CB non acceptée

Tout près du camping à Ribérac, découvrez en famille ou entre amis les joies du canoë sur une eau calme, paisible au milieu d'une faune et d'une flore préservées. Canoe Ribérac propose des descentes libres en canoës insubmersibles sur la rivière Dronne qui surprend à chaque détour de méandre. Le transport du matériel est assuré en minibus. Par exemple : promenade le long des îles, balade jusqu'au moulin de Puyrousse à Verteillac (1h30) ou le moulin de la Pause de Saint-Méard (3h). Possibilité d'excursions sur plusieurs jours. Réservation recommandée.

MONTAGRIER

Montagrier a connu une histoire riche en rebondissements : castrum gallo-romain, château féodal, invasion des normands qui ont probablement détruit son prieuré, bastion anglais pendant la guerre de 100 ans... Il reste quelques traces de toutes ces aventures. Surtout, l'église Sainte-Madeleine, bâtie à l'endroit qui fût probablement celui de l'ancien prieuré, montre sa beauté particulière. En effet, sa pierre claire la rend lumineuse, son clocher et ses deux absidioles, ainsi que son plan en trèfle, en font une église unique en Dordogne. Plus au nord, la petite chapelle Saint-Sicaire est tout aussi jolie et arbore des sculptures en façade datant du XIIIe siècle.

CENTRE VTT

Allée des Marronniers
✆ 05 53 90 13 25
http://vttmontagrier.e-monsite.com
Ouvert toute l'année. Location de VTT pour adulte à partir de 13 € la 1/2 journée, 10 € par enfant.

Haut perché dans le Ribéracois, Montagrier abrite le centre Sports Nature, point de départ de nombreux circuits accessibles et variés. Sa principale activité est le VTT avec des parcours pour débutants et confirmés. Environ 650 km de circuits balisés vous permettront de découvrir de magnifiques points de vue sur le Périgord. Ils sont classés par niveau de difficulté. L'ensemble des parcours est accessible dans un topo-guide, avec la possibilité de télécharger les traces GPX sur le site Montagrier VTT. Autres départs : Saint Astier, Ribérac, Paussac, Mensignac.

LA MAISON DE LA DRONNE

134, Moulin du Pont
✆ 05 53 91 35 11
www.perigordriberacois.fr/patrimoine
Ouvert 01/05-30/09, tous les jours 10h-18h sauf le mardi. Location barque 3 à 4 €/personne et par heure.

Cet ancien moulin de farine datant du XIIe siècle, plus connu sous le nom du Moulin du Pont, a été reconverti en usine électrique en 1907. Dans ce bâtiment à l'architecture typique des moulins bateaux de la Dronne on découvre la roue, la turbine, qui permit l'électrification des communes environnantes et les différents types de moulins de la rivière. Ainsi que des maquettes illustrant les mécanismes utilisant la force hydraulique. Aujourd'hui, la maison de la Dronne est un point information tourisme qui propose des animations, des expositions photos et peintures. Cette maison offre un cadre verdoyant propice au pique-nique et à la pêche. Sur place, vous pourrez profiter librement de la rivière, une des plus pures d'Europe, en louant une barque, à rames ou à moteur, pour une ou plusieurs heures. C'est un enchantement de se laisser bercer au fil de l'eau, à la découverte de la faune et de la flore très spécifique à cette zone humide. Les enfants y verront une aventure incroyable à faire en famille. En soirée de 20h à 22h, sont organisées des déambulations animées par des professionnels, sur réservation uniquement. Les dates sont disponibles auprès de l'équipe d'animation de la Maison de la Dronne. A proximité immédiate (5 km), vous pourrez changer complètement d'univers, en découvrant une zone sèche, appelée pelouse sèche (l'équivalent des Causses dans le Lot). Ces coteaux exposés au Sud, bien que dénués de végétation luxuriante, vous réserveront de belles surprises (orchidées sauvages) si vous avez le courage de les arpenter.

LISLE

Lisle est un lieu habité par l'homme depuis toujours ou presque : on y a retrouvé des traces de présence humaine datant de la préhistoire. C'est au XIIe siècle que le village est véritablement né. Son histoire riche offre aux visiteurs des lieux de promenade et de découverte passionnants, comme le Château Bas et le Château Haut avec son escalier monumental, le Manoir de la Peizie, celui de la Rochette, le lavoir, les contreforts médiévaux, la halte du XIXe siècle, la place de la Charbonnière, la halle, l'église Saint-Martin classée aux Monuments historiques, l'ancien « four banal »... Un plan du parcours est proposé à la mairie.

MOULIN DU PETIT CLAUD

✆ 05 53 04 51 56
Noix coque 4,20 €/kg, Huile dès 5,70 €, Brisure 200 g 3,50 €. Confiture de noix 3,40 € le pot, chocolat dès 3 €/100 g.

La famille Mezurat accueille les visiteurs dans un magnifique cadre de bardage de bois et de verdure au cœur des vergers de noyers. Ils sont avant tout agriculteurs et producteurs de noix, mais mettent un bon d'honneur à faire découvrir la fabrication et leurs produits : fruits en coque, huiles pressées sur place de façon traditionnelle, confitures et chocolats aux noix. Tout est un régal. Téléphonez avant de passer pour la visite pour être certain de l'ouverture, car les stocks de noix dépendent de Dame Nature. Quand ils sont épuisés, le moulin est fermé.

LES BALADES EN DORDOGNE

SPIRULINE VALLÉE DE LA DRONNE

La Sénédie
✆ 06 18 07 51 36
www.spiruline-vallee-de-la-dronne.fr
Visites sur RDV par téléphone. Fermé de novembre à février. Accessible aux groupes.

Située dans la petite zone artisanale de Lisle, cette ferme de spiruline vous accueillera sur simple demande. Jean-Marc vous fera découvrir les bienfaits de cette micro-algue et sa production à la vente. Ici, pas de serre chauffée, donc l'hiver est un temps creux pour la spiruline qui se nourrit de chaleur. En comprimés ou en paillettes, une cure d'un mois est recommandée. Anti-cholestérol, antioxydante, anti-diabète, des protéines, du fer et des vitamines, la spiruline a tout bon !

SIORAC-DE-RIBÉRAC

Le village de Siorac-de-Ribérac est installé sur la pente d'un coteau. Une escale dans son bourg tout à fait pittoresque vaut le détour pour son charme et son authenticité, avec le lavoir et ses fontaines. Au centre, à la place d'un ancien prieuré bénédictin, l'église de Saint-Pierre-ès-Liens d'architecture romane date du XIIe siècle et est inscrite sur l'inventaire des Monuments Historiques depuis 1946. Surtout, le village est situé dans la forêt de la Double et est traversé par de multiples petits ruisseaux. L'endroit est idéal pour profiter de la nature et des randonnées aux alentours, ou pour une pause pique-nique bien agréable.

CHEVAUCHEES DU PERIGORD

Domaine de la Perdillotte
✆ 05 53 04 44 28
Ouvert toute l'année. Tous les jours. Demi-journée à 29 €. Chèque Vacances.

Les Chevauchées du Périgord, c'est une association qui gère. L'accueil est adorable : un café est proposé dès l'arrivée et on se salue aimablement. Ensuite, petit tour dans les écuries pour préparer son cheval avant de partir en balade à travers le val de Dronne. Quel que soit votre niveau, les sorties en extérieur sont possibles. En revanche, il est important de réserver. Il est également possible de passer ses galops de pleine nature. Couchage à la ferme ou en camping avec votre tente ou en gîte et repas simple à la table familiale.

LE LAVOIR €€

La Meyfrenie
✆ 05 53 90 47 82
http://lameyfrenie.com/
Tous les midi, ouvert certains soirs de mai à septembre. Réservation. Menus 25-30 €. Enfant 12 €. Midi 15,50 €.

Laure et Frédéric ont reçu le label de « Maître restaurateur » qui garantit, la qualité de la cuisine réalisée sur place et l'utilisation majoritaire de produits frais issus de producteurs locaux. Ils sont donc fiers d'annoncer la provenance des produits servis dans les assiettes. La carte varie au gré des saisons et de l'inspiration du chef qui fait une cuisine traditionnelle. Le cadre est celui d'une auberge rustique de campagne : poutres et pierres apparentes, cheminée. Le service de vente à emporter prend diverses formes (froid, plancha, paella, etc.).

LA PLAGE DU PONT

Ouvert toute l'année.

Les baigneurs sont surtout des vacanciers du camping attenant et des alentours, ou des habitants des communes avoisinantes qui connaissent le bon plan et retrouvent chaque année pour profiter de la plage. On y trouve une ambiance sans chichi, à l'ancienne. On s'allonge dans l'herbe à l'ombre des grands platanes, on déballe la glacière pour le pique-nique, les enfants font du bruit en jouant et les jeunes couples roucoulent sur leur serviette. La baignade est surveillée en juillet et en août, mais les habitués en profitent en dehors des deux mois d'été.

FAB PÉRIGORD

Le Grand Bost
✆ 05 64 47 00 24
www.fab-perigord.fr
Visite de la brasserie. Juil-août : mardi 17h45, jeudi 11h45. Mars-juin, sept-oct : samedi 11h. Sur réservation. Gîte.

Le Fab Périgord de Jonathan Clark est un concept de brasserie, boutique d'art et d'artisanat, et gîtes. Jonathan, né en Angleterre, a grandi en Ribéracois. Il a créé sa brasserie artisanale à l'auberge du Grand Bost. Sa « Double entendre » ambrée (Double comme la forêt locale, double nationalité et double fermentation) est servie au proche restaurant Le lavoir : à déguster avec la choucroute périgourdine ! Jonathan ouvre les portes pour des visites et ateliers. Rose gère les gîtes et propose des ateliers de recyclage créatif.

ESCAPADE EN PÉRIGORD BLANC

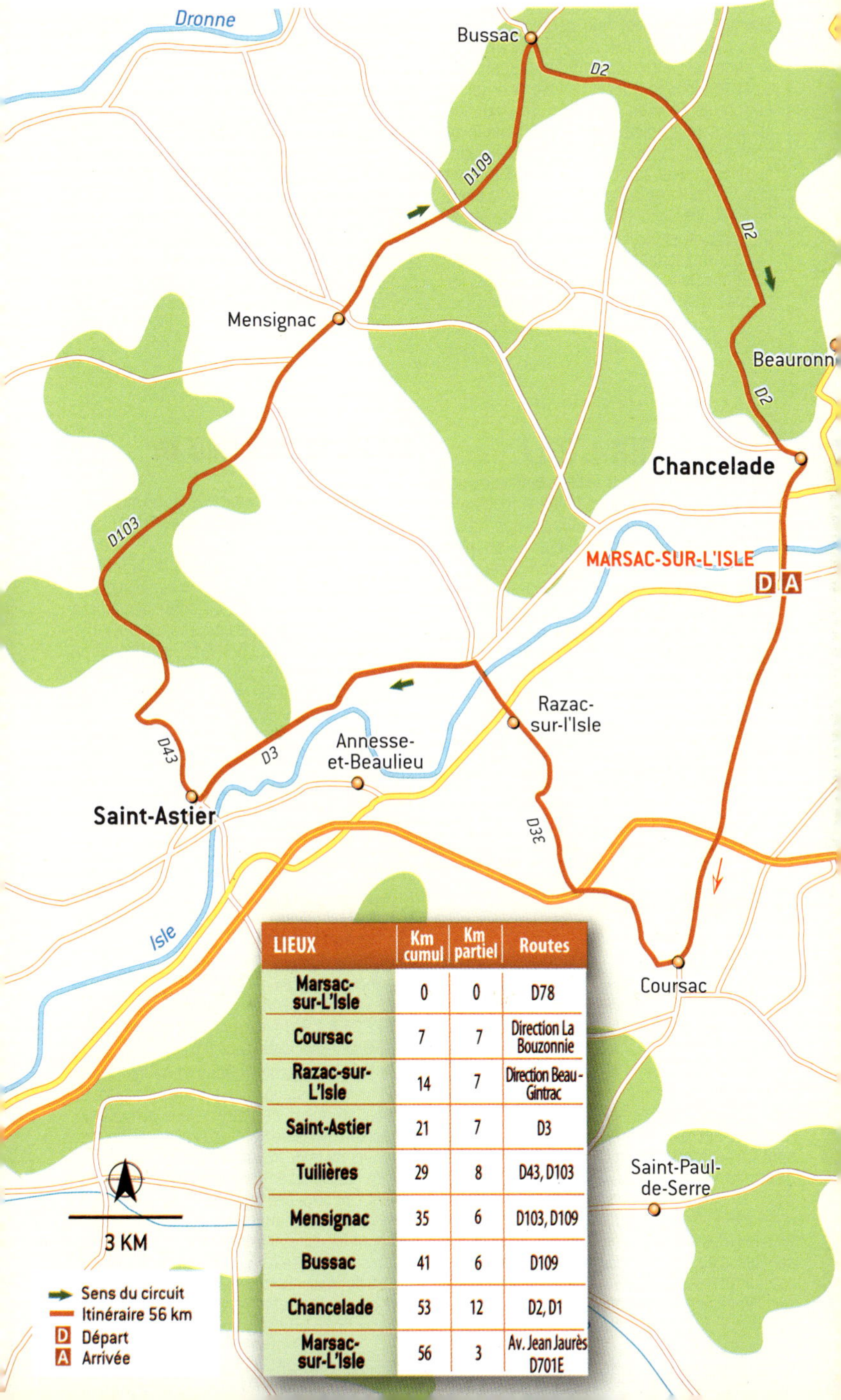

LIEUX	Km cumul	Km partiel	Routes
Marsac-sur-L'Isle	0	0	D78
Coursac	7	7	Direction La Bouzonnie
Razac-sur-L'Isle	14	7	Direction Beau-Gintrac
Saint-Astier	21	7	D3
Tuilières	29	8	D43, D103
Mensignac	35	6	D103, D109
Bussac	41	6	D109
Chancelade	53	12	D2, D1
Marsac-sur-L'Isle	56	3	Av. Jean Jaurès D701E

MARSAC-SUR-L'ISLE

Marsac-sur-l'Isle est une petite ville située à 85 mètres d'altitude, où la rivière L'isle est le principal cours d'eau autour duquel la vie s'est développée : l'îlot et l'écluse de la Roche, le pont de Cécérou, le moulin de Chambon, la passerelle piétonne, la fontaine-lavoir sont autant d'endroits où se balader. Dans le village, vous admirerez le travail à ferrer, la pierre Panlaire, la Stèle de la Barde, la pierre de Nautours, la fontaine intermittente au débit irrégulier et l'église Saint-Saturnin dont le clocher imposant détonne avec la modeste nef. Enfin, le parc des Bernardoux où est implanté l'hôtel de ville invite à la détente.

CHANCELADE

Une bonne partie de l'abbaye du XIIe siècle appartient à un privé et ne s'ouvre qu'en de rares occasions. Mais il est possible de visiter l'église abbatiale, la chapelle romane Saint-Jean et le parc. Depuis la place près de la chapelle, des chemins de randonnée partent dans la campagne, vers les anciennes carrières, le village des Andrivaux et ses traces templières, ou encore le prieuré de Merlande, bâti à la même époque que l'abbaye. Enfin, c'est à Chancelade que fut découvert le squelette de l'homme de Raymonden... il faut aller au Musée d'Art et d'Archéologie du Périgord, à Périgueux, pour tout savoir sur notre ancêtre préhistorique.

RAZAC-SUR-L'ISLE

Il y a très longtemps, le village de Razac s'appelait « Ratis », ce qui signifie « fougère » en gaulois. Il est donc probable que Razac veuille dire « pays de la fougère ». Mais, plus que par ce végétal, c'est pour son château du XIVe siècle qu'il est le plus connu : il fut aux mains des anglais, comme beaucoup dans la région, durant la guerre de 100 ans, puis repris par le sénéchal du Périgord en 1397. Razac est aussi le lieu de naissance et de mort du poète Lagrange-Chancel qui y était à demeure au château d'Antoniac au XVIIIe siècle. L'écrivain a d'ailleurs son tombeau à l'église gothique Notre-Dame où un médaillon représente son profil.

BALADE DE MERLANDE

Prieuré de Merlande

Ouvert toute l'année. Gratuit. 3,5 km en moins d'une heure ou 12km en 3h30. Au départ du prieuré de Merlande.

En quête de fraîcheur ? Au cœur de la forêt de Feytaud, cette balade de 3,5 km est idéale pour une chaude journée d'été. A l'ombre des arbres, vous quitterez le prieuré de Merlande pour aller au village de La Baucherie. Le sentier repart dans la forêt pour arriver au village du Fuselier, et vous en serez déjà à la moitié ! Peu après, vous trouverez à gauche un sentier qui part vers la Grande boucle de Merlande, pour les plus téméraires ; sinon, continuez tout droit sur 200 mètres pour emprunter le sentier qui part sur la droite, et vous ramènera jusqu'au prieuré.

LE SORBIER*** €

6, route de Bordeaux

✆ 05 53 03 55 65

www.lesorbier.eu

Ouvert toute l'année. 12 chambres dont 1 PMR. Chambre double à partir de 74 €. Room service, piscine, jardin.

Nanou et Philippe Parsy ont rénové les chambres aux normes d'un 3 étoiles. Elles sont meublées simplement, mais certaines ont quelques décorations plus recherchées. Toutes sont très confortables et bénéficient d'un accès direct au parking privé de l'hôtel. La piscine d'eau salée permet de se détendre en toute quiétude. Côté restaurant, la carte qui change tous les trois mois est alléchante et les produits sont issus du terroir ou de la mer. Philippe Parsy est maître restaurateur et il fait, entre autres, un excellent foie gras maison.

L'ÉCLAT €€

193, rue des Combeaux

✆ 07 86 10 80 22

www.leclathome.com

Gîte 8 personnes (200 m², 3 chambres). De 1 260 € à 2 500 € la semaine selon saison. Possibilité « Chambres d'hôtes ».

Aude sait vous accueillir dans ce havre de paix et de belles prestations pour vous permettre de profiter au mieux de votre séjour périgourdin. La maison recèle de nombreux espaces pour se retrouver ou pour travailler et se réunir. Que ce soit en famille ou entre collègues. Le parc totalement clôt offre des espaces variés, ombragés ou détente, solarium, terrasse, piscine, jardin zen pour les différents moments de la journée. La maison dispose d'une suite en rez-de-chaussée et de deux chambres à l'étage. La pièce à vivre donne directement sur la piscine.

ABBAYE DE CHANCELADE ★

✆ 06 85 88 45 77

http://abbaye-chancelade.com

Pas de retraites proprement dites mais conférences organisées tout au long de l'année.

Cette abbaye par son charme discret et son emplacement mérite à elle seule le détour. Posez-vous sur le grand parvis puis prenez le temps de la déambulation. Un peu d'histoire d'abord. Le style purement roman et sa pierre éclatante de blancheur sont les premiers détails que vous remarquez dans ce creux de vallon de la Beauronne. Fondée par l'abbé Foucault et bâtie du Xe au XIIe siècle, elle est classée Monument historique depuis 1909. Les Anglais ne l'ont pas épargnée et transformée en garnison dans les années 1360. Les guerres de Religion ont engendré son pillage et son incendie. Elle doit son salut à Alain de Solminihac, alors évêque de Cahors qui revient en Périgord en 1638 pour consacrer l'église. En 1998, une communauté de Chanoines Réguliers de Saint-Victor se réinstalle à Chancelade et en 2004, le logis de l'Abbé et son parc sont rachetés par l'évêché pour y développer un centre spirituel. L'église est un édifice roman de plan cruciforme. De la partie construite initialement, il reste la partie basse des murs et des fenêtres. La nef a été voûtée d'ogives en cinq travées en 1630. La croisée du transept est couverte d'une coupole sur pendentifs surmontée d'un clocher carré.

Le centre spirituel Alain de Solminihac, animé par la communauté des Chanoines réguliers de Chancelade, propose tout au long de l'année conférences et rencontres. De nombreux intervenants vous permettront d'approfondir votre foi, de réfléchir aux enjeux de la bioéthique ou de mieux connaître l'histoire religieuse de la France.

© GRANTIBO - SHUTTERSTOCK.COM

CHÂTEAU DES REYNATS**** €€€

Les Reynats ✆ 05 53 03 53 59

www.chateau-hotel-perigord.com

Ouvert à l'année. Chambres dès 95 €. Suite dès 155 €. Petit déjeuner 15€. Lit sup 30 €. Animaux et Wifi gratuits.

Tout près du site de l'abbaye de Chancelade, la vaste bâtisse dégage un charme romantique. Des arbres centenaires agrémentent son fort joli parc entourant le château et l'orangerie. L'hôtel d'époque Napoléon III avec ses 8 chambres dont 4 supérieures et 5 suites dispose de tous les atouts pour séduire. La résidence de l'Orangerie compte pour sa part de 37 chambres standards. Pour cet hôtel 4 étoiles des environs immédiats de Périgueux, la situation centrale en Périgord est idéale. A noter leurs deux très bonnes tables : le bistro et le restaurant gastronomique.

TORTIAMIGO FOOD TRUCK €

64, Avenue Jean Jaures

✆ 06 50 56 48 56

Lundi-mardi-vendredi Boulazac ; jeudi Coulounieix Chamiers ; samedi, dimanche Chancelade. 11h-14h. Formule solo 10,9€

Les 2 Marie (mère et fille) ont opté pour des spécialités espagnoles faciles à emporter : tortillas variées à garnir en fonction de vos envies, *patatas bravas*, croquettes, pain tomate, jambon ibérique, tapas au poisson... C'est bon, convivial et parfait pour un apéro ou un déjeuner sur le pouce sur le thème du soleil. Au dessert, craquez pour les churros ! Emplacements : à Marsac-sur-l'Isle : Lajarthe, Giant, à Chancelade : Leroy Merlin. Le soir à la Chapelle Gonaguet, Annesse et Beaulieu, Mensignac et Razac-sur-l'Isle. Tapas à commander la veille.

BISTRO LA VERRIÈRE €€

15, avenue des Reynats

www.chateau-hotel-perigord.com

Ouvert toute l'année. Tous les jours midi et soir. Dès 30 €. Chèque Restaurant.

Offrez-vous un moment bistronomique pour un déjeuner ou un dîner délicat à prix très abordable. En plus des offres bistrot chic, vous pouvez aussi succomber à quelques suggestions gastronomiques et bénéficier de la vente à emporter. La Verrière du Château des Reynats vous accueille dans 150 m² de raffinement. La cuisine du chef Damien Réveiller est sublime, pour des plats élaborés à partir de produits locaux et des saveurs du monde. Associer le saumon au chou-fleur, donner à la poitrine de cochon, la caponata comme accompagnement, c'est très fin et ça donne faim !

LIEUX	Km cumul	Km partiel	Routes
Sarlat	0	0	Cathédrale Saint-Sacerdos
Saint-Cyprien	19,2	19,2	D46, Route du Bugue, D25
Campagne	28,3	9,1	D49, D35
Les Eyzies	33,8	5,5	D706
Tursac	39,6	5,8	D706
Montignac	58,7	19,1	D706
La Chapelle Aubareil	66,8	8,1	Forêt Domaniale Barade
Marcillac-Saint-Quentin	73,3	6,5	Direction Marcillac
Les Presses	78,8	5,5	D704
Sarlat	83	4,2	D704

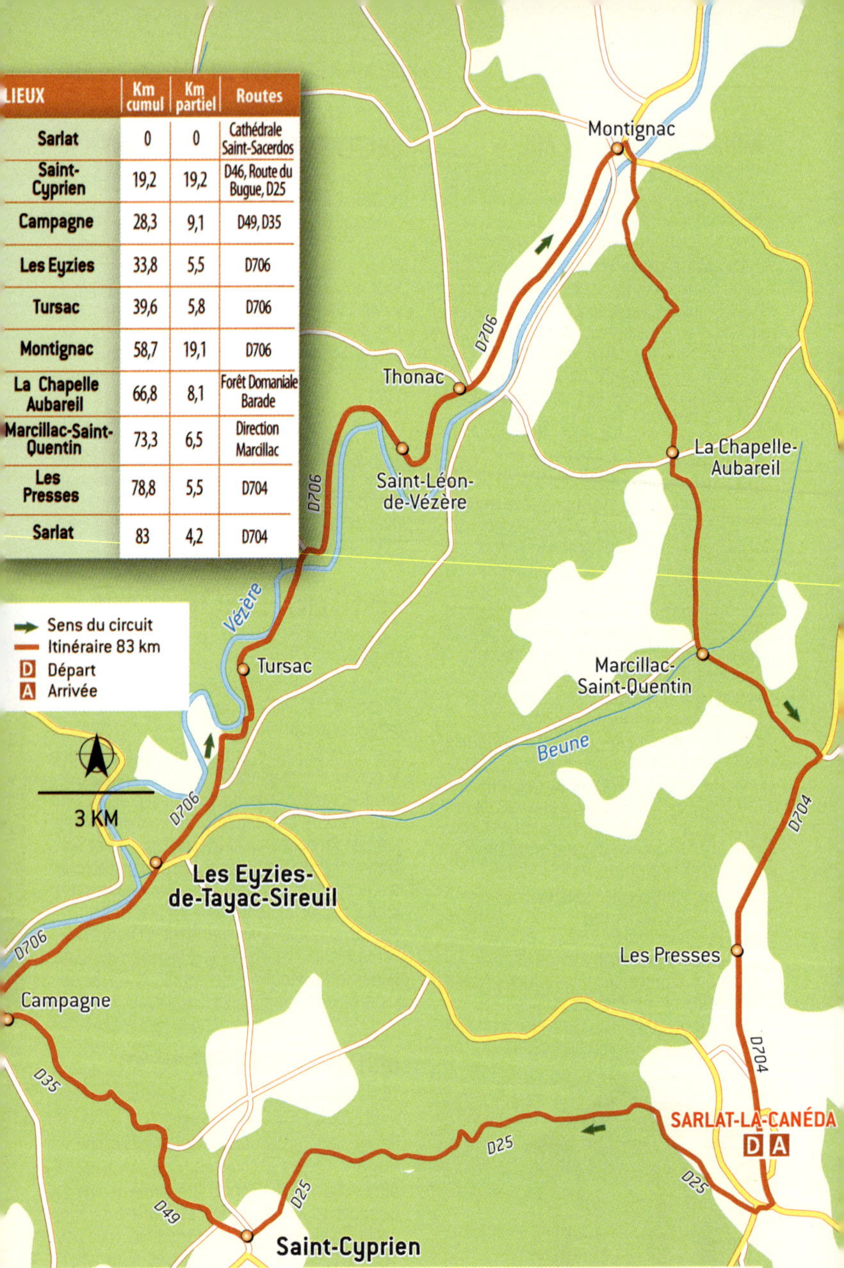

SARLAT, GROTTES ET CHÂTEAUX EN PÉRIGORD NOIR

+ PARCOURS GPX

SARLAT-LA-CANÉDA ★★★★

Sarlat est une cité médiévale connue dans le monde entier. Avec 60 bâtiments inscrits ou classés Monuments historiques, la capitale du Périgord Noir détient le record de la plus forte densité de bâtiments protégés. La déambulation dans le lacis des rues anciennes, au pied des vestiges des remparts et au milieu des prestigieux hôtels particuliers érigés pour la plupart après la guerre de Cent Ans est un voyage dans l'histoire. Chaque été, le festival de théâtre se déroule dans le décor naturel de la cité. Pour mieux découvrir la ville et son histoire, n'hésitez pas à vous inscrire à l'une des visites guidées proposées par l'office de tourisme.

CATHÉDRALE SAINT-SACERDOS DE SARLAT ★

Place du Peyrou

Accès libre et gratuit tous les jours de 9h à 18h.

© ANTOINE2K - SHUTTERSTOCK.COM

Eglise abbatiale au XIIe siècle, elle devint cathédrale au XIVe siècle, puis église en 1802. L'édifice a subi de nombreuses transformations au cours des siècles : chevet refait au XVe, prolongement du cœur au XVIe et reconstruction de la nef au XVIIe siècle. Le portail fut également reconstruit en 1706 dans un style classique. Malgré le mélange des styles architecturaux, l'édifice n'en garde pas moins son unicité. A noter le très bel orgue du XVIIe siècle, au-dessus de l'entrée.

LES JARDINS D'EAU

10, Marius Rossillon - **CARSAC-AILLAC**

✆ 05 53 28 91 96

www.jardinsdeau.com

Ouvert de Mai à Octobre, de 10h à 19h sauf septembre de 11h à 18h. Gratuit jusqu'à 6 ans, adultes 8,50 €.

Didier Bernard, paysagiste aquatique, a créé ces bassins d'agrément avec des passerelles à fleur d'eau d'inspiration chinoise. Le jardin se déploie sur 3 hectares avec 150 variétés de plantes aquatiques. La période de floraison des nymphéas et des lotus va du 1er mai au 15 octobre. Les berges colorées par des massifs d'iris, de géraniums et d'osmanthes contrastent avec l'étendue aquatique au parfum d'orient avec jeux de lumière et cascades. Les jeunes visiteurs prendront plaisir à croiser la faune présente : libellules et autres insectes, grenouilles, poissons.

MANOIR DE GISSON

Place des Oies

✆ 05 53 28 70 55

www.manoirdegisson.com

Avril, juin et Septembre 10-18h30. Juil-août 10-19h. Oct-1Nov 10-18h. Vacances Noël 10-17h. Tarifs : 4,80-7,50-8,50 €.

Seul hôtel particulier ouvert à la visite, le Manoir de Gisson, du nom de la famille qui l'occupait au XVIIIe siècle, est composé de deux bâtiments reliés l'un à l'autre par une tour hexagonale abritant un escalier à vis. Avec ses fenêtres à meneaux, sa très singulière baie ternée surmontée de deux oculi, il sert de décor au festival de théâtre qui a lieu en été. Alors, venez plonger dans l'histoire et dans la vie quotidienne de la noblesse sarladaise. De la terrasse, vous pourrez admirer l'ancienne église Sainte-Marie transformée en marché couvert.

PARC DU CHÂTEAU DE CAMPAGNAC

Campagnac

Aux portes de Sarlat, le château de Campagnac, ancien repaire noble, assurait la défense de la ville côté nord-ouest. Depuis 1983, il appartient à la ville de Sarlat et a gardé les marques du passé avec sa tour polygonale encadrée de deux corps de logis. En attente d'une restauration, il offre toutefois aux visiteurs la possibilité de profiter de son parc de quarante hectares dans lequel il est possible de pratiquer la randonnée à pied ou en VTT.

LE TOUR DES REMPARTS

✆ 06 03 04 38 97

Visite guidée tous les vendredis à 10 h du 17 juin au 16 septembre. Adulte : 10 €. Enfant (de 12 à 18 ans) : 6 €.

Faire le tour des remparts de la cité médiévale de Sarlat avec une guide conférencière est une visite insolite pour mieux appréhender l'histoire guerrière de la capitale du Périgord Noir. La ville abbatiale puis épiscopale mais aussi marchande s'est dotée très tôt de remparts dont il reste d'importants vestiges et de portes fortifiées. Le circuit propose un cheminement inhabituel dans des coins de la ville assez peu fréquentés et pourtant dotés de trésors architecturaux. La visite dure 1 h 30 environ et passionnera tout public. Départ devant l'office de tourisme.

LA LANTERNE €€

9 bis, rue Montaigne

✆ +33 5 53 29 15 49

www.sarlat.biz

Ouvert toute l'année. 4 chambres. 99 € ; studio / appartement 140 €. Petit déjeuner : 11 €. Wifi gratuit. Tv satellite.

A quelques minutes du centre-ville de Sarlat et des panoramas romantiques de la vallée de la Dordogne, quatre chambres d'hôtes ont été créées dans cette maison du XVIe siècle, toute en pierre blonde. Les chambres sont décorées avec beaucoup de goût, elles ont leur propre salle de bains et peuvent accueillir deux personnes. Les chambres Cour et Lanterne donnent sur la cour et la cathédrale. Les chambres Tapestry et Wisteria donnent sur les rues et les bâtiments médiévaux. Le petit déjeuner est servi dans le salon sur demande.

CAMPING LA ROUSSIE** €

La Roussie - **PROISSANS** ✆ 05 53 31 08 84

www.campinglaroussie.fr

Bienvenue à la Ferme 29 emplacements dès 15,40 €. Chalets, mobil-homes, gîte de 250 € à 530 € la semaine.

Bienvenue dans le camping familial de Claire-Lise et Eric, où les amateurs de beaux points de vue seront servis, car le camping est situé sur une hauteur. Repos, détente et calme au programme. Boutique avec les produits de la ferme : conserves et noix produites sur place. Les enfants adorent rendre visite aux animaux domestiques. Les hébergements sont répartis en emplacements pour tentes et caravanes, chalets, cottages et 1 gîte. Sur place, profitez de la piscine et de l'étang privé pour pêcher, et bien sûr découvrez le Périgord Noir avec ses sites exceptionnels.

HÔTEL LE PETIT MANOIR - SARLAT**** €€€

3, Passage Emmanuel Payen ✆ 05 53 59 72 72

www.lepetitmanoir-hotel.com/

Haute saison : chambre double à partir de 220 € la nuit. Petit déjeuner 24 €. Escapade amoureuse dès 412 € la nuit.

Niché au cœur de la cité médiévale, autour d'une cour d'honneur et avec une tour de noblesse. Cet hôtel du XVe siècle totalement rénové est luxueux, avec 6 chambres et 3 suites équipées de baignoires ou douches *balnéo*, un salon et la salle des petits déjeuners, la piscine à débordement, une décoration élégante et d'autres services comme des séances de massage. Tout est pensé pour accompagner votre séjour. Vous pourrez occuper l'endroit à l'occasion d'une escapade romantique.

LES BALADES EN DORDOGNE

La ville de Sarlat-la-Canéda.

LE FOOD AND CO €

46, rue de la République
✆ 05 53 28 55 96
Basse saison : fermé le soir. Haute saison : ouvert du lundi au samedi de 6h30 à 22h.

C'est l'endroit idéal pour déjeuner ou dîner rapidement avec une cuisine simple mais goûteuse. Les plats sont variés et réalisés avec des produits locaux de saison. L'accueil est sympathique. Que ce soit la formule, les salades, les spécialités locales ou les burgers, tout est bon. Menu : 13,50 euros. Carte : environ 15 euros. Il est fortement recommandé de réserver pour le déjeuner, l'établissement étant pris d'assaut dès 12h et le nombre de tables limité. Le restaurant est situé dans la rue commerçante de la cité médiévale.

AUBERGE DE LA SALAMANDRE €€

6, rue des Consuls ✆ 05 53 31 04 41
Ouvert tous les jours midi et soir sauf le mardi. Menus 17-27 €. Menu enfant 9 €. Plat du jour 10 €. Terrasse.

L'auberge est située dans l'hôtel Tapinois de Bétoud datant du XVe siècle. Le cadre est chaleureux : les pierres apparentes et les magnifiques poutres offrent au lieu un charme rustique et apaisant. La cuisine, traditionnelle et classique célèbre les produits du terroir périgourdin à des prix modiques. Les plats sont simples mais riches en saveur : escalope de foie gras sauce aux truffes, omelette aux cèpes ou aux girolles proposée dans le menu du jour, magret de canard sauce à l'orange et pommes de terre à la sarladaise font partie des spécialités.

HAPPY ICE

62, rue de la République
✆ 05 53 31 90 52
De 10h30 à 22h.

Chez Jean-Christophe Gounou, Maître Artisan Glacier, vous ne trouverez que des glaces qui vous feront fondre de plaisir avec des sorbets fraises, à la pastèque, aux framboises, à la mangue papaye... On ne sait que choisir entre violette occitane, lait d'amandes, réglisse, Carambar, tarte Tatin, caramel beurre salé... On trouve aussi les pâtisseries glacées, des crêpes et gaufres, fondues et soupes au chocolats, et des milk-shake. Les petites faims sont aussi comblées avec des croque-monsieur, hot-dog, panini. On s'installe en terrasse ou dans la salle intérieure.

BISCUITERIE LOU COCAL

90, avenue de la Caneda
✆ 05 53 31 21 05
www.biscuiterie-lou-cocal.com
Ouvert du lundi au samedi de 9h à 12h30 et de 14h30 à 18h30. Visite de l'atelier sur rdv avec dégustation (1h, 2 €).

Cette biscuiterie artisanale, créée par Olivier Charpenet, fait revivre de vieilles recettes à base de noix, noisettes et châtaignes, produits locaux embellis par un savoir-faire top secret : noix au chocolat, cakes sucrés ou salés, croquant aux noix, tuiles et sablés... Avec son chef pâtissier, le créateur continue de créer de nouveaux délices, à base de pruneaux d'Agen ou de fruits rouges. Doudoux, nonettes, lolottes, des noms qui donnent envie de croquer dedans. On vous recommande les « merveilles » de Sarlat, des beignets que l'on peut conserver trois mois.

CAVAVIN

46, avenue Gambetta
✆ 06 71 08 59 51
www.cavavin.co/caviste/sarlat
Ouvert le samedi de 9h à 13h et de 14h à 19h ; le dimanche de 10h à 13h.

Cette cave à vins est une véritable caverne d'Ali Baba pour les amateurs d'alcool. Ambroise Dieterle vous y accueille avec toute la passion du parfait connaisseur et un enthousiasme à souligner. Chacun y trouvera son bonheur : des vins de production française et un véritable choix de vins locaux, une jolie proposition de rhums agricoles et de mélasse, une cave qui décline toutes sortes de whiskys, français et étrangers, une sélection de champagnes de qualité pour toutes les bourses. La boutique est petite mais pleine de trésors !

COUTELLERIE LE PÉRIGORD SARLAT

47, rue de la République ✆ 05 53 59 65 24
www.couteau-leperigord.com
Ouvert le lundi et du mercredi au samedi 10h-12h30 et 14h-18h30. Livraison possible (site internet de vente en ligne).

Ce 3e atelier boutique, offre un large choix de couteaux esthétiques et pratiques. Vous y découvrirez notamment le couteau « le Sarlat », modèle innovant et breveté, fabriqué artisanalement par le coutelier dans le petit atelier de la boutique. Qu'ils soient à virole, à bille ou à ressort, en damas, en acier carbone ou en acier inoxydable les couteaux du Périgord sont fabriqués à partir du bois de nos forêts : chêne, noyer, buis, acacia ou if. Une belle gamme de couteaux pliants.

TOUT SUR LA NOIX

6, rue de la République
✆ 05 53 31 17 74
www.noix-delice.com
Été : tous les jours de 9h à 13h et de 15h à 19h. Basse saison fermé le dimanche et le lundi.

Plus qu'un fruit, la noix est un état d'esprit. Vous saurez tout sur la noix en entrant dans cette boutique quasiment consacrée à ce fruit à coque. Et avec les noix on fabrique aussi bien de l'huile et de la moutarde que des vinaigres, des apéritifs, des liqueurs, de la confiserie, des gâteaux ou des confitures. La maison a aussi ses spécialités comme La Noimiel, une confiture qui mêle cerneaux et miel, et d'autres produits artisanaux à base de truffes, de noisettes, etc. On retrouve ces produits dans une seconde boutique *l'artisan gourmet* ou au marché couvert.

LIBERTY CYCLE

1, route de Souillac
✆ 07 81 24 78 79
www.liberty-cycle.com
Dès 17 € le vélo classique et 25 € le vélo électrique pour une 1/2 journée. Ouvert 7j/7 en continu d'avril à octobre.

Guillaume a créé Liberty Cycle et est devenu un spécialiste du tourisme à vélo en Dordogne. Il loue tous types de vélos pour toute la famille (VTT, VTC, course, hybrides, électriques), mais aussi des trottinettes électriques et il propose des balades accompagnées d'environ trois heures (2 heures de pédalage et une heure de découverte), pour tous les niveaux et tous les âges, dans un souci du respect de la nature tout en profitant des richesses locales. Mais aussi et beaucoup plus inédit, une balade nocturne suivie d'une initiation à l'astronomie.

LA FORET DES ECUREUILS

Route de Souillac - **SAINT-VINCENT-LE-PALUEL**
✆ 06 89 30 92 99
laforetdesecureuils.fr
Été : ouvert tous les jours 9h à 19h. Vérifier les horaires sur le site. De 10 à 22 € suivant l'âge et parcours choisi.

Ce Parc-Aventure propose 11 parcours dans les arbres de difficultés progressives en fonction de vos envies entre sensations, émotion, frisson ou défi, et 171 ateliers. Un parcours pour les tout-petits dès 2 ans permet aux adultes d'avoir l'œil sur leur Indiana Jones en herbe. Durée des parcours aventure entre 2h30 et 5 heures, suivant difficultés. Il y a aussi un espace réservé au Paintball sur une surface de 6 hectares et une Via Ferrata. Les participants fonctionnent en parfaite autonomie, mais des patrouilleurs au sol sont là pour assurer la sécurité.

SAINT-CYPRIEN

Ce bourg médiéval aux ruelles tortueuses enserre une majestueuse abbatiale datant du XIIe siècle. Il a gardé le charme de ses anciennes maisons avec petits jardins qui s'étagent sur la colline. La promenade dans la vieille ville, dont on devine encore la forme arrondie des remparts, est une véritable plongée dans l'histoire. Et si vous rencontrez, à côté de l'église, Madame Linol, l'ancienne boulangère, vous aurez saisi le charme des habitants d'ici. L'activité commerciale est réunie au bas du bourg, dans la rue Gambetta, la Traverse, comme les locaux l'appellent. C'est là que se tient chaque dimanche le très couru marché de Saint-Cyprien.

Ruelle de Saint-Cyprien.

LES EYZIES-DE-TAYAC-SIREUIL ★★★★

Bienvenue dans la Capitale Mondiale de la Préhistoire ! S'il s'agissait d'un simple petit hameau doté d'un port rattaché à Tayac, notre ami Cro-Magnon en changera la donne ! Vous êtes au cœur de la Vallée de l'Homme, qui regroupe 147 gisements et 25 grottes ornées, sur à peine 35 km de long ! Les Eyzies peut s'enorgueillir d'honorer le premier et unique Musée National de Préhistoire en France, à défaut d'église... Né dans les murs d'un château en ruines de la famille de Beynac, le Musée est vite repérable avec sa statue d'Homme de Néandertal, trop souvent confondue avec le plus célèbre des Périgourdins ! Ce village linéaire et semi-troglodytique attirera les passionnés de grottes.

ABRI DE LAUGERIE-BASSE ★★

Avenue de Laugerie ✆ 05 53 06 92 70

www.abris-laugerie-basse.fr

Consulter les horaires sur internet. Visite libre avec livret et tablette. Adulte 9 €, enfant 6,40 €. Parking.

Laugerie Basse est un des 1ers abris fouillés au monde en 1864, au moment où le mot « préhistoire » apparaît dans les dictionnaires ! Ses deux abris au pied d'une fascinante falaise de 60 mètres de haut ont livré la plus grande quantité d'objets d'art mobilier au même endroit ! C'est aussi à Laugerie Basse que sera trouvée la toute première Vénus préhistorique au monde ! C'était un peu la « Place Vendôme » d'il y a 15 000 ans... La visite est libre, à l'aide de livrets, tablette et projection en 3D. Site inscrit à l'Unesco au cœur du 20e Grand Site de France !

CHATEAU DE COMMARQUE ★

Sireuil ✆ 05 53 59 00 25

www.commarque.com

Ouvert de Pâques à la Toussaint. Adulte : 8 € (étudiant à 7€). Enfant (de 6 à 12 ans) : 4,50 € (de 13 à 17 ans : 5 €).

Endormi depuis 400 ans, le castrum de Commarque était recouvert d'une abondante végétation. Il a été sauvé au 3e millénaire par un descendant direct de la famille éponyme ! Le site qui repose sur une grotte ornée datant de 20 000 ans a progressivement été dégagé, libérant au grand jour des abris troglodytiques, un donjon du XIIe siècle, un logis, une chapelle, tout un système de défense et des maisons-tours de chevaliers. Le décor environnant est majestueux et envoûtant. Visites guidées, descente en rappel du donjon, escape game, visite privée de la grotte...

CHÂTEAU DE MARZAC

ld MARZAC - **TURSAC** ✆ 06 06 42 58 59

www.chateaudemarzac.com

Ouvert tous les jours : 9h45-19h (dernière visite à 17h30). Gratuit jusqu'à 5 ans. 6/12ans dès 13 € ; +13ans dès 18 €.

C'est un château où l'on vient jouer en famille ou entre amis. Ce château construit sur un éperon rocheux se prête désormais à des activités ludiques. La plus célèbre consiste en un escape game sur la trace de l'or de la Résistance. Vous et votre équipe disposerez d'une heure et demie pour mettre en sécurité le trésor avant que la Gestapo n'arrive à son tour. La seconde attraction consiste en une *murder party* dans ce lieu magique labellisé Grand site de France et Patrimoine mondial de l'UNESCO. Et vous pourrez prendre votre journée pour y faire les deux épreuves.

GISEMENT PRÉHISTORIQUE DE LAUGERIE-HAUTE ★★★

✆ 05 53 06 86 00

http://musee-prehistoire-eyzies.fr

Label Tourisme & Handicap : moteur ; mobilité réduite ; mental ; malentendant. Ouvert toute l'année.

Le gisement de Laugerie-Haute est l'un des plus importants gisements du Paléolithique supérieur : il est inscrit au Patrimoine mondial de l'UNESCO. Il a livré de l'industrie osseuse, des objets d'art ainsi qu'une abondante série de silex taillés. Le site se trouve à 3 km des Eyzies en direction de Périgueux (RD710) et nécessite de réserver ses places pour la visite guidée auprès de la Grotte de Font-de-Gaume. Possibilité de stationner en face du gisement.

PERIGORD NOIR DE MARIE

Lieu-dit Laugerie Haute

✆ 06 81 74 77 35

Visites à partir de 10 pers. ou privatisées. Sarlat, Beynac, Rocamadour, Lascaux, Châteaux, randonnées, dégustations...

La passionnée Marie (guide-conférencière), vous emmène découvrir le Périgord Noir, à travers ses visites de villes, « Plus Beaux Villages de France », châteaux, abbayes, bastides et plus encore comme des randonnées... A travers sa voix, écoutez le Périgord vous raconter ses secrets ! Elle vous emmènera dans le Triangle d'Or de la Vallée de la Dordogne (Beynac, Castelnaud, La Roque-Gageac,...), ou sur les traces de la Préhistoire en Vallée Vézère (Les Eyzies, le Fort de Tayac, Montignac-Lascaux, le Château de Sauvebœuf...). Partez avec elle 1h ou toute la journée !

GROTTE DE FONT-DE-GAUME ★

05 53 06 86 00

www.sites-les-eyzies.fr

Ouvert du dimanche au vendredi de 9h30 à 12h30 et 14h à 17h30, sans interruption l'été. Entrée adulte 11,50 €.

Classée aux Monuments historiques, cette grotte est la dernière à peintures polychromes encore ouverte au public en Aquitaine. C'est donc un joyau qui se mérite et dont il faut profiter avec parcimonie avant qu'il ne soit trop tard. Lorsque Capitan, Breuil et Peyrony découvrirent en 1901 la qualité esthétique de ces œuvres pariétales, ils apportèrent un témoignage décisif à la reconnaissance de l'art paléolithique. La grotte était toutefois déjà connue par les habitants de la région et servait de terrain de jeux aux enfants. Plus de 200 figurations animales, peintes ou gravées, souvent polychromes, de bisons, chevaux, mammouths et rennes… Ces premiers grands chefs-d'œuvre de l'humanité ont été répertoriées dans ce réseau long de 120 m : 84 bisons sont gravés ou peints (souvent les deux) en couleurs. Ce bestiaire s'étale sur deux périodes stylistiques du magdalénien. Pour les spécialistes, c'est l'un des plus beaux sanctuaires paléolithiques du monde.

Billets vendus au hall d'accueil de la Grotte de Font-de-Gaume le jour même. Un seul billet vendu par personne présente. Pour des raisons conservatoires, le nombre de visiteurs admis quotidiennement est très limité et susceptible d'être modifié chaque jour. Il n'est pas possible de réserver sa visite (à l'exception des visites adaptées aux publics en situation de handicap). Il est vivement conseillé de se présenter avant l'ouverture de la billetterie en période de vacances scolaires et en haute saison. Parking gratuit. Les animaux ne sont pas admis.

PÔLE D'INTERPRÉTATION DE LA PRÉHISTOIRE ★

30, rue du Moulin 05 53 06 06 97

www.pole-prehistoire.com

Entrée libre. Ouvert à l'année sauf samedi en basse saison. Voir site pour les horaires. Label Tourisme & Handicap.

Placé à l'entrée des Eyzies surplombant le ruisseau de la Beune, ce pôle accessible à tous, vous ouvre les portes du vaste monde de la Préhistoire ! Ses différents espaces (3 000 m²) dont la boutique, donnent l'occasion de se documenter, admirer des expositions temporaires et les richesses préhistoriques. Pendant les vacances scolaires, certains deviendront des archéologues en herbes, grâce au *Préhistofouille*, *Préhistolab*, initiant les plus jeunes aux sciences de l'archéologie.

GROTTE DU GRAND ROC ★★★

Avenue de Laugerie 05 53 06 92 70

www.semitour.com

Ouvert toute l'année. 7j/7 en été 10h-19h30. Adulte : 8,60 €. Enfant 5 à 12 ans : 5,90 €. Gratuit jusqu'à 4 ans.

Dans cette falaise sur la Vézère, la grotte du Grand Roc fut découverte en 1924 par Jean Maury, puis aménagée et ouverte au public en 1927. Elle propose uniquement des visites guidées d'environ 40 minutes durant lesquelles vous découvrirez pas moins de 1 000 m² de cristallisations : attention les yeux ! La salle principale, basse de plafond, d'où partent trois petites galeries, regorge de stalactites et de stalagmites, de nombreuses couleurs dues aux différentes particules minérales, mais surtout de cristallisations rares comme des pendeloques, fistuleuses, gours, triangles de calcite, draperies et d'excentriques ressemblant à des coraux : un véritable joyau de la nature pour un véritable voyage dans l'histoire de la terre, avec une vue sur la vallée de la Vézère en prime à la sortie. Ici, on est ébloui aussi bien dans la grotte qu'à l'extérieur !

À ne pas manquer : une présentation des Abris de Laugerie Basse, et la visite nocturne de la grotte à la lampe tempête pendant l'été, tous les lundis et mardis. Ces visites nocturnes sont recommandées pour des enfants de plus de 8 ans. Après de telles émotions, le restaurant propose un menu troglodyte.

Et sachez que la Grotte du Grand Roc est de renommée internationale, et qu'il s'agit d'un des quinze sites préhistoriques et grottes ornées de la vallée de la Vézère, et de la seule grotte à concrétions inscrite au Patrimoine mondial de l'Unesco depuis 1979 : rien que ça ! C'est vous dire combien ce lieu est un incontournable de votre voyage dans le Périgord noir.

E-FATBIKE ET CALÈCHES

207, Impasse de la Rosière

TURSAC

07 49 56 00 04

Très Haute saison : Tlj de 9h à 19h. H S : de 10h à 18h. B S sur RDV. E-fatbike dès 25 € pour 2 h.

Dick et Mallissia vous proposent de découvrir la vallée de la Vézère à votre rythme en vélo ou avec une assistance électrique. Avec des E-Fatbike aux roues 26 pouces et au look Harley avec des roues de 20 pouces, VTT classiques, une carriole pour les enfants de moins de 30 kg et 1,05 m. Ils vous proposent trois parcours de 25 km à faire en 2 h, le parcours aventure 36 km en 3 à 4h, et le parcours sportif de 50 km en 4 h. Autre possibilité, faire une balade d'une heure en calèche à 5 personnes, qui passe devant la roque Saint-Christophe par le chemin de halage.

MUSÉE NATIONAL DE PRÉHISTOIRE ★★

1, rue du Musée
✆ 05 53 06 45 45
www.musee-prehistoire-eyzies.fr
Juillet/août 9h30-18h30 7j/7. Autres horaires sur internet. Adulte 6 €. Atelier ludique 7 €. Label Tourisme & Handicap.

C'est LE musée de la capitale française de la préhistoire, passage obligé pour resituer dans leur contexte les visites des abris situés à proximité. Grâce à l'acquisition de pièces d'origine locale mais aussi, en provenance d'autres régions de France, Jean-Jacques Cleyet-Merle, le directeur de ce magnifique musée et ses précieux collaborateurs, ont recréé l'ordre chronologique complet de la période du Paléolithique, depuis l'installation des premiers chasseurs-cueilleurs en Aquitaine de -400 000 ans, jusqu'à la fin des périodes glaciaires soit -10 000 ans avant notre ère. Les collections d'outils et d'œuvres d'art préhistorique mis au jour dans les environs y sont présentées avec toujours le même souci chronologique et géologique. La taille du silex mais aussi les nombreuses Vénus d'Europe sont à l'honneur. La visite passe en revue l'industrie lithique et osseuse, les blocs gravés et sculptés – premier ensemble mondial en la matière –, l'art mobilier, les sépultures, la faune préhistorique. Le musée propose un atelier d'art mobilier pariétal durant les vacances sur réservation : les enfants, avec les outils de nos ancêtres, se transforment en artistes préhistoriques.

Bon plan futé : gratuité pour tous, le 1er dimanche du mois, gratuité pour les moins de 18 ans, pour les étudiants de 18 à 25 ans inclus, de nationalité européenne ou résident depuis plus de 3 mois dans un pays de l'UE, pour les enseignants en activité du 1er et 2nd degrés de l'EN titulaires du Pass éducation.

AUBERGE DE LAYOTTE €€

TURSAC ✆ 05 53 06 95 91
www.aubergelayotte.com
Du mardi au dimanche. Uniquement sur réservation. Menu unique à 39 € et 12 €/enfant. Saisonnier.

Régis offre à votre palais le meilleur de la Vallée de l'Homme, capitale mondiale de la Préhistoire. Un bouquet fraîchement cueilli, de nature et de gibier au gré des saisons, en provenance de la Vallée de la Vézère. Qui sait si vous mâchez les mêmes plats que Cro-Magnon ? Du jeudi au dimanche, le Chef Régis concocte son généreux menu unique, après avoir gambadé dans les bois. Découvrez ce menu composé d'apéritif, soupe, trois hors-d'œuvre, deux viandes, fromages, dessert, vin & café compris ! Vous y passerez un moment exceptionnel dans une ambiance authentique !

LES CONFITURES D'AGNÉS

Chemin de Légal
✆ 06 72 78 84 01
Ferme - boutique ouvert à l'année de 15h à 18h sauf le samedi. Culture de fruits, ruchers. 5 emplacements Camping-car.

Agnès vous concocte des confitures cuites à l'ancienne dans des chaudrons en cuivre, mais pas seulement ! Au-delà de ses produits, vous pouvez déguster ses goûters (crumbles, cookies...) à la ferme à partir de 2 euros, sur réservation. Dans sa charmante boutique, retrouvez ses soupes au potiron et gingembre, aux châtaignes, la soupe Saint-Firmin, etc. Sans oublier sa panoplie de confitures, cire d'abeille, mirabelles, poires, pâte de fruits, cire d'abeille, goûters à la ferme avec crumble, tartelettes. Vente de légumes du moment.

MONTIGNAC ★

Montignac sur Vézère est connu dans le monde entier depuis la découverte en 1940 de la grotte de Lascaux, à proximité du bourg. Sa position sur la vallée de la Vézère n'est pas un hasard. Axe de communication principal, il a fallu contrôler cette vallée. C'est ainsi qu'un château, celui des comtes du Périgord, verrouillait le passage. Il fut le théâtre de plusieurs sièges durant la guerre de Cent Ans et les guerres de Religion. Montignac recèle encore des maisons anciennes dont celles situées en bord de Vézère très exposées aux crues de la rivière. Chaque année en juillet, Montignac accueille le Festival Cultures aux cœurs, un festival de danses et de musiques du monde.

CHÂTEAU DE COULONGES

✆ 05 53 51 23 67
www.coulonges.com
Visite guidée du 01/07/22 au 10/08/22. Gratuit jusqu'à 10 ans. Adulte : 7 €. Enfant (10 à 17 ans) : 5 €.

Le Château de Coulonges est un château féodal antérieur au XIIIe siècle, avec ses tours d'angle, des murs d'enceinte, un chemin de ronde et des douves. Les bâtiments forment un bloc compact soudés sur les tours, alliant la robustesse de l'arsenal militaire médiéval au faste de la demeure seigneuriale qu'il devint aux XVIe et XVIIe siècles. Après un chantier de restauration mené sous l'égide des Bâtiments de France, le château est enfin ouvert à la visite qui dure entre 20 et 25 minutes par groupe de 6 à 7 personnes pour des raisons de sécurité.

CENTRE INTERNATIONAL DE L'ART PARIÉTAL - LASCAUX 4 ★★★★

✆ 05 53 50 99 10
www.lascaux.fr
Ouvert de 8h/9h à 18h/20h selon la saison. Adulte : 20 € (réduit 19 €). Enfant (5-12 ans) : 12,90 €.

Après Lascaux 2, Lascaux 4 est le fac-similé de la grotte de Lascaux. Il propose aux visiteurs une reconstitution quasi intégrale de la partie ouverte au public de la grotte originelle. Elle a été conçue à partir d'un clone numérique qui a permis de réaliser des coques sur lesquelles des artistes ont projeté les images en 3D de la grotte originelle. Ils les ont ensuite reproduites à l'identique avec les mêmes pigments et les mêmes gestes que les hommes de la préhistoire pour être au plus près de la grotte d'origine. On commence par la visite du fac-similé. Un ascenseur nous transporte sur le toit du bâtiment semi-enterré, à 9 m de hauteur. Dans la pénombre on descend petit à petit dans la cavité et la lumière apparaît peu à peu. On ressent vraiment la fraîcheur (13 °C à 16 °C) et l'humidité. Il y a même un aperçu du trou par lequel les découvreurs sont passés en 1940. C'est bluffant. On découvre la Salle des taureaux, le Diverticule axial, le Passage, l'Abside et la Nef avec toutes leurs merveilleuses peintures. A l'issue de la visite plusieurs espaces permettent d'aller plus loin dans la compréhension des techniques de reconstitution. Grâce à des procédés lumineux il est possible de découvrir des dessins cachés dans la pierre. On effectue aussi un tour du monde pariétal grâce à des projections en 3D. L'implantation de ce centre a pour but de sanctuariser la colline où se trouve la grotte originale. Le site de Lascaux 2 reste ouvert aux visites particulières...

CHÂTEAU DE SAUVEBŒUF €€

1255, route de Sauveboeuf - **AUBAS**
✆ 05 53 51 89 46
http://lechateaudesauveboeuf.com/
Ouvert toute l'année. 3 chambres (chambres de 45 m² et suite de 8 0m²). Au cœur du Périgord Noir - Vallée de la Vézère.

Claude Douce a acheté ce château majestueux pour y loger ses collections, mais aussi afin de l'ouvrir au public. Que ce soit pour une visite du patrimoine, pour la collection d'objets préhistoriques ou encore pour célébrer Halloween, il y a toujours de l'activité à Sauvebœuf. Les hôtes peuvent profiter du calme offert par la vallée, se baigner en piscine ou dans la Vézère qui baigne les murailles. Les chambres sont démesurément spacieuses à l'image de l'accueil et des confidences du maître de maison. Vous serez des hôtes de choix dans une demeure de roi.

ERIC ET VACANCES €€

Les Escures - **AUBAS**
✆ 06 72 94 22 63
www.ericetvacances.com
Ouvert toute l'année. De 450 € à 1 350 € la semaine selon saison. Six chalets à la location de 4 à 10 personnes.

Michel a implanté en pleine campagne six chalets spacieux, avec un espace privatif d'environ 800 m², une grande terrasse, une piscine privée dotée d'un réchauffeur solaire et un spa. On peut venir même en hiver puisque chaque chalet est pourvu d'un chauffage central. Cinq peuvent accueillir 4 à 6 personnes, le dernier (8 à 10 personnes). L'équipement des gîtes est très fonctionnel pour des familles avec ou sans enfants. A l'extérieur : barbecue, salon de jardin, transat, balançoire, bac à sable, terrain de pétanque... Possibilité de louer sur place 4 VTC.

Les rues de Montignac.

LA ROSERAIE*** €€

11, place d'Armes
✆ 05 53 50 53 92
www.laroseraie-hotel.com

De mai à octobre : 16 chambres. Chambre double dès 80 € ; chambre triple dès 120 € ; studio / appartement dès 211 €.

Katia et Thierry sont à la tête de ce bel établissement au cadre magique avec son parc en bordure de Vézère, et bien sûr une roseraie parfumée. Ils ont installé un ascenseur et la climatisation dans les chambres. Deux suites sont situées dans Le Clos, une maison annexe à l'hôtel. Ce sont des suites de 45 m² environ avec climatisation et balcon avec vue directe sur la rivière. La cuisine d'Hugo Longis est préparée en fonction du marché et les produits sont sublimés par des touches originales. Les dîners dans le jardin sont de purs moments de bonheur.

RESTAURANT DU RÉGOURDOU €

Régourdou
✆ 05 53 51 81 23
www.regourdou.fr

D'avril à novembre. Basse saison : fermé le samedi midi. Haute saison : tous les jours le midi. Carte de 7,90 à 18 €.

Profitez de la table du site du Régourdou, accessible pour tous. Elle permet de combler les petites faims, comme les grosses. Ici, vous êtes en Périgord et les assiettes sont vite copieuses. Les produits sont locaux et travaillés par le chef. Il sait comme personne, trouver le bon morceau de viande ou les beaux légumes. C'est frais et c'est bon.

Le lieu est composé d'une petite salle de 30 couverts et d'une immense terrasse couverte. On y mange à l'ombre et à l'abri. Le parking, sous les frondaisons de la forêt environnante, est idéal les jours de forte chaleur.

LA CHAUMIÈRE €

53, rue du 4 Septembre
✆ 05 53 50 14 24

Ouvert dimanche, lundi, jeudi et vendredi midi et soir ; le mardi midi, le samedi soir. Menu unique à 22 €. Réservation.

La Chaumière c'est la montagne qui fait une escapade en Périgord avec Denis et Coralie. Goûtons les tartines Alpage ou Auvergnate, ou optons, pour les plus gourmands, pour la tartiflette, la fondue ou la raclette. Il y a aussi un menu périgourdin : des chiffonnades accompagnée de pommes de terre nature avec une salade verte. Denis se fournit chez les producteurs et artisans locaux. En dessert, outre les pâtisseries maison comme la tarte fine aux pommes, le moelleux au chocolat ou gâteau aux noix, on peut craquer pour les glaces artisanales de Roland Manouvrier.

L'Ô-BERGE €€

2, Rue Lafitte, Quai Mérilhou
✆ 05 53 42 23 03
restaurantloberge.com

Été : ouvert tous les jours le midi et le soir. Menus dès 17,50 €. Carte : 34 € environ.

Nichée dans une ancienne maison sur pilotis avec une terrasse en partie couverte donnant sur la Vézère, le lieu est original et en cuisine, le chef travaille des plats traditionnels tout en apportant sa touche personnelle. Il privilégie les produits locaux et de l'entrée au dessert, tout est fait maison à 100 %, de la fumaison jusqu'aux confits. On vous recommande en entrée de partager l'assiette de dégustation de l'Ô-Berge. L'originalité des plats réside dans leur accompagnement. Les desserts restent classiques, mais les coupes glacées sont plus inventives.

MARCILLAC-SAINT-QUENTIN

Dans Marcillac-Saint-Quentin, vous pourrez découvrir l'architecture typiquement traditionnelle du Périgord noir : des maisons en pierres blondes et aux toits de lauze, c'est-à-dire en une construction de dalles de pierre calcaire superposées. Une association s'occupe d'entretenir le petit patrimoine : fontaine, lavoir et cabanes ont déjà bénéficié du savoir-faire des bénévoles. Et si vous aimez admirer l'architecture des villages, le mur-clocher de l'église, ainsi que sa chapelle du XVIe siècle et son chœur du XIIe siècle ne vous laisseront pas indifférent. Pour les sportifs, vous trouverez des circuits de randonnées à pieds ou à vélo.

ERIC GERARD

Tout Vent
✆ 05 53 59 60 05
www.lesoiseauxenbois.fr

Visite de l'atelier sur rendez-vous.

Passionné par les oiseaux, Eric Gérard est devenu sculpteur et peintre animalier. Une nouvelle vocation dans laquelle il a trouvé une belle histoire d'amour avec le travail du bois. Ses sujets de prédilection sont les oiseaux, notamment les bécasses, qu'il sculpte sous toutes les coutures ! Chaque pièce réalisée est unique, mais si une œuvre est déjà vendue, vous pouvez passer une commande en fonction de vos préférences. Pic vert, palombe, chouette chevêche, martin-pêcheur font partie de son joli bestiaire sculpté et peint avec beaucoup de finesse.

ESCAPADE DANS LA DOUBLE

LIEUX	Km cumul	Km partiel	Routes
Montpon-Ménestérol	0	0	D708
Saint-Barthélemy-de-Bellegarde	9	9	D708
Saint-Michel-de-Double	18	9	Couyet – Le Perrier, D38
Saint-Laurent des-Hommes	26	8	D13, D3
Montpon-Ménestérol	35	9	D3, D708

MONTPON-MÉNESTEROL

Grâce à la collection du musicien F. Chapelet, la ville est capitale de l'orgue en Aquitaine : on peut en contempler dans l'église de Montpon, mais aussi dans celle de Ménestérol, à Echourgnac, La Roche-Chalais, Vanxains, Chantérac. Autre curiosité naturelle, la forêt de la Double, trouée d'étangs, unique en Périgord. Les cyclistes, cavaliers, marcheurs pourront partir à la découverte d'une faune et une flore épargnées et des trésors du patrimoine local. Les gourmets dégusteront la spécialité locale, les Princesses de Candalle, confiseries de nougatine et praliné. Montpon attire aussi les jeunes actifs bordelais qui y trouvent un immobilier accessible.

PARC DE LOISIRS DE CHANDOS

✆ 05 53 80 30 21

Gratuit.

Directement accessible depuis la véloroute voie verte : ce parc de 13 ha au bord de la rivière est une étape incontournable de son parcours : jeux, tables de pique-nique, parcours de santé... L'été, la baignade est surveillée, et s'accompagne d'animations et de concerts. Une petite faim ? Un restaurant est ouvert 7/7 midi et soir en haute saison. Le skate parc situé sur le parking est ouvert à tous. Une passerelle permet d'accéder au centre-ville avec tous les commerces.

MOULIN DU DUELLAS

SAINT-MARTIAL-D'ARTENSET

✆ 05 53 82 39 54

www.moulin-duellas.fr

Juillet / août : du mardi au vendredi de 14h à 18h, samedi et dimanche de 10h à 12h et de 14h à 18h.

Au bord de l'Isle, le moulin du Duellas date du XVIIIe siècle. Au départ filature de coton et de tissage, la propriété fut vendue en 1852, l'acquéreur y construisit une minoterie. Celle-ci sera la plus importante du département. Hélas, un incendie la détruira en 1885. Le moulin actuel qui date de 1899 avait trois activités : la scierie, la farine de blé et la fourniture d'électricité. Il a arrêté son activité meunière en 1963. En 1997, la commune de Saint-Martiel-d'Artenset acquiert le moulin pour le transformer en site touristique et culturel, ouvert au public depuis 1998. Depuis 2014, ce site est géré par la communauté de communes Isle Double Landais. C'est le temps du repos, du calme et de la communion avec la nature dans cet espace qui mêle plusieurs ambiances, sur 6 hectares de verdure luxuriante protégée. L'entrée au moulin est libre et gratuite. On trouve également 2 sentiers pédestres dans un cadre privilégié, un parcours attractif pour les enfants et les parents, un jardin avec des ateliers ludiques en été. On peut embarquer à 9h30 sur une gabare avec franchissement d'une écluse à fonctionnement manuel (unique en Périgord), visiter des producteurs locaux et le Musée Voulgre à Mussidan, voir une démonstration de dentelle et être de retour vers 18h. Un jeu d'énigmes est proposé gratuitement aux enfants pendant la navigation. N'oubliez pas casquette, crème solaire et bouteille d'eau à bord ! Autour du moulin, un restaurant et une buvette sont ouverts de mars à septembre et proposent de nombreuses animations.

ORGUES DE MONTPON MÉNESTÉROL

✆ 05 53 82 23 77

Visite gratuite. Du 16 juillet au 26 août, le jeudi, visite guidée de 2h30. Animaux acceptés.

En vallée de l'Isle, Montpon est la capitale de l'Orgue en Aquitaine. Le territoire compte 10 orgues en parfait état de marche répartis sur 5 sites. C'est grâce à la passion de F. Chapelet, concertiste international, originaire de Montpon qu'ils sont connus et renommés. La visite est proposée par l'Office de Tourisme en collaboration avec l'association des Amis des orgues. Cette balade musicale vous enchantera par la diversité, la richesse des morceaux joués.

CAMPING LA CIGALINE*** €

1, rue de la Paix

✆ 05 53 80 22 16

www.camping-dordogne-lacigaline.com

Ouvert mi-avr à mi-oct. Camping 16,10/45 €/jr. Mobil-homes 240/650 €, tente 200/500 €. Camping-car dès 15 €/nuit.

Première année pour Loren et Julien qui vont vous recevoir dans ce havre de paix en bordure de rivière : La Cigaline. Vous aurez le choix entre camping et mobil-home, ou encore l'insolite Coco Sweet ou une tente Lodge. Vivez ici des vacances authentiques et familiales ! Les services et les prestations sont de qualité, les emplacements ombragés, le snack-bar assure l'ambiance avec des soirées à thème et des repas dansants sur la terrasse au bord de l'eau. Des emplacements *premium* avec vue rivière sont équipés de table de cuisson et de pique-nique.

DOMAINE DE LA MOUTHE €€

La Mouthe - **SAINT-RÉMY** ✆ 05 53 82 15 40
www.domainedelamouthe.fr

Ouvert à l'année. 5 chambres. Chambre double dès 75 €, suite dès 90 €. Petit déj inclus. Gîtes 2/6 pers dès 60 €/nuit.

Un de nos coups de cœur de l'an passé. Ce domaine se blottit au bout d'une charmante petite route de campagne sinueuse et ombragée. Situé dans l'ouest de la Dordogne, entre Bergerac, Saint-Emilion, Périgueux et Bordeaux. L'accueil de Marie-Ange, votre hôtesse, contribue au charme de cette adresse. C'est dans une jolie maison à colombages que vous passerez un séjour reposant. Les chambres sont confortables et spacieuses. Le domaine possède aussi trois gîtes que l'on peut louer pour un week-end de 2 nuits ou à la semaine. Etang et piscine agrémentent les lieux.

Ô PETIT GAVROCHE €€

10, rue Maréchal-Foch
✆ 05 53 80 04 01
opetitgavroche.fr

Ouvert midi et soir lundi et du jeudi au samedi. Le midi mardi et dimanche. Formule midi. Menus de 25 € à 45 €.

Tout près du centre-ville, le chef Julien est heureux de vous accueillir dans un cadre convivial pour déguster sa cuisine traditionnelle, mais revisitée. L'ambiance est chaleureuse grâce à la salle joliment décorée avec pierres apparentes, et sa grande cheminée. Les clients sont aussi sous le charme de la pétillante Adeline. La réservation est conseillée. Quelques plats emblématiques de la carte : le Burger au magret de canard sauce à la truffe, les profiteroles faites maison et cuites minute ou les glaces produites à la ferme. Une belle adresse à Montpon, enfin !

LE PRESSOIR €€

20, rue de Montpon - **SAINT-MÉARD-DE-GURÇON**
✆ 05 53 80 56 78
www.opressoir.com

Ouvert à l'année. Haute saison jeu-lun midi & soir. Basse saison sur résa Menus 26 €/44 €. Enfant 12 €.

Le Chef du Pressoir a fait ses armes dans de beaux établissements avant d'ouvrir sa propre table. Il attache énormément d'importance à la qualité et à la fraîcheur des produits sélectionnés. Tout est fait maison, les viandes sont d'origine française et les foies gras de canard sont certifiés IGP Périgord. La carte est alléchante : le tartare de cabillaud ou la cassolette d'escargots précèdent un filet de daurade ou une pièce de bœuf. En dessert des valeurs sûres au chocolat, à la noix ou aux pruneaux. Tout est très bien fait. A table !

FERME BIO DU DUELLAS

Le Duellas - **SAINT-MARTIAL-D'ARTENSET**
✆ 06 13 59 88 88
www.fermebioduellas.fr

A la ferme. Basse saison : ouvert le vendredi de 17h à 19h. Haute saison : le mercredi et le vendredi de 17h à 19h.

Dominique Lecomte a été un leader de la remise en culture en bio de variétés en cours de disparition. Il travaille depuis plus de 20 ans sur son exploitation située dans la vallée de l'Isle au sud-ouest de Périgueux en direction de Bordeaux. Il propose plus de 13 variétés de céréales, en grains ou en farine. Il cultive du tournesol dont il décortique les graines ou produit de l'huile. Il réalise depuis peu une farine de maïs pour la polenta par exemple. Il est distribué dans les magasins de produits locaux et organise un marché hebdomadaire sur la ferme.

LA GATINOISE

1, place de Metz
✆ 05 53 81 21 95
www.lagatinoise.com

Ouvert du mardi au samedi de 9h à 18h30.

Cette très jolie échoppe est une épicerie fine au charme un peu désuet, qui vend essentiellement des produits régionaux, mais aussi des produits bien sélectionnés des quatre coins de France en fonction du savoir-faire artisanal des producteurs : chocolats, cafés, thés, moutardes, miels, huiles, pâtés, vins, spiritueux, etc. Mention spéciale pour les biscuits faits maison, cookies et sablés à profusion. Sur place, vous pouvez autour d'une boisson déguster des nouveautés en pâtisseries maison : tartelettes, chouquettes et autres délices sucrés.

GLACES DE JAVERZAC

SAINT-MARTIAL-D'ARTENSET ✆ 06 69 91 00 11
www.glaces-javerzac.fr

Juillet/août de 14h à 19h 7j/7. Le mercredi et le samedi de 15h à 19h le reste de l'année. 7,50 €/litre.

La Ferme de Javerzac, de cinquante vaches Prim-Holstein élevées dans des pâturages dès le printemps, est 100 % bio. Juste à côté de la salle de traite, Edwige Texier a aménagé un magasin et un laboratoire de transformation. L'agricultrice élabore des glaces et des sorbets sans colorants artificiels ni conservateurs. Les crèmes glacées aux recettes traditionnelles, mais aussi plus originales, sont fabriquées à base de lait frais et de crème produits sur l'exploitation. Des pâtisseries glacées peuvent être fabriquées sur commande. La ferme est ouverte à la visite.

ENTRE RIVIÈRE ET FALAISES DANS LE PÉRIGORD NOIR

LIEUX	Km cumul	Km partiel	Routes
Carlux	0	0	Château
Domme	20	20	D61/Voie verte Périgord Quercy/ D46E3
La Roque-Gageac	25,3	5,3	D46/D703
Allas les mines	38,3	13	D703/ D57/D53
Saint-Cyprien	43,7	5,4	D53/route de Tacot/D49
Vezac	62,9	19,2	D25/route de la patte d'oie/route de combe de Brague/rte. du Treil
Carlux	89,3	26,4	D3, D708

CARLUX

Un peu à l'écart de la vallée de la Dordogne et à l'est de Sarlat, le bourg de Carlux est dominé par un imposant château médiéval qui gardait la frontière occidentale de la vicomté de Turenne. Sa silhouette fortifiée avec ses hauts remparts et ses vestiges de tours se découvrent au détour d'un tournant. Donné en 1990 à la commune, sa réhabilitation a débuté deux ans plus tard. La vue depuis la terrasse haute est époustouflante. Visite libre et gratuite les jours d'ouverture de la mairie. Le petit bourg de Carlux, bâti autour du château, a su préserver son authenticité. On peut y voir l'une des plus belles cheminées sarrasines du Périgord !

HÔTEL-RESTAURANT LE ROUFFILLAC €

✆ 05 53 29 70 24

www.hotelrouffillacdordogne.com

19 chambres. Double 50-55 €, triple 60-65 €, suite 70-75 €. Petit déj 8 €. Lit sup 15 €. Wifi gratuit. Restauration.

Cet hôtel-restaurant de la famille Cluzel est une belle étape sur la route des sites du Périgord noir. Les chambres, toutes rénovées, sont vastes, fonctionnelles et elles sont toutes équipées d'une salle de bains privative. Elles se répartissent entre le bâtiment principal et l'annexe mais elle donnent toutes sur le jardin ou la rivière. La literie trois étoiles est très confortable. Le petit déjeuner sucré ou salé est copieux. Au restaurant la cuisine du Périgord est généreuse.

CHÂTEAU DE FÉNELON ★

SAINTE-MONDANE

✆ 05 53 29 81 45

www.chateau-fenelon.fr

fermé le samedi Juil.Aout 10h30-18h30. Fermé mardi et samedi avril à juin et sept. 10h30-12h30/14h30-18h. (oct. 14h-17h)

Erigé sur un promontoire rocheux, le château de Fénelon, classé Monument historique, a servi de vigie de la vallée de la Dordogne. On y accède par une petite route et quel émerveillement de découvrir au détour d'un tournant cette forteresse médiévale avec ses quatre tours et sa double enceinte fortifiée, remarquable exemple de construction militaire, unique dans la région. Le château, dont les parties les plus anciennes datent du XIIIe siècle, a été remanié à différentes époques, mais il a gardé sa magnifique toiture de lauzes (ces grandes dalles calcaires pouvant peser jusqu'à 900 kg au m²). Son histoire passionnante est judicieusement évoquée au cours de la visite organisée selon un cheminement très instructif à travers les siècles. Une place importante est faite à François de Salignac qui y est né (sa chambre est restée intacte). Devenu archevêque de Cambrai, il fut l'une des plus fortes personnalités du temps de Louis XIV et un auteur prolixe aux idées très novatrices. Un très beau mobilier authentique, un cabinet de curiosités, des collections de cruches anciennes, d'objets culinaires et surtout d'armes et armures font de ce château un lieu à visiter absolument. Depuis les terrasses, le point de vue à 360° est époustouflant. Il dévoile un territoire resté très protégé et emmène le regard loin, très loin… on se met à imaginer les troupes d'Anglais venues assaillir le château… L'authenticité de ce château a attiré de nombreux tournages de films, dont le dernier, The Last Duel, de Ridley Scott.

Vue sur le Castrum de Carlux.

LA GARE ROBERT DOISNEAU

✆ 05 53 59 10 70
www.lagare-robertdoisneau.com
Été 7j/7 10h-18h. vacances scolaires 7j/7 10h-12h30 & 14h-17h. Le reste du temps autres horaires en ligne. Gratuit.

L'ancienne gare de Carlux accueille désormais une exposition permanente d'une centaine de photographies de Robert Doisneau. Et ce n'est pas par hasard, car le célèbre photographe est venu pendant plus de 20 ans en Dordogne et dans le Lot avec sa famille. C'est de la découverte d'un cliché de Doisneau, pris sur le perron de la gare de Carlux en 1939 qui est à l'origine de cette belle idée de projet. On peut y voir sa femme Pierrette Doisneau et trois de ses amis. Il s'agissait des premières vacances de l'artiste en Dordogne et dans le Lot à l'occasion de ses premiers congés payés. De cet immense artiste, on peut découvrir des photos émouvantes de tous les jours, de balades en canoës, des marchés de Domme, de Sarlat, de Souillac, des portraits, etc. Tous ses clichés étaient conservés dans son atelier de Montrouge et ses deux filles Annette et Francine ont été associées à l'idée de cette galerie. Dans la gare de Rouffillac-de-Carlux, une autre salle est consacrée à des expositions temporaires de photographes ou de vidéastes. Dans cette galerie, vous pourrez aussi manipuler le LABO interactif pour découvrir les secrets de la photo argentique, avec toutes les étapes du développement argentique retranscrit façon numérique : insolation, révélation, bain d'arrêt, fixation, rinçage et séchage. On trouve aussi l'Office de tourisme et un café – restaurant, ouvert d'avril à novembre. Des animations sont organisées pour les jeunes et les scolaires durant l'année et pendant les vacances scolaires, autour de l'art de la photo.

FERME AUBERGE DU CANTOU

Le Champ
SAINTE-MONDANE
✆ 05 53 29 64 36
www.fermeducantou.fr
Menu du jour 17 € - Menus 22 à 28 € - Enfant : 11 €. Du 15 juin au 15 septembre 7/7.

Cathy et Jean-Luc vous accueillent dans leur ferme auberge et vous proposent de déguster une cuisine authentique faite sur place. Le canard, élevé en plein air et nourri à la céréale entière locale, est bien sûr à l'honneur, décliné sous toutes ses formes : pâté, rillettes, foie gras, cou farci, gésiers, parmentier, confit, saucisse, magret, civet... Les desserts sont à base de noix produites sur l'exploitation. Une bonne table périgourdine avec des produits de qualité. L'auberge peut accueillir jusqu'à 50 personnes. Réservation conseillée.

LES JARDINS DE CADIOT

Campredon
✆ 07 68 92 21 92
www.lesjardinsdecadiot.com
Ouvert 7j/7 du 1/05 au 30/09/21 10h-19h. Adulte 7,50 €. Réduit 6 €. Visite libre 1h. Chiens en laisse.

Anne-Marie de Cottignies, et son mari Bernard aujourd'hui décédé, ont cultivé la passion des jardins et des fleurs et ont créé les Jardins de Cadiot en hommage à l'ancien village situé sur la colline. Niché dans une forêt de chênes verts, sur deux hectares, ce jardin est une œuvre horticole et artistique qui dévoile sa beauté au fil des saisons. Trois terrasses de 300 mètres de long accueillent plus de 1 500 variétés en floraison continuelle, dont des collections de roses anciennes, plus d'une centaine de variétés de pivoines, des graminées, hydrangeas, hémérocalles, sauges, monardes, pavots d'Orient, érables du japon... Des sculptures jalonnent ce parcours et en font un site culturel unique. On pénètre par le potager dans ce jardin de « campagne », ce qui offre un caractère intimiste. Des « cultures associées », plantations où se mêlent légumes, fleurs annuelles, plantes aromatiques et légumes d'antan, ajoutent à son caractère. Au final, dix jardins thématiques se répondent. Alors que traditionnellement relégué au fond du jardin, le potager se trouve ici en introduction. Mariage de fleurs et légumes anciens, ce potager-entrée se doit d'être coloré et bon enfant : tantôt jaune-violet, tantôt rouge-argenté, il alterne les couleurs chaque année. Il est d'autre part le prétexte à accueillir sur ses terrasses en pierres des collections de tomates méconnues et de cucurbitacées exubérantes. C'est aujourd'hui Benjamin, le fils des propriétaires et Manon son épouse qui perpétuent l'œuvre familiale.

DOMME ★★★

En 1281 le roi Philippe III le Hardi décida d'implanter une bastide sur le mont de Domme, dominant la vallée de la Dordogne pour mieux défendre son territoire. Les ruelles de la cité forment un plan en damier et sont bordées de hauts murs en pierre sèche qui cachent des jardins et des bâtisses médiévales. Depuis la place de la Rode, empruntez la Grand-Rue avec ses nombreuses boutiques, puis la place de la Halle où se trouvent l'hôtel du Gouverneur, l'office de tourisme et l'entrée des grottes de Domme. A seulement quelques mètres, juste derrière l'église, la vue depuis l'esplanade est sublime, l'un des plus beaux points de vue sur la vallée.

© ALCE - FOTOLIA

La Porte des Tours de Domme.

GROTTES DE DOMME

Place de la Halle

✆ 05 53 31 71 00

www.sites-domme.com

Fermées en janvier. Haute saison 7/7 : 10h30-12h30/14h30-17h30. Basse saison : 11h15-12h15/14h30-16h30. Ad 9 €. Enf 7 €.

Dans les entrailles de la falaise de Domme se trouve un joyau souterrain de 450 m de galeries parées de milliers de stalactites et de stalagmites qui réfléchissent leur brillance dans des miroirs d'eau. En 2021, les grottes se sont refait une beauté avec un cheminement réaménagé et un éclairage plus respectueux de l'environnement. Tentez cette aventure émotionnelle et merveilleuse. A la sortie, un ascenseur panoramique vous permettra de profiter d'un point de vue unique sur la vallée de la Dordogne. La température de la grotte est autour de 14 °C.

LE DOMME EXPRESS

Place de la Halle

✆ 05 53 31 71 00

Plusieurs départs dans la journée, vente des billets à l'office de tourisme.

La visite touristique commentée de la bastide royale en petit train routier pour une durée de 20 à 25 minutes est un moyen pratique de découvrir cette cité médiévale très bien conservée. A bord du Domme Express, vous admirerez les remparts, dont il reste d'importants vestiges retenus par la Mission Patrimoine de Stéphane Bern, trois portes fortifiées dont l'impressionnante porte des Tours, la Maison du Gouverneur, les charmantes ruelles fleuries et bien d'autres trésors architecturaux. Une façon agréable d'apprécier cette belle cité sans effort !

TOUR DES REMPARTS

✆ 06 03 04 38 97

visites-guidees-dordogne-perigord.com

Le mardi du 5 juillet au 6 septembre à 10 h. Adulte : 10 €. Enfant (de 12 à 18 ans) : 6 €. Visite guidée.

Envie de découvrir en profondeur l'histoire de Domme ? Cette visite guidée d'une heure et demie vous plonge dans les événements qui ont agité le Périgord méridional, dans la façon dont les Dommois se sont défendus en érigeant un système de défense hors normes. Vous apprécierez ce site remarquable, très convoité pour sa position de vigie sur la Dordogne, ses importants vestiges de remparts, ses trois portes fortifiées, ses deux châteaux et sa vue imprenable sur les alentours. Rendez-vous au Moulin à Vent au bout de la rue du Vieux Moulin. Réservation conseillée.

CHAMBRES D'HÔTES LA TOUILLE €

Route Eglise - **CÉNAC-ET-SAINT-JULIEN**

✆ 05 53 28 35 25

www.chambres-hotes-sarlat.fr

Ouvert à l'année. 3 ch. Double 55-65 €, triple 71-81 €, quadruple 87-97 €. Petit déj inclus. Wifi. Animaux 5 €/nuit.

Serge et Mireille Barry vous reçoivent dans 3 chambres d'hôtes, en rez-de-chaussée de leur habitation, située dans le bourg de Cénac-et-Saint-Julien, à 1,5 km de Domme et de La Roque-Gageac, plus beau village de France. Chaque chambre décorée dans des tons clairs et frais possède son entrée indépendante et un salon de jardin pour prendre son petit déjeuner en terrasse. C'est un point de chute recommandé pour partir à la découverte du Périgord Noir.

CAMPING LE PERPETUUM**** €€

Griffoul ✆ 05 53 28 35 18
www.campingleperpetuum.com
Fermé nov-avr. Camping 22-33 €. Mobil-homes 4/6 pers de 336-1043 €/sem, mobil-home 4 pers 287-875€. Aire camping-cars.

Dans ce camping familial et fleuri, tenu par Fabienne et David, vous aurez le choix pour vos prochaines vacances entre emplacement de camping et location de mobil-home. Situé idéalement au bord de la Dordogne et à proximité des principaux sites touristiques (8 km de Sarlat), ce lieu de villégiature est indiqué pour constituer le point de départ de belles découvertes. De plus, le camping propose des animations ludiques et variées pour toute la famille. Nouvelle aire de jeux, trampoline géant, château gonflable. Les petits vont adorer !

HÔTEL L'ESPLANADE*** €€

2, rue Pontcarral
✆ 05 53 28 31 41
www.esplanade-perigord.com
Fermé nov-mars. 15 chambres. Double à partir de 95 €, Petit déj 9-16 €). Animaux acceptés. Wifi gratuit.

L'Esplanade est juchée au sommet du Mont de la Bastide royale de Domme et l'hôtel domine toute la vallée de la Dordogne. Les chambres sont décorées classiquement avec goût et bien évidemment, les « panoramiques » sont les plus demandées et les plus chères. Le matin on peut prendre son petit déjeuner sur la terrasse avec une vue à couper le souffle. On aime les petits salons où on peut se détendre et patienter avant de passer à table. La cuisine de Pascal Bouland ravit les papilles, quelle que soit la saison. Elle mérite à elle seule un séjour à Domme.

CABANOIX, CHÂTAIGNE & CIE €€

3, rue Geoffroy-de-Vivans ✆ 05 53 31 07 11
www.restaurantcabanoix.com
Ouvert du mercredi au dimanche le midi et le soir. Menus de 25 € à 38 €. Menu enfant : 12 €. Terrasse.

Djenia Oudjani assure une cuisine du marché maison, à partir de produits locaux de saison twistés avec des saveurs d'ailleurs. Les légumes sont issus d'une agriculture raisonnée ou biologique. Le foie gras est ici une spécialité, on le déguste au torchon, fumé, mi-cuit, poché ou poêlé, avec chutneys. Une jolie carte des vins permet de découvrir des vignobles et des régions. Côté desserts, on craque pour le Dommois, composition de crème anglaise, œuf en neige et caramel beurre salé.

LA ROQUE-GAGEAC ★★

Coincée entre rocher et rivière, l'ancienne cité épiscopale est classée Plus beau village de France. Avec son fort troglodytique médiéval qui a su tirer parti de la défense naturelle qu'offrent la falaise dorée, les vestiges de son château, ses rues anciennes et son jardin tropical créé dans les années 1950, La Roque-Gageac est l'un des sites incontournables de la vallée. Autrefois, son port fut très actif, notamment pour les marchands de Sarlat qui expédiaient les marchandises sur des gabares jusqu'à Bordeaux. Aujourd'hui, ces bateaux à fond plat font le bonheur des visiteurs.

LES BALADES EN DORDOGNE

© VINCENT FORMICA

La Roque-Gageac, au bord de la Dordogne.

FORT DE LA ROQUE-GAGEAC

✆ 05 53 31 04 08

www.fortdelaroquegageac.com

7 € Adulte, 3,50 € enfant. Vue époustouflante sur la vallée de la Dordogne. Escalier vertigineux. Site troglodytique.

Après plus de dix années de fermeture, le fort troglodytique a été rouvert à la visite en 2020. Il vous faudra gravir 140 marches d'un escalier vertigineux pour accéder à ce site exceptionnel aménagé dans la falaise. Vous pourrez jouir à satiété de la vue époustouflante sur la vallée qui s'offre à vous grâce à une longue-vue et à une table d'orientation. Une vidéo présente une reconstitution en 3D du système défensif très élaboré du fort et du château situé juste au-dessous. Alors, partez à l'assaut de ce refuge qui est aussi celui des oiseaux.

GABARES NORBERT

Le port

✆ 05 53 29 40 44

www.gabarres.com

Ouvert du 4 avril au 31 octobre. Adulte : 11,20 €. Enfant (de 2 à 12 ans) : 8,70 €. Promenade commentée.

La promenade commentée en gabarre, réplique d'une embarcation du XVIIIe, retrace dix siècles d'histoire dans la vallée de la Dordogne, en 55 minutes de balade au fil de l'eau sur 6,5 km : le Moyen Age, la vie des gabariers, les poissons migrateurs de la rivière, l'écosystème, la faune et la flore locale. On part de La Roque pour mieux y revenir après s'être régalé les yeux avec cinq des plus beaux châteaux de la vallée de la Dordogne. Réserver permet d'éviter l'attente : les places sont gardées jusqu'à 10 min du départ. Audioguide pour les étrangers.

LES HAUTS DE GAGEAC €€€

Lieu-dit Gageac

✆ 05 53 31 28 76

www.leshautsdegageac.fr/

Ouvert toute l'année (sauf février), 4 chambres d'hôtes de 115 € jusqu'à 235 €, petit déjeuner compris.

Depuis Gageac, la vue est à couper le souffle. De la terrasse, nous avons une vue privilégiée sur la vallée de La Dordogne et le château de Castelnaud. Le village de la Roque-Gageac est accessible à pied par un chemin qui traverse le jardin exotique et arrive au cœur d'un des plus beaux villages de France. Sur place, 4 chambres toutes plus belles les unes que les autres et où la dernière vient de se voir doter d'un bain suédois privatif, chauffé au bois. La piscine incite au farniente, mais des vélos sont là pour découvrir le secteur. Massages et Yoga sur demande.

O' PLAISIR DES SENS €€

Sous la Grande Vigne

✆ 05 53 29 58 53

www.o-plaisirdessens.com

Du mardi au samedi. Menus 29-95 €. Menu végétarien sur réservation. Chèque Vacances. Terrasse.

O'plaisir des sens dispose de 4 salles claires et épurées et d'un grand parking gratuit. Un extrême soin est apporté par la maîtresse de maison, Lydie, qui distille sa gentillesse en toute discrétion. L'accueil est, comme il se doit, convivial et met à l'aise tout un chacun. La cuisine, aux mains expertes de Bruno, est aujourd'hui réputée dans la région. Ici tout est frais et fait maison. O' Plaisir des sens, reconnu par le collège culinaire de France, sélectionne viandes et légumes avec le plus grand soin. Leur provenance est issue de fidèles partenaires locaux.

CASTELNAUD-LA-CHAPELLE

Classé Plus beaux Villages de France, Castelnaud est à découvrir à pied à travers les vieilles ruelles pavées qui vous conduiront jusqu'au château, vigie à la confluence du Céou et de la Dordogne. Plus on monte, plus le paysage est incroyable ! Ne ratez pas la fontaine panoramique du village ! Mais aussi, en redescendant, la délicieuse pâtisserie ou l'écomusée de la noix. Après l'effort et une baignade bienvenue dans la Dordogne depuis la plage, prenez la petite route qui suit la rivière, rive gauche, elle vous conduira jusqu'au château des Milandes, rendu célèbre grâce à Joséphine Baker. Au passage, admirez le magnifique château de Fayrac (privé).

POINT DE VUE SUR LA VALLÉE

La Croix de la Mission

Juste après l'entrée du château de Castelnaud, empruntez le chemin balisé en jaune qui vous conduira en quelques minutes au point de vue de la Croix de la Mission. Erigée au XIXe s. sur un point dominant toute la vallée de la Dordogne, c'est le repaire des amateurs de points de vue hors du commun et des photographes. De là, vous embrassez tout un méandre de la Dordogne avec en point de mire quelques-uns des plus beaux sites et châteaux du Périgord Noir. Prenez de la hauteur !

CHÂTEAU DE CASTELNAUD ★

Musée de la Guerre au Moyen Âge
✆ 05 53 31 30 00
www.castelnaud.com

Ouvert tous les jours, toute l'année. Adultes : de 10,90 € à 11,90 €. Enfants de 10 à 17 ans : de 5,50 € à 6 €.

Bâtie au XIIe siècle sur un éperon rocheux dominant la confluence de la rivière du Céou et de la Dordogne, cette forteresse a été le théâtre de nombreux affrontements guerriers au temps des cathares, de la guerre de Cent Ans ou des guerres de Religion. La célèbre famille des Caumont-Laforce, dont un membre fut un proche d'Henri IV, l'a occupée jusque vers la fin du XVIIe siècle. Le château est vendu à la Révolution de 1789 comme bien national et devient une carrière de pierres, bien utile au XIXe siècle à la construction du pont de Castelnaud... C'est en 1965 que la famille Rossillon en achète les ruines. Après une importante restauration, le château transformé en musée de la guerre au Moyen Age, ouvre à la visite en 1985. Sa collection d'armes et d'armures et les restitutions grandeur nature de machines de guerre constituent une richesse rare pour bien découvrir l'art de la guerre au Moyen Age. En 2016, une magnifique peinture murale de 60 m² sur le thème des Neuf Preux vient orner les murs du logis seigneurial, intéressant témoignage des décors seigneuriaux du XVe siècle. Cette année, parmi les nouveautés, on retiendra l'arrivée d'une nouvelle machine de jet qui porte le « doux » nom de couillard, et deux nouveaux films : l'un sur les machines de siège au Moyen Age et l'autre sur le château de Castelnaud, histoire d'une renaissance, qui retrace les différentes étapes de cette réhabilitation hors du commun. La visite libre comprend une importante signalétique avec bornes interactives, maquettes et multimédias.

CHÂTEAU DES MILANDES ★★

Les Milandes
✆ 05 53 59 31 21
www.milandes.com

Horaires variables selon les périodes, voir site. Fermé en janvier. Adulte : 12,50 €, Enfant (de 5 à 16 ans) : 8 €.

Construit à la fin du XVe siècle par François de Caumont, seigneur du château de Castelnaud, le château des Milandes a été fortement remanié à la fin du XIXe siècle. Il est surtout connu pour avoir été la propriété de la très célèbre Joséphine Baker, dont on a beaucoup parlée cet hiver lors de sa panthéonisation. La visite est conçue comme un voyage dans l'univers de cette grande artiste qui y vécut avec Jo Bouillon et leurs enfants adoptifs du monde entier composant la tribu Arc-en-Ciel. Angélique de Saint-Exupéry, la propriétaire des lieux, ne cesse d'apporter des améliorations aux bâtiments, aux visites et aux animations. A travers 14 pièces entièrement meublées, dont le dressing ouvert en 2021, on pénètre chez la star de la revue nègre – avec la fameuse ceinture de bananes et ses costumes –, sans oublier son glorieux parcours de résistante et de militante des droits de l'Homme. Le tarif d'entrée comprend l'ensemble des prestations du site : visite du château et des jardins à la française, spectacle de rapaces, les ateliers (duels, conte, fauconnerie, nourrissage des oiseaux exotiques et des chèvres, archéologie, mousquetaires). La Brasserie, ouverte du 26 mars au 13 novembre, propose des plats périgourdins. L'ensemble est labellisé « Jardin remarquable ». La chapelle du château, récemment acquise, ouvrira en 2023 après l'achèvement des fouilles archéologiques et des travaux de restauration. En bas du village, une statue a été inaugurée en 2006 pour le centenaire de la naissance de Joséphine.

CASTEL BIKE

Tournepique
✆ 06 83 42 58 51
www.castel-bike.com

VTT ou VTC 18 €/ : journée - VTC ou VTT électrique 30 € à 35 €/journée. De juin à septembre ouvert de 9 h à 19 h 7/7.

Pour découvrir le Périgord Noir, rien de mieux que de s'équiper d'un vélo, électrique de préférence, car les routes sont souvent pentues si l'on veut s'éloigner des principaux axes routiers ! Une façon idéale de s'imprégner des paysages préservés de la vallée du Céou et des alentours, d'avoir le bonheur de se retrouver dans un hameau authentique qui a gardé le charme de l'architecture traditionnelle. Castel Bike est situé au pied du château de Castelnaud et au départ de la voie verte de la vallée du Céou. Location, réparation, vente et livraison de vélos.

BIKE BUS

Voie Verte
✆ 05 53 31 10 61
www.bike-bus.com

Été : Location pour adulte dès 30 € la journée et 150 € la semaine, enfants de 20 € la journée à 80 € la semaine.

Basé en Périgord Noir, près de la vallée Dordogne à Castelnaud, ce spécialiste des vacances à vélo propose une découverte du Périgord par les sentiers insolites en VTC, VTT, Tandem-Enfant, Tabalong, Babycarrier. Selon votre besoin, la livraison s'effectue à l'endroit préféré autour de Castelnaud, ou Beynac, Vitrac, Carsac, Sarlat, Saint-Cyprien... Pour une journée, on vous fournit casques, kit de réparation, pompe, antivol, cartes d'itinéraire, et sacoches pour le déjeuner emballé, un bidon et un vélo ou deux. Réservation en ligne obligatoire.

DOMAINE DE VIELCROZE - ÉCOMUSÉE DE LA NOIX

Lieu-dit Vielcroze
✆ 05 53 59 69 63
www.ecomuseedelanoix.fr
Ouvert du 1/04 au 11/11 10h-19h 7/7. Ad 5 € ; enf 4 €. Billets jumelés avec la truffière Vielcroze. Visite commentée.

C'est le premier Ecomusée de France consacré à la noix et il en présente toutes les facettes : origines, histoire, travail, culture du noyer en Périgord et variétés de noix, jusqu'à la sculpture sur cette essence de bois. La visite dure environ 45 minutes. Elle commence par un film qui traite de la récolte, de l'énoisage, de la fabrication de l'huile, de l'arrachage de l'arbre et de la fabrication de sculpture en bois de noyer. Dans deux autres salles, on découvre la floraison particulière du noyer et le développement historique de cette culture dans le paysage local. A l'extérieur, on visite le moulin à l'huile traditionnel, le moulin moderne et les différentes machines de la récolte. La ferme du XVIIIe aux murs ocrés s'inscrit dans un paisible paysage de verdure. C'est un bonheur de suivre le sentier de découverte dans la noyeraie bio plantée il y a plus de 20 ans sur 4 hectares. Du 1er novembre au 31 mars (hors vacances scolaires) seule la boutique est ouverte de 14h à 17h30 du lundi au samedi inclus. On peut assister au pressage de l'huile dans le moulin traditionnel les mardis, mercredis et jeudis après-midi. Vous pourrez visiter la truffière du domaine, uniquement sur réservation, en compagnie du propriétaire et de son chien Noxo. Il vous proposera une approche initiatique sur le mystère du diamant noir du Périgord suivie d'une dégustation de croustous (3 €). Mêmes tarifs que pour l'écomusée de la noix. Billets jumelés à 8 € par visiteur.

MUSÉE LA RUE DU TEMPS QUI PASSE

ALLAS-LES-MINES ✆ 07 85 63 30 60
www.musee-laruedutempsquipasse.fr
Ouvert 01/04-11/11. Basse saison du ven au mar 10h-12h/14h-18h. Été 7j/7 10h-18h. Adulte 7,50 €. Enfant 6 €.

Un beau tandem familial (père, fille et petit-fils) vous invite à remonter le temps, pour une promenade dans la rue du temps qui passe, au fil des petites boutiques d'antan, d'un village du début du siècle précédent. L'idée de ce musée, ouvert depuis l'été 2017, a pour origine la vaste collection personnelle d'innombrables objets hétéroclites d'époque détenue par Michel Boom qui a embarqué Christelle et Titouan dans l'aventure. Un projet qu'ils ont mûri pendant sept ans et qu'ils ont construit à trois. Dans cette ancienne usine de 1 000 m², au bord de la Dordogne, datant de 1896, ils ont tout bonnement reconstitué une rue avec 28 petites boutiques : des commerces et ateliers, des années 1860 à 1940. On y découvre évidemment des métiers disparus : bourrelier, charron, rémouleur, chapelier... et d'autres pour lesquels le temps s'est figé : droguerie, coiffure, réparation d'instruments de musique... Comme si les commerçants venaient juste de quitter leur boutique. Les Boom ont su recréer une atmosphère surannée, et plonger le visiteur dans une ambiance d'autrefois. Au cours de la visite, vous rechercherez les anachronismes (objets d'après 1980) glissés dans chacune des scènes de vie. Vous aurez même l'occasion de repasser votre certificat d'études et peut-être de recevoir votre diplôme. Pour finir, vous pourrez déguster une limonade au bistrot attenant. Une petite boutique permet aussi d'acheter des produits locaux ou artisanaux typiques. Une belle visite à faire en famille.

MAISONNEUVE**** €€

Chemin de Maisonneuve
✆ 05 53 29 51 29
www.campingmaisonneuve.com
Ouvert du 01/04 au 31/10.

Le camping de Maisonneuve a trouvé une place de choix dans la très séduisante vallée du Céou, petite rivière aux eaux claires et fraîches, qu'une voie verte permet de longer. L'ancienne ferme à l'architecture périgourdine authentique a été rénovée pour accueillir tout le confort nécessaire à des vacances réussies. Plusieurs types d'hébergements, pour tous les budgets, et de nombreuses activités ludiques, sont proposés. Le camping est labellisé Ecolabel Européen. L'espace aquatique offre une grande piscine, une pataugeoire et une plage aménagée.

LE PETIT BOIS €€

Lieu Dit Le Petit Bois
✆ 05 53 28 39 32
Ouvert de mai à septembre. 3 chambres. Chambre double à partir de 60 €. Petit déjeuner inclus. Animaux acceptés. Wifi

Eric et Dany-Laure Manillère vous accueillent dans leur maison périgourdine, située à 300 m du Château des Milandes. Elle dispose de deux chambres pour 2 personnes et une familiale pour 4 personnes, lumineuses et confortables. Très calmes, disposant d'une entrée indépendante, elles sont équipées de sanitaires privés. Piscine (couverte en cas de mauvais temps), jeu de badminton et barbecue sont à votre disposition pour profiter pleinement de votre séjour. Le soir, possibilité de manger en table d'hôtes (22 euros par personne, apéritif, vin et café compris).

ECO RANDO 24

La Treille
✆ 07 85 20 09 70
http://ecorando24.fr/
Ouvert à l'année. Tarifs : de 20 € à 200 €.

Eco rando 24 vous propose des randonnées tout chemin à bord de véhicules de 2 et 4-roues électriques afin de découvrir les chemins et le patrimoine naturel. Pour cela 2 types de véhicules sont mis à votre disposition le TRORX trottinette électrique et le Swincar, véhicule pendulaire à 4 roues qui vont vous permettre de vous déplacer en toute simplicité à bord de véhicules écologiques et non dégradants, le tout encadré par un animateur diplômé. Organisation à la demande : initiations, à l'heure, la demi-journée, journée complète et nocturne.

SAINT-CYPRIEN

Ce bourg médiéval aux ruelles tortueuses enserre une majestueuse abbatiale datant du XIIe siècle. Il a gardé le charme de ses anciennes maisons avec petits jardins qui s'étagent sur la colline. La promenade dans la vieille ville, dont on devine encore la forme arrondie des remparts, est une véritable plongée dans l'histoire. Et si vous rencontrez, à côté de l'église, Madame Linol, l'ancienne boulangère, vous aurez saisi le charme des habitants d'ici. L'activité commerciale est réunie au bas du bourg, dans la rue Gambetta, la Traverse, comme les locaux l'appellent. C'est là que se tient chaque dimanche le très couru marché de Saint-Cyprien.

LE CHEMIN DE L'ERMITE

L'une des 10 plus belles balades de la vallée. C'est gratuit le paysage varie avec les saisons. 5 km, assez facile.

Une idée de promenade… Faites le Chemin de l'Ermite à Saint-Cyprien. Un peu moins de 5 km de pur bonheur en matière de paysage et de patrimoine, entre grottes, pechs (ces collines typiques de la région), château et fermes authentiques. Basé sur la légende de l'ermite Cyprien, le propos des panneaux est clair et documenté. De belles vues sur la vallée de la Dordogne, sur Saint-Cyprien et sur le château de Fages dont on fait le tour après avoir découvert les grottes où l'ermite Cyprien aurait trouvé refuge. Départ du chemin : place Jean Ladignac.

LE CLOS MAROT €€

Le Clos Marot
CASTELS ET BÉZENAC
✆ 05 53 28 23 27
Fermé d'octobre à mai. Sauf demande particulière. Pour 6 personnes (100 m², 2 chambres). Dès 950 € la semaine.

Catherine et Thierry vous reçoivent dans ce hameau du XVIIIe siècle restauré entièrement. Le Grand Gîte est le seul bâtiment proposé à la location toute l'année. Le potager est à la disposition des hôtes pour venir chercher les herbes aromatiques, des tomates, des salades fraîches et des fruits de saison. Thierry qui est également diplômé de l'école Grégoire Ferrandi y fabrique aussi les confitures de l'été ou les confits et pâtés truffés de l'hiver. C'est là que l'on teste des produits et que sont élaborées les recettes mises en ligne sur le site laradiodugout.fr

HOTEL RESTAURANT DES AUGUSTINS €€€

49, rue Gambetta ✆ 05 53 28 73 08
www.hoteldesaugustins.fr
Hôtel Charme & caractère ouvert à l'année. 2 chambres avec accès handicapés. Chambre double 95-155 €. Petit déj 18 €.

Bâti sur l'emplacement d'un ancien hôtel, fleuron de l'hôtellerie cypriote aux XIXe et XXe siècles, cet établissement est parfaitement adapté aux exigences de confort et d'esthétisme actuelles. Il compte 10 chambres et 2 suites réparties sur 3 niveaux. Deux chambres sont accessibles aux personnes à mobilité réduite. Le restaurant est un régal pour les papilles. Les plats sont élaborés à partir de produits frais de saison. Dîner du mercredi au dimanche, déjeuner du mercredi au samedi.

CHEZ ELLES €

28, rue Gambetta
✆ 05 53 30 55 34
Ouvert du mardi au samedi le midi et le soir. Réservation recommandée. Carte : 20 € environ. Plats entre 10 et 15 €.

La cuisine que proposent Marion et Pernelle est 100 % maison et réalisée avec des produits de saison. On peut y déguster dans la petite salle chaleureuse ou en terrasse aux beaux jours : un œuf cocotte au cabécou, le petit fromage de chèvre de la région, un gaspacho ou une soupe, un filet mignon, une quiche, un cake au pesto, un plat végétarien et un dessert aussi beau que bon… Le tout élaboré selon l'envie des cuisinières ! Le jour du marché, le dimanche matin, c'est un café ou un thé que l'on peut déguster sur la terrasse avec des mignardises.

CASTELSVRAC

2177, route de Beynac - CASTELS ET BÉZENAC
✆ 09 83 25 35 23
www.castelsvrac.fr
Ouvert du mardi au samedi de 9h30 à 12h30 et de 14h30 à 18h45. Ouvert le dimanche.

Cette épicerie vrac bio, installée entre Beynac et Saint-Cyprien, propose une épicerie sèche et fraîche, des accessoires zéro déchet, des produits d'hygiène et détergents, mais aussi un relais poisson frais et des pâtisseries faites maison. Pendant les vacances scolaires, des ateliers cuisine pour enfants (à partir de 3 ans suivant le thème et jusqu'à 15 ans) sont organisés (25 euros par enfant). Chaque enfant repart avec sa fabrication. En période estivale, Castels Vrac est ouvert le dimanche matin en alternance avec une présence sur le marché de Saint-Cyprien.

FROMAGERIE DES CROQUANTS

Voie de la Vallée
✆ 06 74 59 43 55
https://latommedescroquants.fr/
Ouvert 9h30/12h30 et 15h30/19h et dimanche matin. Fermé lundi et mardi basse saison..

Créée par Frédéric Villefer, l'inventeur des yaourts Péchalou, la fromagerie des Croquants réjouira les amateurs de fromages, charcuteries et de produits de première qualité. La tomme du croquant de vache ou de brebis est le produit phare de la maison tout comme le Brie truffé ou à l'ail des ours. On trouvera également dans la boutique des noix, des gâteaux de noix, de la bière locale, un intéressant choix de vins locaux et de plus loin. La fromagerie du Croquant propose, sur commande, des plateaux fromage ou fromage-charcuterie, pour deux ou plusieurs personnes.

VÉZAC

Située aux portes de Sarlat, la commune de Vézac possède un riche patrimoine historique et architectural. Son église Saint-Urbain construite au XIIe siècle et classée au titre des Monuments historiques. On pourra y admirer également deux châteaux d'importance : le château de Marqueyssac et ses jardins qui date de de la fin XVIIIe siècle ainsi que le château de la Malartrie ; domaine privé de style Renaissance datant du XIXe siècle. Au nord, vous trouverez le manoir de Rochecourbe qui fut construit au XVe siècle. Située en plein Périgord Noir, la jolie bourgade de Vézac est entourée de coteaux boisés. Un parcours propice pour les randonnées.

JARDINS DE MARQUEYSSAC ★★★

✆ 05 53 31 36 36 - https://marqueyssac.com
A l'année tous les jours. Haute saison tous les jours 9h-20h. Adulte 11,90 € (9,90 € basse saison). Enfant 6 €.

Site classé, les jardins romantiques et pittoresques de Marqueyssac offrent autour du château couvert de lauzes (pierres calcaires) plus de 6 kilomètres de promenades ombragées, bordées de 150 000 buis centenaires taillés à la main et agrémentées de belvédères, rocailles, cascades et théâtres de verdure. Le buis est le maître des lieux avec une fantaisie pleine de mouvement tout en rondeur moutonnante. En été, les nocturnes sont un enchantement illuminé de 2 000 bougies, chaque jeudi soir avec 4 ambiances musicales à découvrir au fil de la promenade.

CAMPING LA CABANE*** €€

La Cabane ✆ 05 53 29 52 28
www.lacabanedordogne.com
Emplacement dès 14 €. Mobile-homes de 250 à 830 €/sem. Tente équipée dès 150 €. Chambre dans gîte de groupe.

Ce camping idéalement placé en bordure de Dordogne propose des emplacements pour tentes, caravanes et camping-cars, des mobile-homes, des tentes équipées, une caravane 4 personnes et un gîte d'étape dans un ancien séchoir à tabac. Il a été conçu par des agriculteurs toujours présents. Le gîte se trouve sur un itinéraire de randonnée, permettant ainsi de partir à pied directement pour vos balades. Il comprend 10 chambres avec douche, lavabo et toilettes individuels. Petit déjeuner sur place et pour de petits groupes et sur réservation, dîners et pique-niques.

VIA FERRATA DE MARQUEYSSAC

Belvédère de la Dordogne ✆ 05 53 31 36 36
www.viaferrata-marqueyssac.com
Ouvert 17/04 au 13/11. Haute saison 7j/7. 11h-12h30/14h-17h. Adulte 11,90 € ; 9,90 € hors saison. Enfant 5,50 €.

La via ferrata de Marqueyssac se situe dans l'enceinte des jardins de Marqueyssac. Vous évoluerez le long de la falaise qui domine la Dordogne à une centaine de mètres de haut. Le parcours est entièrement sécurisé grâce à une ligne de vie continue, sans vous détacher, ce qui empêche toute fausse manipulation. L'activité est accessible à tous, sportifs ou non à partir de 8 ans et de plus d'1,30 m. C'est cependant un parcours assez impressionnant qui nécessite de vaincre la peur du vide.

LES BERGES DE L'ISLE DU PÉRIGORD BLANC

LIEUX	Km cumul	Km partiel	Routes
Ilot de la roche	0	0	Voie verte
Saint-Astier	11	11	Voie verte/ D6089 / D41
Saint-Front-de-Pradoux	32	21	D3 / D39/ D44 / D3
Montpon-Ménestérol	52,8	20,8	D3
Beauronne	76,7	23,9	D708 / D40/ D38 / D40
Château Puyferrat	92,7	16	D39 / rte. des plateaux / rte. des vertes collines
Ilot de la roche	106	13,3	D3 / Voie verte

MARSAC-SUR-L'ISLE

Marsac-sur-l'Isle est une petite ville située à 85 mètres d'altitude, où la rivière L'isle est le principal cours d'eau autour duquel la vie s'est développée : l'îlot et l'écluse de la Roche, le pont de Cécérou, le moulin de Chambon, la passerelle piétonne, la fontaine-lavoir sont autant d'endroits où se balader. Dans le village, vous admirerez le travail à ferrer, la pierre Panlaire, la Stèle de la Barde, la pierre de Nautours, la fontaine intermittente au débit irrégulier et l'église Saint-Saturnin dont le clocher imposant détonne avec la modeste nef. Enfin, le parc des Bernardoux où est implanté l'hôtel de ville invite à la détente.

GIANT STORE - CYCLES CUM'S

3, boulevard de l'Horizon
© 05 53 53 31 56
www.cycles-cums-perigueux.fr
Ouvert le lundi de 14h à 19h ; du mardi au samedi de 9h30 à 12h30 et de 14h à 19h.

Chez les Cuménal, la passion du vélo se transmet de père en fils. Gilbert, le père, avait ouvert un magasin à Périgueux, en 1969. Christophe a pris le relais à Marsac-sur-l'Isle et propose dans son show-room de 300 m² des vélos à vendre ou à louer pour toute la famille et tous les usages. Reconnu pour son professionnalisme en matière de vélos de compétition, il assure l'entretien et les réparations. Spécialiste Giant, l'atelier est ouvert à toutes les marques.

FRIT'N'BEER €

Avenue Louis Suder
© 06 25 56 53 57
https://fritnbier.business.site
Pierrot le Belge et Vivi proposent des formules pratiques rapides et typiques. À essayer une fois ! et vous reviendrez.

Une baraque à frites, en Périgord. Chez Viviane et Pierrot, tout est bon, leur fils Grégory le dira lui aussi. Ces Belges ont d'abord sillonné les environs de Périgueux avec leur food-truck puis se sont installés dans un bâtiment très bien situé où ils offrent un grand parking, une très vaste terrasse et où une décoration indique le dieu que l'on vénère ici, les frites. Mais les frites belges, celles au blanc de bœuf. Des frites minute, de la fricadelle et leur mitraillette, des burgers maison, un grand choix de bières. On s'y sent bien. Et ça se dit ailleurs.

TER'FERME

Avenue Louis Suder © 05 53 45 63 95
www.terferme.fr
Ouvert le lundi : 11h-13h30 et 15h-18h ; du mardi au vendredi : 9h-14h et 15h-19h ; le samedi : 9h30-19h.

Aurelie, Cédric Michael et Christophe ouvrent un nouvel espace commercial dédié exclusivement aux produits paysans et locaux, sans intermédiaires. Les viandes et les fruits sont 100 % Périgord. Parmi les propositions alléchantes, il y a aussi du bio, du vrac et un rayon vin, des plats cuisinés, notamment à base de canard (foie gras, cassoulet de canard, magrets), du miel, des jus de fruits, des confitures, des plants de fleurs et de légumes. Autant de bonnes raisons, de découvrir cette adresse gourmande et de glisser quantité de bons produits dans votre valise !

LA TABLE RONDE D'AURORE €

137, route des Combareaux
© 06 46 47 29 29
Mardi à jeudi midi Leroy Merlin. Vendredi midi Norauto. Mardi soir Coursac. Jeudi soir Razac. Vendredi soir Mensignac.

Depuis janvier 2021, Aurore vous propose de vous retrouver autour de son food truck qui rayonne au sud-ouest de Périgueux. Le midi, retrouvez-la dans la zone commerciale autour d'Auchan Marsac. Le soir, elle navigue entre Razac, Coursac et Mensignac. Ses burgers sont attrayants, mais elle mijote aussi des petits plats du jour, selon la saison. Les desserts sont généreux, allez-vous y résister ? N'hésitez pas à réserver tôt pour être certain d'en profiter. C'est une nouvelle adresse sur l'agglo et c'est pratique pour ceux qui travaillent ou se déplacent.

SAINT-ASTIER

Située à 100 km de Bordeaux et à 20 km de Périgueux, Saint-Astier s'inscrit au cœur de la vallée de l'Isle. C'est une bourgade prometteuse pour le visiteur qui sait la regarder. En arrivant de Périgueux, la découverte des bords de rivière est magnifique avec en arrière-plan l'église fortifiée millénaire et les toits de la ville. La ville située sur une couche crayeuse pure a permis l'installation d'usines qui extraient et préparent la chaux. Elle se situe sur le chemin de Saint-Jacques-de-Compostelle, doublé de la Vélo-route voie-verte. La campagne est également jalonnée de petites constructions désuètes : moulins à eau, pigeonniers, puits couverts.

ÉGLISE DE SAINT ASTIER

2, rue du 20 Août 1944
✆ 05 53 54 13 85
Ouvert toute l'année.

L'édifice du XXIe siècle restauré au XVe siècle, est classé Monument historique. Durant la guerre de Cent Ans, elle a été endommagée par les Anglais. En 1894, on y a découvert une crypte, contenant les reliques de Saint Astier, selon la légende. Ses fortifications sont remarquables : créneaux, contreforts, chemin de ronde sur mâchicoulis confèrent des airs de château fort. Son haut et massif clocher à deux étages (48 mètres) servait de tour de guet aux résistants en 1944. Des visites gratuites sont organisées en été par l'Office de Tourisme (sur réservation).

CHÂTEAU DE PUYFERRAT €€

✆ 05 53 07 86 26
Ouvert toute l'année. 10 chambres. Animaux acceptés. Visite historique en haute saison.

Le château du XVIe siècle, au sommet d'une colline, est niché au cœur de 100 ha de terres boisées, garde une allure féodale avec son chemin de ronde complet. Ses façades prennent la lumière entre deux tours de coin et deux tourelles en encorbellement. C'est le cadre idéal pour accueillir mariage et événements avec, sur quatre niveaux, cave aménagée en cuisine, grande salle pavée de pisé. Deux étages sont desservis par un monumental escalier à paliers, les planchers à la française et les murs épais ajoutent au cadre feutré, dans une décoration traditionnelle.

CIRCUIT CŒUR DE VILLE

✆ 05 53 54 13 85
www.tourisme-isleperigord.com
Visites de mi-juillet à mi-août. Gratuit.

Ce circuit découverte (environ 1 km) permet de déambuler et de visiter la vieille ville librement, à votre rythme. En empruntant des passages couverts et ruelles étroites pittoresques, apparaissent les richesses architecturales de la ville : maisons à tourelle, maisons à colombages, perrons en bois, statue de Saint-Astier, sans oublier l'église et l'imposant monument aux morts. Vous pouvez retirer gratuitement un guide de la balade au format papier à l'Office de tourisme et ainsi bénéficier de l'accueil charmant qui vous y sera réservé.

LA TABLE DU MARCHÉ €€

26, place de la République
✆ 05 53 07 66 80
Dimanche, lundi, jeudi et vendredi le midi et le soir ; le mardi midi ; samedi soir. Menu 15, 25 et 30 €.

Patrick et Sandrine vous présentent leur carte qu'ils changent toutes les 3 semaines environ et fait la part belle aux produits du marché et frais. C'est pratique, car leur terrasse est face à la halle. Un lieu à la source des bons produits du terroir. Le congélateur est définitivement banni de la cuisine. La souris d'agneau reste l'un des seuls plats présents à l'année. Nous avons pu apprécier les cromesquis de chèvre et chorizo, et les ris de veau. L'ambiance sobre de la salle est relevée avec des photos en noir et blanc et des touches de style industriel.

CHÂTEAU DE LALANDE**** €€

57, route de Saint-Astier
ANNESSE-ET-BEAULIEU
✆ 05 53 54 52 30
www.chateau-lalande-perigord.com
Ouvert à partir d'avril. 17 chambres. Double dès 129 € ; Suite dès 259 €. Menus de 45 € à 66 €.

Ce château des XVIIIe et XIXe siècles entièrement rénové, lové dans un superbe parc aux arbres séculaires, abrite un hôtel 4 étoiles. Ce cadre de verdure est particulièrement propice à un week-end détente, entre le chai, la terrasse couverte du parc, la piscine avec pergola ombragée et bien sûr le restaurant gastronomique. Et quelle table ! Si vos envies se portent vers plus de simplicité, vous n'êtes qu'à 15 kilomètres de Périgueux, un saut de puce, pour vous permettre de découvrir ses nombreux atouts dignes d'intérêt. Laissez le Périgord blanc vous surprendre !

FERME PAYENCHET

Puypelat
MONTREM
✆ 05 53 04 09 52
Toute l'année, sur rendez-vous.

Au lieu-dit Puypelat, la famille Payenchet fabrique du très bon foie gras, le mi-cuit a déjà glané plusieurs médailles d'or et d'argent au concours agricole de Paris. Les canetons arrivés à la ferme à 1 jour sont élevés (de juin à mars) et nourris avec les céréales produites sur place. Devenus adultes ils sont gavés (de septembre à avril), avec du maïs sélectionné, pour enfin être transformés en : foie gras, pâtés, paupiettes, confits, rillettes... pour le plaisir de nos papilles ! Visite gratuite et commentée et vente à la ferme toute l'année sur RDV.

SAINT-FRONT-DE-PRADOUX

Le Périgord cache quelques légendes, et Saint-Front-de-Pradoux en est une : l'apôtre Saint Front aurait vécu en ermite dans une grotte sous l'église édifiée au XIe siècle. C'est de lui que le village tiendrait son nom, complété par le terme « pradoux » qui signifie « petits prés ». L'église n'a malheureusement pas survécu aux guerres de religion, seul le chœur date du XVe siècle, tandis que le reste du monument a été reconstruit au XIXe siècle. La mairie du village est installée dans un ancien presbytère du début du XVIIIe siècle, inscrit à l'inventaire des Monuments historiques depuis 1974. Le village, en bord de rivière, offre de jolies balades.

CHÂTEAU LA THUILIÈRE €€

38, route de Saint Martin
✆ 06 45 35 36 82
www.chateaulathuiliere.com
Chambre double de 120 € à 250 €. Table d'hôtes : 42 €.

Construit en 1889 par un riche commerçant venant des colonies, c'est un manoir de style Tudor. Il est situé dans la vallée de l'Isle. Les chambres avec leur cheminée d'origine donnent en majorité sur le parc. Elles sont spacieuses et équipées avec lit king-size, salle de bains, fournitures de toilette. Le repas s'inspire de la cuisine régionale remise au goût du jour, réalisé avec des produits locaux et bio. Le petit déjeuner se prend, lui aussi, dans la cuisine, sur une grande table ; héritage de l'histoire. Le grand parc qui l'entoure vous invite à la promenade.

MONTPON-MÉNESTEROL

Grâce à la collection du musicien F. Chapelet, la ville est capitale de l'orgue en Aquitaine : on peut en contempler dans l'église de Montpon, mais aussi dans celle de Ménestérol, à Echourgnac, La Roche-Chalais, Vanxains, Chantérac. Autre curiosité naturelle, la forêt de la Double, trouée d'étangs, unique en Périgord. Les cyclistes, cavaliers, marcheurs pourront partir à la découverte d'une faune et une flore épargnées et des trésors du patrimoine local. Les gourmets dégusteront la spécialité locale, les Princesses de Candalle, confiseries de nougatine et praliné. Montpon attire aussi les jeunes actifs bordelais qui y trouvent un immobilier accessible.

SAINT-GERMAIN-DU-SALEMBRE

Traversé par le chemin de Saint-Jacques-de-Compostelle, Saint-Germain-du-Salembre a toujours été sur les routes de commerces, depuis l'Antiquité Romaine. Des vestiges gallo-romains y ont été découverts. En effet, bien qu'il s'agisse d'un petit bourg rural, sa situation centrale entre les plus grandes villes comme Saint-Astier ou Périgueux permet d'allier plaisir de la détente dans la nature et accès à tous les commerces. Désormais propriété privée, le château a connu quelques remaniements au fil de l'Histoire, c'est ce qui le rend particulièrement intéressant : donjon médiéval, tours Renaissance, il est inscrit aux Monuments historiques depuis 1991.

CHÂTEAU DE SAINT-GERMAIN DU SALEMBRE

110, Le Bourg
✆ 06 81 18 49 21
Propriété privée, ne se visite pas (sauf sur rendez-vous et journées du patrimoine).

Château du Périgord, du XIIIe au XXe siècle, inscrit ISMH, au carrefour central de la vallée du Salembre. Digue médiévale sur radier gallo-romain, unique monument en péril de Dordogne sélectionné par la première Mission Bern 2018. Bâti sur l'emplacement d'une ancienne villa gallo-romaine, le château actuel est un ancien château fort qui gardait, en ce lieu stratégique de la vallée du Salembre, l'intersection de cinq routes dans la vallée de l'Isle.

LA CHANTÉRACOISE

46, route de Saint-Astier
✆ 05 53 80 51 17
www.la-chanteracoise.fr
Ouvert du lundi au vendredi 9h-12h & 14h-18h. Groupes + 10 sur rdv. Visite commentée avec dégustation d'une heure.

La Chantéracoise, biscotterie artisanale depuis les années 50 a été reprise par Sylvain Boucher qui a rajeuni la gamme. Le site est ouvert à la visite, on y découvre toute l'histoire de la biscotte. Le processus de fabrication est expliqué, le tout avec vue sur l'atelier de fabrication. Le parcours se termine par une dégustation et un passage par la très jolie boutique. Un bel éventail de biscottes, toasts, croûtons, pains grillés, chapelure, bio ou conventionnel, y est présenté, avec de belles boîtes métalliques à l'ancienne pour des idées cadeaux.

AU PAYS DES CHÂTAIGNIERS : LES BASTIDES DU PÉRIGORD POURPRE

LIEUX	Km cumul	Km partiel	Routes
Monpazier	0	0	église
Villefranche-du-Périgord	36	36	D2 / D53/ D57 /
Prats-du-Périgord	44,6	8,6	D660 / D60
Saint-Pompont	53,9	9,3	D60 / D57
Pays-de-Belvès	68,4	14,5	D52 / D51
Monpazier	86,6	18,2	D52 / D53

MONPAZIER ★

Cette bastide fait partie de l'un des Plus beaux villages de France et elle a été élevée au rang de Grand site national. Son plan régulier rectangulaire a plus de sept cents ans. Presque intacts depuis le XIIIe siècle, ses trésors sont variés : sa place aux arcades irrégulières, sa halle avec les unités de mesure pour le commerce du grain, l'église Saint-Dominique et la maison du Chapitre du XIVe siècle.Les maisons autour de la place des Cornières sont nées entre le Moyen Âge et le XVIIe siècle, 32 immeubles sont classés par les Monuments historiques. Monpazier est le berceau de Jean Galmot, journaliste, écrivain, député de Guyane, assassiné en 1928.

BASTIDEUM

8, rue Galmot ✆ 05 53 57 12 12

www.bastideum.fr

Ouvert d'avril à la Toussaint. Horaires variables selon les saisons. Gratuit -6 ans. Adulte 5,80 €. Enfant 3,80 €.

Le Bastideum vous invite à une visite de l'histoire de Monpazier de manière moderne, interactive et ludique. Dans l'ancien couvent des Récollets du XVIIe siècle, vous découvrirez la variété des paysages, l'évolution de Monpazier à travers les siècles, à partir de bornes interactives, textes et images, l'architecture domestique, la guerre de Cent Ans. La bastide vue du ciel par drone sur écran géant est bluffante. À l'issue de cette exposition, téléchargez sur votre smartphone le guide multimédia pour découvrir la bastide à travers une dizaine de points d'intérêt.

CHÂTEAU DE BIRON ★★★

BIRON

✆ 05 53 63 13 39

www.chateau-biron.fr

Fermé en janvier. Horaires : voir calendrier sur le site Internet. Adulte : 9,50 €. Tarifs préférentiels en ligne.

Le château de Biron, construit au XIIe siècle, est l'une des 4 baronnies du Périgord. Elle fut une forteresse stratégique âprement disputée pendant la guerre de Cent Ans. Incendié en 1442, il fut reconstruit par la famille Gontaut-Biron au tournant des XVe-XVIe siècles. Tout au long de son histoire, il subit de multiples remaniements architecturaux comme la création de la loggia aux doubles colonnes qui ouvre sur un escalier de pierre. D'autres rénovations du XIXe dans le style de Viollet le Duc lui donnent aujourd'hui un style architectural remarquable. D'ailleurs, le Château de Biron est très souvent utilisé comme lieu de tournage de films. Les malentendants peuvent suivre les visites grâce à un vidéoguide en langue des signes inclus dans l'application smartphone de la Sémitour. Pour tous des visioguides en français, allemand, espagnol, anglais, néerlandais sont disponibles. On vous conseille de profiter des services d'un des guides qui vous rendra la visite encore plus passionnante. En été des nocturnes avec dîners-spectacles sur la légende du chevalier sans tête font vibrer les murs de pierre avec réalisme. Enfin, des concerts et des marchés fermiers y tiennent place aussi à la belle saison. Le service du patrimoine du département investit régulièrement les murs pour y faire dialoguer des œuvres d'art contemporain. Vous pourrez poser facilement votre véhicule sur un grand parking à proximité, y compris si vous êtes en camping-car. Ne quittez pas les lieux sans avoir fait le tour du village, petit mais très mignon.

Monpazier.

PLUME & CURIOSITES

53, rue Notre-Dame
✆ 06 30 58 78 57
https://5fd0d5c12b5ab.site123.me
Du mardi au samedi de 14h à 18h. Le matin : sur rendez-vous.

« La curiosité » est bonne à cultiver vous dira Isabelle. Dans son atelier-boutique de Monpazier où vous trouverez des univers différents. Elle met l'art à portée de tous et vous permet d'acquérir des œuvres d'art inattendues et rares. Photographies et estampes numérotées, lithographies, sérigraphies, bijoux, bronzes et céramiques. Il y en a pour toutes les occasions, toutes les envies. « La plume » est l'autre passion de cette écrivaine qui met son talent à votre service pour vous aider à rédiger vos missives, documents et autres rédactions du quotidien.

MAISON DE LA CHÂTAIGNE

Rue Notre-Dame
✆ 05 53 29 98 37
Ouvert d'avril à septembre au sein de l'office de tourisme. Gratuit.

Cet écomusée unique en France est dédié au tourisme vert, mais aussi une vitrine pour les nombreux producteurs, industriels et artisans de la filière du châtaignier. Avec 4 salles dédiées à la découverte du territoire, les différentes essences de bois locaux, les différentes variétés de châtaigniers et des vidéos sur la valorisation du châtaignier, vous saurez tout sur cet arbre nourricier. De belles histoires sur les sentiers des villages des alentours, un voyage au plus profond de la forêt Bessède, de ses habitants, ses odeurs, la flore et ses essences de bois.

VILLEFRANCHE-DU-PÉRIGORD

Erigée aux confins du Périgord Noir, du Quercy et de l'Agenais, la bastide de Villefranche du Périgord a été construite en 1261 par Alphonse de Poitiers, frère de Saint-Louis. Malgré les nombreux conflits, elle a conservé son aspect d'origine avec un plan très régulier où les rues se coupent en angle droit, sa place avec la halle et les couverts, lieux de commerce autrefois, et d'anciennes demeures à colombages et à tourelles. L'église, vaste édifice avec son étrange façade rappelant le style espagnol, est du XIXe siècle. Villefranche est située au cœur du pays du châtaignier et son marché aux cèpes à l'automne attire de nombreux gastronomes.

HÔTEL RESTAURANT LA BASTIDE*** €€

Route de Cahors ✆ 05 53 30 22 67
www.hotellabastide.fr
Logis. Chambres de 85 à 115 €. Soirée étape 120 €. Restauration environ 30 €. Menu enfant 15 €. Parc et piscine.

Dans le cadre rustique d'une belle et ancienne maison en pierre avec son pigeonnier, cet hôtel-restaurant a été entièrement rénové. Les chambres contemporaines aux teintes douces sont décorées de façon moderne avec une touche d'élégance. Trois ont un balcon et trois autres donnent sur le jardin et la piscine. Le restaurant s'est doté d'une cuisine créative réalisée avec des produits frais et de qualité. Les poissons par exemple sont fumés maison au bois d'érable. Une table renommée !

FONTAINE DES 3 ÉVÊQUES

LAVAUR

Chaque année aux alentours de Pâques, les 3 évêques, de Périgueux et Sarlat, d'Agen et de Cahors sacrifient à la tradition en se retrouvant à la fontaine dite des 3 évêques située à la limite des 3 diocèses et des 3 départements. Chacun restant dans son territoire respectif... Le lieu est unique. En bordure de La Lémance, une dalle sert de marche-pied pour atteindre l'eau de la fontaine. Elle serait le vestige d'une table où, depuis le XVIe siècle, les évêques festoyaient quand ils se retrouvaient. De belles randonnées sont à faire autour.

Ô FAIM GOÛT'R METS €€

rue Notre-Dame
✆ 05 53 30 16 45
Ouvert toute l'année, horaires selon saison. En été, du mardi au samedi de 9h30 à 23h. Plat à la carte environ 15 €.

Derrière ce nom en forme de charade, c'est un jeune cuisinier talentueux qui tient les rênes du restaurant Ô Faim Goût'R'Mets : Mathieu Marmier a ouvert son propre restaurant à 25 ans, et sa passion pour les produits du terroir se transmet dans ses assiettes. Foie gras maison, confit de canard, magret aux épices : des classiques qu'il s'approprie avec brio. Un vrai plaisir pour les papilles ! Mais pas seulement : notons que le cadre est tout à fait charmant, tout de bois et pierre, sur 2 étages, pour passer un moment chaleureux et de qualité.

LE GOÛTER DE CHARLOTTE

Rue Notre-Dame
✆ 05 53 29 45 71
Ouvert 9 h 30-18 h. Fermé jeudi et dimanche.

Dans la rue principale de Villefranche, vous pourrez faire une pause Au goûter de Charlotte pour déguster des tartes sucrées et salées, des salades, des assiettes de producteurs, des glaces fabriquées dans la région et des gâteaux accompagnés d'un choix de cafés et de thés provenant du monde entier ou de jus de fruits frais et de bières brassées localement. Ce salon de thé propose aussi des petits déjeuners gourmands et des brunchs. Idéal après avoir sillonné les petites routes de la forêt Bessède en voiture, à vélo ou à pied.

GÎTE DE LA POMPONNAISE €

Le Bourg
✆ 06 79 90 95 92
www.gitelapomponnaisedordogne.com
Ouvert à l'année, gîte pour 4 personnes entre 495 € et 690 € pour la semaine.

Deux amoureux du Périgord ont acheté cette maison du XVe siècle au cœur du village de Saint-Pompont pour vous la proposer à la location. Celle-ci dispose d'un confort moderne dans un bâtiment typique et situé dans une ruelle calme du bourg. Le village mérite d'être découvert avec attention, ainsi que ces nombreux lieux magiques que les propriétaires se feront un plaisir de vous faire découvrir. Ils sont passionnés de vélo et vont vous parler de ces petits chemins serpentant au cœur du causse et des anciennes vignes. Le petit garage « vélo-moto » est un plus.

PRATS-DU-PÉRIGORD

Prats-du-Périgord abrite un joli patrimoine : le lavoir et la fontaine, mais aussi l'église, classée au titre des Monuments historiques, avec son imposant mur-clocher qui servait à protéger les villageois de bandes armées. Surtout, son château du XIIIe siècle fut l'objet de nombreuses attaques puisqu'il est situé sur la route qui mène de Sarlat à Gourdon. Fort heureusement, lorsque les guerres de religions se terminèrent, il fut reconstruit dans un style Renaissance. Côté nature, il est évident que le village a de nombreux atouts, à commencer par la source de La Lémance, mais aussi des circuits de randonnées et un parcours de marche nordique.

FERME DU ROC €€

Le Roc
✆ 05 53 28 45 25
www.fermeaubergeduroc.com
Haute saison : tous les jours le midi et le soir. Basse saison, se renseigner en téléphonant.

Philippe Lapeyre ouvre sa table à la ferme, loin du bruit, en salle ou en terrasse. La cuisine est bien sûr traditionnelle et paysanne, préparée à partir des produits de la ferme. Les spécialités sont irrésistibles : foie gras poêlé, tourtière (confit de canard, salsifis, tomates), civet de biche, omelette aux truffes, et bien d'autres surprises gourmandes. La petite boutique vend les produits de la ferme pour ceux qui veulent prolonger les vacances à la maison. Hébergement en chambre d'hôtes ou dans une maison pour 8 à 10 personnes.

SAINT-POMPONT

Derrière ce joli nom, il s'agit d'un évêque de Naples au VIe siècle, appelé Pomponius, devenu Saint Pompont. La première mention de son nom pour désigner le village date de 1269. De là à savoir pourquoi il a été donné au village, c'est une autre histoire ! Cela n'empêche pas d'apprécier grandement de flâner dans les petites rues du village pour découvrir ses jolies maisons, le château Castelviel en surplomb de la vallée de la Lousse, l'hôpital du XIIe siècle, l'ancienne porte de la ville classée au titre des Monuments historiques, tout comme le château de Mespoulet et celui de Saint-Pompont, l'église romane et le monument des Grilloux.

PAYS DE BELVÈS

En arrivant par le bas de Belvès, cité médiévale fortifiée du XIe siècle classée parmi les « plus beaux villages de France » et des stations vertes de vacances, on découvre les contours des toits au sommet de l'éperon rocheux qui domine la vallée de la Nauze. Le bourg compte sept « clochers » et son sous-sol est creusé de souterrains. L'Office du tourisme propose des visites commentées des habitations troglodytiques. La tour de l'Auditeur du XIIe, la halle du XVe, la maison des Consuls, l'église du XIVe, le beffroi du XVe, le donjon et les remparts... autant de raisons pour se promener dans les ruelles paisibles.

CASTRUM DE BELVÈS

Visite guidée.

Classé Plus Beau Village de France, Belvès mérite incontestablement une visite. Le castrum, petit ensemble fortifié dominant la vallée de La Nauze, a été construit à la fin du XIe siècle. On appréciera la découverte des rues étroites bordées de maisons anciennes, certaines construites sur le rempart, la tour de l'Auditeur près de l'ancien château, transformé en école au XIXe siècle, les tours des Filhols et de l'archevêque et la place d'Armes avec sa halle médiévale. A l'extérieur de la cité se trouve la remarquable église Notre-Dame.

CHÂTEAU DE BELVÈS ★★

45, rue Jacques Manchotte ✆ 06 35 29 13 71
www.chateaudebelves.fr

Ouvert en septembre et octobre. Adulte 8 €. Enfant 4 €. Groupe (+ 10 personnes) 6 €. CB non acceptée. Visite guidée.

Cette maison patricienne du XIVe, inscrite aux Monuments historiques, recèle des fresques datant du XVe siècle découvertes et restaurées en 2011. Un ensemble unique en Aquitaine de peintures médiévales figurant des scènes historiques chevaleresques sur fond de paysage stylisé et représentant les 9 preux : les païens Alexandre, César et Hector ; les héros bibliques Josué, Judas et David et les héros chrétiens Charlemagne, le roi Arthur et Godefroi de Bouillon. Une visite guidée exceptionnelle au cœur d'une maison privée de Belvès appelée le château.

LES HABITATS TROGLODYTIQUES DE BELVÈS ★

1, Place d'Armes
✆ 05 53 29 10 20

De février à novembre et vacances de Noël. Gratuit -5 ans, puis 4,50 €-5,50 €-7 €.

Ce site souterrain creusé dans le rocher calcaire au pied du rempart de la cité fortifiée de Belvès offre à voir des abris troglodytiques occupés probablement dès le Moyen Age. Huit salles ont été aménagées pour la vie quotidienne et pour se dérober aux yeux d'éventuels assaillants. L'ensemble est impressionnant et assez unique. La visite guidée dure 45 minutes, la réservation fortement conseillée. Livret jeux pour les enfants. Billetterie à l'office de tourisme.

FILATURE DE BELVES

Fongauffier
✆ 05 53 31 83 05
www.perigord-patrimoine.com

Juillet et août, tous les jours de 10h à 19h. Autres horaires en ligne. Adulte 9 €. Enfant 6 €.

Située dans un ancien moulin du XVe siècle, la filature de Belvès, où l'on venait autrefois carder la laine, a arrêté de fonctionner dans les années 1990. Dans le souci de sauver ce patrimoine industriel, la communauté de communes Entre Nauze et Bessède a souhaité l'acquérir et en a confié la gestion à l'association Au fil du Temps. C'est ainsi que l'on peut visiter ce centre d'interprétation et découvrir le procédé de transformation de la laine jusqu'au fil. Une scénographie interactive et participative permet à tous, petits et grands, et quel que soit son âge, de suivre le procédé de transformation et de comprendre l'importance de ce matériau dans la vie de nos ancêtres, d'autant que les anciennes machines ont été conservées. La visite pourra se prolonger par la boutique dans laquelle sont proposées les fabrications locales de feutres, laines et vêtements mais aussi des jouets et des livres. A l'extérieur, le bief de l'ancien moulin a été réaménagé en jardin d'eau pour favoriser la promenade dans un environnement naturel privilégié où règnent libellules, papillons et batraciens. Durant les vacances scolaires, des ateliers pédagogiques sont proposés et le reste de l'année des cafés tricot, tissage, de couture et différents ateliers de confection constituent un rendez-vous incontournable. La filature de Belvès est devenue un lieu convivial, de rencontres, de confections, d'apprentissage et d'échanges. Des circuits de visites pour groupes incluant la Filature, les jardins de Limeuil et le moulin de La Rouzique sont proposés.

AUBERGE DE LA NAUZE €€

Fongauffier ✆ 05 53 28 44 81
www.aubergedelanauze.com/

Haute saison du mar au ven et dim midi et soir, le samedi soir. Menus 23,50-33,50 €. Enfant 12 €. Midi 18,50 €.

Cette année, on fête les 30 ans de l'établissement de Nathalie et Etienne Lambert de l'auberge de la Nauze. On y sert une cuisine mêlant plats du terroir et produits de la mer accompagnés de légumes frais de saison et dans la mesure du possible bio. Gourmands, ils élaborent les desserts, glaces et sorbets eux-mêmes. Dans la salle climatisée calme et chaleureuse, 80 couverts peuvent être dressés. Le service est assuré à la belle saison sur la terrasse ombragée et protégée du vent. Vaste parking. 6 chambres spacieuses à l'auberge et un appartement de 3 chambres.

À TRAVERS LA FORÊT MÊLÉE : LE PÉRIGORD VERT

LIEUX	Km cumul	Km partiel	Routes
Saint-Pardoux-la-Rivière	0	0	D23
Thiviers	19	19	D23, D33
Villars	34,9	15,9	D100
Quinsac	41,1	6,2	D100, D96
Saint-Pardoux-la-Rivière	50	8,9	D32, D80, D119

SAINT-PARDOUX-LA-RIVIÈRE

Le Périgord est riche de villages au charme pittoresque. A travers leur patrimoine et leur architecture, ces villages sont aussi des témoins de l'Histoire, et Saint-Pardoux-la-Rivière n'y fait pas exception. Que ce soit par son église au cadran solaire, ses lavoirs, son ancien relais de poste, l'ancien couvent ou la fenêtre de l'hôtel des voyageurs du XVIe siècle, nous pouvons imaginer ce qu'était la vie dans cette jolie campagne entourée de rivière, de ponts et de nature. Le viaduc où passait le chemin de fer est désormais aménagé en voie verte pour les promeneurs, à pieds, à cheval ou en vélo. La vue sur le village ne vous laissera pas insensible.

THIVIERS

Thiviers est une place forte commerçante située au nord de Périgueux en direction de Limoges, sur le chemin de Saint-Jacques-de-Compostelle. La cité est l'une des 6 villes portes d'entrée du Parc Périgord Limousin. En vous baladant, remarquez quelques jolies demeures à colombages des XVe et XVIe siècles, ainsi que l'église dont l'intérieur vaut une petite visite... Le marché est assez animé, notamment le marché au gras qui est ici une institution. Si vous êtes gourmand, ne manquez pas de passer par la Maison du Foie Gras, à l'Office de Tourisme et offrez vous un panier gourmand composé selon vos goûts pour prolonger l'expérience Périgord.

HÔTEL DE FRANCE CIBOT €€

Grand'rue de la Barre
✆ 06 83 31 33 45

Le restaurant pratique la vente à emporter vendredi soir, samedi soir et dimanche matin. Réservation : 06 83 31 33 45

Cette très bonne table du Périgord Vert propose désormais sa cuisine exclusivement à emporter. Les commandes sont passées par les clients avant le mercredi pour venir les récupérer dans des emballages isothermes *Gusto* le vendredi ou samedi soir et le dimanche matin. Au menu, foie gras de canard IGP Périgord Mi-Cuit, ris de veau doré biscuit noisettes, crème caramel beurre salé, éclats de nougatine... Les plats restent chauds pendant 3h. Le plus : le dressage du chef dans de la belle porcelaine. Pratique et facile pour inviter ses amis !

LE JARDIN DE LA NANOTTE

La Nanotte
✆ 06 95 23 41 71

Sur les marchés locaux.

Besoin de faire le plein de vitamines avec fruits et légumes ? Cécile Drouin commercialise ses légumes, fruits de saison et œufs sur les marchés du village de Saint-Pardoux, chaque dimanche matin de l'année et le jeudi matin en été. On la retrouve sur les marchés des producteurs le vendredi soir en juillet/août tout près de chez elle, à Saint-Saud-Lacoussière, Saint-Front-la-Rivière et Mialet. Les résidents du camping les Parenthèses Imaginaires, à Milhac, ont la chance de pouvoir être livrés en paniers les mercredis et samedis d'été.

ARBORETUM DES POUYOULEIX

Les Pouyouleix - SAINT-JORY-DE-CHALAIS
✆ 05 53 62 13 53
www.arboretumpouyouleix.com/visiter/

Ouvert de mai à octobre. Adulte : 10 €. Tarif de groupe à partir de 20 personnes, voir propriétaires. Visite guidée.

Sur un site de 25 hectares, l'Arboretum des Pouyouleix détient la plus grande collection de chênes en France avec 300 espèces venues du monde entier. L'Arboretum accueille des visiteurs de mai à octobre pour une visite guidée sur réservation. Le temps de la visite dépend des visiteurs, mais dure généralement à peu près trois heures. De bonnes chaussures sont conseillées, car on marche beaucoup pour découvrir tous les chênes du monde ! Pour cette raison aussi la visite n'est pas forcément au goût des enfants. Les chiens ne sont pas admis.

CIRCUIT THIVIERS MÉDIEVAL

✆ 05 53 55 12 50
perigord-limousin-tourisme.com

Ouvert et gratuit toute l'année.

De toute sa hauteur, la ville affirme son passé de place forte. Ici s'égrène une ribambelle de manoirs à débusquer : Vaucocour (derrière l'église, intéressant, car il s'intégrait aux fortifications de la ville, et pour son panorama) et Banceil du XVIe, Limagnes, Bost, Razac, la Filolie... Dans la rue des Huiles, trois demeures valent à elles seules une étape à Thiviers. L'église a perdu ses coupoles, mais conserve 8 chapiteaux à la croisée du transept, intacts depuis le XIIe siècle.

L'ÉTANG DE MIALET

25, rue Wilson
MIALET
✆ 05 53 35 50 24
www.dordogne-perigord-tourisme.fr
Ouvert toute l'année. Gratuit.

À la rencontre des rivières Dronne et Côle, la retenue d'eau de Mialet couvre une surface de 77 hectares pour 5 millions de m3 d'eau et permet ainsi de réguler la Dronne en aval. C'est un lieu idéal pour se ressourcer, 9 kilomètres de chemin y ont été aménagés pour permettre aux cyclistes et promeneurs d'en faire le tour. Un observatoire ornithologique offre une vue imprenable sur les nombreux oiseaux qui ont établi domicile dans les environs. Pensez à apporter vos jumelles pour cette balade. Bancs et tables pour le pique-nique. **Difficulté :** facile.

MONASTÈRE BOUDDHISTE KANSHOJI

LA COQUILLE ✆ 06 14 66 09 72
www.kanshoji.org
Ouvert toute l'année. Une retraite spirituelle sesshin chaque mois. Une session d'été 10 jours : voir calendrier site.

Situé dans le Périgord- Limousin, Kanshoji est un monastère bouddhiste, de la lignée du Zen Soto. Son responsable, Taiun Jean Pierre Faure, a été disciple de Maître Taisen Deshimaru, il a reçu la certification de Minamizawa Roshi, abbé d'Eiheiji, temple fondé par Dogen. Il est possible de venir quelques temps découvrir l'enseignement du Bouddha, suivre la pratique des moines ou faire une retraite. Le centre propose aussi des ateliers de calligraphie, Ikebana, cours de japonais.

VÉLORAIL DU PÉRIGORD

Route d'Excideuil
CORGNAC-SUR-L'ISLE
✆ 05 53 52 42 93
Ouvert à l'année. Résa obligatoire. Tous les jours. Horaires selon saison. Dès 40 € 2/5 passagers.

En Périgord Vert, entre Thiviers et Excideuil, venez faire une balade originale entre amis ou en famille, avec des enfants ou non. Le vélorail est un loisir très familial, qui permet d'engranger de beaux souvenirs. Le parcours est ombragé et agréable, toujours sous la conduite d'un adulte responsable. C'est assez sportif au départ de Corgnac, avec un dénivelé de 90 m, l'assistance électrique vient en aide aux pédaleurs (pour 5 passagers au total). Oui, mais c'est pour mieux se reposer au retour. Le second parcours vers Excideuil offre un passage sur un viaduc.

LE BELVÉDÈRE DORDOGNE €€

8, Chemin des Penassoux
✆ 06 13 16 15 48
www.le-belvedere-dordogne.com
Chambre double dès 85 €. Petit déjeuner 10 €/pers. Menu dés 35 €.

Dans une chartreuse construite dans les années 80 dans un parc de 2 hectares, vous bénéficierez de prestations de standing dans l'une des chambres de 20 à 30 m², dont 2 suites. La terrasse entoure la piscine sur 3 côtés, accès direct depuis la salle à manger. Dans le grand parc planté de près de 300 espèces végétales, vous pourrez observer les agrumes cultivés sous la serre de 400 m². Pour les motards et les cyclistes, un parking fermé pourra être mis à disposition. A partir de produits locaux, le chef vous propose ses 3 menus. Soins esthétiques, massages.

AUBERGE LA SOBRONADE €€

Le Bourg - **VAUNAC**
✆ 05 53 52 39 29
www.aubergelasobronade.fr
Ouvert à l'année. Du lun au jeu midi & soir ; ven & dim le midi. Menu 26 €-35 €. Formule midi 15,50 €. Chambre dès 47 €.

Une auberge de campagne chaleureuse et sans chichi, comme on les aime. On y déguste une cuisine périgourdine et familiale, en salle ou en terrasse. Les assiettes sont généreuses et les menus… longs ! Soupe, entrée, plat, fromage et… il faut garder de la place pour le dessert maison. A la carte, testez la braserade (2 pers minimum), le canard ou les gambas flambées. C'est une excellente halte bien au calme dans un petit village du Périgord vert où vous pourrez aussi séjourner puisque l'auberge propose également huit chambres coquettes.

FERME DE LA NOLPHIE

La Nolphie
SARRAZAC
✆ 07 81 15 34 37
www.fermedelanolphie.com
Vente sur place le mercredi de 15h à 19h.

Fanny et Hervé ont vu dans ce domaine de 7 ha un cadre idéal pour leur projet permaculture ; une trentaine de variétés de légumes, des aromatiques, des plants et des petits fruits (fraises, framboises, cassis…) tous *bio* poussent sur 3 000 m² de terre. On y trouve aussi du miel et des œufs. La vente se fait sur place, dans « La petite boutique » tous les mercredis de 15h à 19h ; les paniers (5 variétés de légumes mini) peuvent être livrés sur les lieux de travail (mercredi soir à Thiviers et jeudi matin à Périgueux), engagement minimum pour 6 paniers par trimestre.

PLAN D'EAU LES GRÉSILLES

✆ 05 53 55 27 00

Fermé de septembre à juin. Haute saison : ouvert tous les jours. Entrée libre.

Le plan d'eau municipal « Les Gresilles », à Nantheuil, dispose d'une plage de sable de mer. La baignade est autorisée et même recommandée par les chaudes journées d'été. Elle est surveillée par les maîtres nageurs du 1er juillet au 31 août.Les baigneurs peuvent pique-niquer dans le parc ombragé situé à proximité. De nombreux jeux pour les enfants sont disponibles. Entrée gratuite, restauration sur place tous les jours (midi et soir), glaces, snacks, pizzas. Le site est superbe pour des journées de farniente et l'eau est limpide, car analysée fréquemment.

VILLARS

Villars est surnommé « le village aux trois merveilles », mais il en compte en réalité bien plus que cela. Bâti sur une ancienne maison forte médiévale, le Château de Puyguilhem datant du XVIe siècle, classé aux Monuments historiques, est incontournable : son architecture en fait un bijou de la Renaissance. L'abbaye de Boschaud, quant à elle, ne montre que ses vestiges, mais il ne fait aucun doute sur sa beauté. Dans un autre style, la grotte de Villars est aussi classée aux Monuments historiques, et abrite des peintures rupestres du Paléolithique Supérieur. Parmi elles, une figure rare de l'art pariétal : un humain, désigné ici comme un « sorcier ».

VOIE VERTE - FLOW VELO

8, place Foch

✆ 05 53 55 12 50

www.perigord-vert.com

Ouvert toute l'année.

Situé sur une ancienne voie ferrée construite à la fin du XIXe siècle et qui reliait les communes du nord de la Dordogne, cet itinéraire de promenade entre Thiviers et Saint-Pardoux-la-Rivière propose un circuit de 17 km, accessible seulement pour les randonneurs pédestres, cyclistes et équestres. Il invite à la découverte du patrimoine et du paysage. Le circuit dessert les villages, dont Saint-Jean-de-Côle, un des plus beaux villages de France et Thiviers. Ce circuit s'inscrit dans le projet Flow Vélo, 290 km d'itinéraire vélo reliant l'Atlantique au Périgord.

ABBAYE DE BOSCHAUD ★

✆ 05 53 05 80 63

www.perigord-dronne-belle.fr

Ouvert toute l'année. Gratuit.

L'abbaye de Boschaud, fondée en 1154, fut l'une des quatre abbayes cisterciennes du Périgord. Elle associe les principes architecturaux de l'ordre à un style Périgord, avec une nef unique voûtée d'une file de coupoles sur pendentifs. Le dernier abbé fut Dom Pérignon en 1791. Elle a subi les vicissitudes de l'Histoire : révoltes, pillages, la guerre de Cent Ans et la Révolution française. Classée Monument historique, elle revit grâce à une association, Les amis de Boschaud, et à la communauté de communes qui l'ouvre à des programmations et spectacles régulièrement.

© RÉMY MASSEGLIA - FOTOLIA

CHÂTEAU DE PUYGUILHEM

✆ 05 53 54 82 18
www.chateau-puyguilhem.fr
Horaires modifiables/crise sanitaire. Haute saison tous les jours 10h-12h30/14h-18h30. Adulte (+18ans) 6 € (réduit 5 €).

Ce château, un des fleurons de la Renaissance, se découvre au détour d'une allée forestière. Abandonné et pillé au XIXe siècle, il a été acquis par l'Etat en 1939 et a bénéficié d'un long chantier géré par les Monuments nationaux. Construit par un proche de François Ier il est orné de sculptures à la mode florentine : salamandres, visages royaux, musiciens. L'intérieur offre de monumentales cheminées et un splendide salon de réception (travaux d'Hercule). Au 2e étage sa charpente est remarquable. Il est entièrement meublé et dispose de tapisseries d'Aubusson.

GROTTE DE VILLARS ★★

Le Cluzeau
✆ 05 53 54 82 36
www.grotte-villars.com
Avril, mai, juin, septembre 10h-12h/14h-19h. Juillet, août 10h-19h30. Octobre 14h-18h. Adulte 10,50 €. Enfant 7 €.

Impressionnante et authentique, cette grotte possède des concrétions naturelles et une trentaine de peintures du magdalénien ancien, soit plus de 18 000 ans av. J.-C., authentifiées en 1958. La visite se fait dans un air frais (13 °C), et l'on peut admirer le superbe cheval bleu, des bouquetins et un homme attaqué par un bison. Cette dernière, dite « scène du Bison et du sorcier », est l'une des rares représentations humaines de l'art préhistorique. Des merveilles géologiques (stalagmites, stalactites...) sont aussi mises en valeur grâce au son et lumière.

SENTIER PRÉHISTORIQUE DE LA GROTTE DE VILLARS

Le Cluzeau
✆ 05 53 54 82 36
www.grotte-villars.com
Ouvert tous les jours du 1er avril à la fin des vacances de Toussaint. Adulte : 10,50 €.

Si la vie de nos ancêtres vous intéresse, mais que descendre sous terre ne vous plaît pas vraiment, ce site est une bonne solution. Le sentier préhistorique aménagé autour de la grotte sur le thème de l'homme de Cro-Magnon, accessible aux poussettes, dévoile le mode de vie et l'habitat des hommes des cavernes. Une vidéo vous en dira plus et des ateliers pédagogiques vous offrent même la possibilité de vous entraîner à la chasse ou à la peinture rupestre !

CHÂTEAU DE VILLARS €€

Rue du Moulin
✆ 05 53 03 41 58
www.chateaudevillars.com
100 % sans gluten. Fermé du 15 septembre au 15 mai. 5 chambres (minimum deux nuits). Dès 105 €. Petit déjeuner inclus.

C'est l'histoire d'un très joli petit château rural qui en a vu des vertes et des pas mûres ! Tour à tour hôtel, colonie de vacances, restaurant, il aurait pu mal finir… C'est tout au contraire une magnifique demeure haute en couleur qui vous accueillera. Les 5 chambres ont toutes leur caractère personnel. Le service est charmant. Le must : le petit déjeuner composé de produits maison et locaux, 100 % sans gluten, est servi sur la terrasse au calme. Dans le parc, un gîte de 2 chambres garantit un séjour dans un cadre très confortable, à deux pas de la piscine.

QUINSAC

Quinsac abrite, à 1 km du bourg, le Château de Vaugoubert, protégé au titre des Monuments historiques. Cet impressionnant édifice en pierres blanches surplombe la vallée de la Dronne. Il fut presque entièrement reconstruit aux XVIIIe et XIXe siècle, mais ses deux tours datées du XVe siècle sont encore debout. Dans le village, une balade bucolique vous emmènera le long de l'ancien pont sur la Dronne, au lavoir, à la demeure de La Chartreuse, aux deux chapelles que Quinsac doit au comte d'Aydie du château de Vaugoubert, et à l'église Saint-Saturnin dont la coupole, le sanctuaire et le clocher datent du XIIe siècle, et qui fut restaurée au XIXe siècle.

L'ENTRE DEUX VERRES €€

8, place Aristide BRiand
✆ 05 56 64 16 24
www.lentredeuxverres.com/
Ouvert du jeudi au lundi midi & soir, sauf dimanche soir. Menus 30/50 €. Menu enfant 12 €. Formule du jour (midi) 17 €.

Tenu par Magali et Yoann Gérard-Huet, L'entre deux verres est un restaurant bistronomique au cadre élégant qui propose une cuisine généreuse et raffinée : lancez-vous avec un œuf parfait qui porte bien son nom. En plat principal, le chef décline le carré d'agneau rôti avec une mousseline d'artichaut, et réveille le suprême de poulet avec une farce au chèvre et à la tomate. Mais c'est son ris de veau, disponible lorsque c'est la saison, qui fait l'unanimité. Le tout accompagné évidemment d'un verre (ou deux) de leur meilleur vin, et le temps s'arrête.

SUR LA ROUTE DES CHÂTEAUX DU PÉRIGORD VERT

LIEUX	Km cumul	Km partiel	Routes
Nontron	0	0	Mairie
Mareuil	24,2	24,2	D675/ D708
Coté de la Bure	29,4	5,2	D99
Nontron	53,6	24,2	D87 / D93/ D87 / Les Fours / D95 / route de la via gallo-romaine/ D75

NONTRON ★

Nontron porte à juste titre nommée capitale du Périgord vert, vous séduira par ses vieilles demeures et ses remparts, ultimes vestiges de sa forteresse médiévale, fortement endommagée par les guerres de religion et la Révolution. Préalablement ancienne implantation celte, puis romaine, la cité occupe un promontoire dominant les gorges du Bandia. On y raconte que Richard Cœur de Lion, blessé au cours du siège de Nontron, s'en fut mourir à Châlus. Pour les petits et les grands bricoleurs, la visite de la coutellerie nontronnaise s'impose. Elle existe depuis 1653 et jouit de plusieurs siècles d'expérience dans la fabrication de couteaux traditionnels.

ATELIER/MUSÉE DU TISSERAND ET DE LA CHARENTAISE ★

Château

VARAIGNES

✆ 05 53 56 23 66

Fermé nov à mars. Haute saison du lun au sam 10h-12h et 14h-18h, dimanche 14h-18h. Adulte 3,80 €. Enfant 2,30 €.

L'Atelier-musée du tisserand et de la charentaise retrace l'histoire de l'activité textile du Périgord-Limousin, berceau de la pantoufle Charentaise. Il expose des créations textiles contemporaines, gérées par l'association Fils et Métiers. Tous les savoir-faire textiles régionaux, du travail du chanvre et de la laine à la technique du cousu-retourné des charentaises sont ici présentés. Les salles du château qui abritent le musée, aux noms des nombreuses usines locales, rappellent ce riche passé textile. On peut y voir la filature, les machines à découper et à coudre les célèbres « charentaises ». Les premiers ateliers de pantoufles se sont créés entre 1880 et 1910, ils vivent des rebuts de feutres de papeterie. Au début du XXe siècle, les ventes de pantoufles augmentent considérablement. Les fabriques de feutre pour papeterie se mettent alors à produire spécialement du feutre pour pantoufles. La « Charentaise » était née. Elle fera la richesse du Haut-Périgord jusqu'aux années 70, avec plus de 70 entreprises qui produisaient des charentaises autour de Nontron. Puis la mondialisation est passée par là et l'impossibilité de lutter contre la concurrence asiatique. Aujourd'hui, la pantoufle est à nouveau tendance grâce au télétravail et à nos envies de cocooning. Espérons que la mode et les confinements ramèneront en pays Nontronnais, le savoir-faire qui a fait sa gloire autrefois. Marché des tisserands annulé en 2021. Visites animées organisées par le CPIE.

CHAPELET DU DIABLE ET ROC BRANLANT

Le Bourg, le Grand Etang

SAINT-ESTÈPHE

Ouvert à l'année, gratuit, pour tous avec de bonnes chaussures de marche.

Le Périgord regorge de légendes et de contes. Parmi les plus célèbres en Périgord Vert, découvrez la légende du novice et du diable à Saint-Estèphe. On raconte que ces blocs granitiques ont été jetés là comme défense, par un jeune novice poursuivi et tenté par le Diable. N'ayant rien d'autre sous la main, il aurait sacrifié les perles de son chapelet, qui se seraient immédiatement changées en pierres et auraient effrayé le Malin. Le roc branlant, bloc de granit de 3 mètres sur 3, fut laissé en équilibre sur une table rocheuse par le lent travail des eaux de la rivière au milieu de laquelle il se trouve. Contrairement à la foi du jeune religieux, qui était inébranlable, ce roc se balance facilement d'une simple poussée. Un chapelet (ou chaos granitique) de blocs de granit s'étend sur une centaine de mètres, laissant surgir, ici et la, l'eau en clapotis discrets. Un bief (ancien canal amenant l'eau aux « Petits moulins ») a été aménagé. Il invite à découvrir des plantes tout au long d'un sentier ethno-botanique. Si vous allez un jour en promenade partant du Grand Etang vers l'Etang des Cygnes, escaladez donc le « Chapelet du Diable » et tordez une pièce de monnaie sous le « Roc Branlant », il paraît que cela porte bonheur si vous la gardez dans votre poche ! Cette histoire fabuleuse, amusera petits et grands, le long du chemin. Le sentier, au départ du parking du centre Bourg de Saint-Estèphe, est très bien balisé. Attention la fin est pentue et en escalier.

CHÂTEAU LE VERDOYER €€

CHAMPS-ROMAIN

✆ 05 53 56 94 64

www.verdoyer.fr

5 belles chambres d'hôtes au cœur d'un château du XIVe siècle dès 65 €/nuit.

Au cœur d'un parc de 23 ha à plus de 300 m d'altitude, le château domine le camping, les étangs pour la pêche, piscines à 3 niveaux, toboggan de 37 m. Les enfants ont leurs aires de jeux en plein air et des salles de jeux électroniques. Dans le château se trouvent les 5 chambres d'hôtes toutes différentes. La priorité est donnée à l'accueil et au confort. Laissez vous aller à profiter de vos journées. Le restaurant est sur le côté du château et reconnu pour sa cuisine gastronomique et sa grande salle qui donne sur les étangs et la grande terrasse.

CHÂTEAU DE BEAUVAIS

Le Bourg
LUSSAS-ET-NONTRONNEAU
© 06 20 31 32 49
Ouvert en août du mar au sam à 11h et 14h30 et dimanche à 14h30. Ou sur RDV par téléphone. Adulte 5 €. Enfant 3 €.

Christine et son mari se battent pour entretenir et faire vivre le Château de Beauvais, qu'ils habitent à l'année avec leurs 5 filles, qui espérons-le, ne manqueront pas de les soutenir dans leurs efforts. Une collecte de mécénat est ouverte sur internet pour les aider dans la restauration de ce bien familial. La réfection de l'intégralité des toitures est achevée. Mais il faut encore parer à celle des écuries, des dépendances et des murs de clôture du parc, la restauration extérieure du château et de quelques pièces ouvertes au public; Les propriétaires souhaitent aussi faire renaître les jardins à la française. Ce château en surplomb d'un vallon fait partie d'un ensemble de quelques demeures proches les unes des autres et dont l'histoire est liée. Celui-ci est flanqué de 2 tours rondes à mâchicoulis. Construit par la famille du Faure de La Roderie entre 1533 et la fin du XVIe siècle, il marque un retour de l'architecture médiévale à l'époque Renaissance avec un long corps de logis à hautes cheminées, fenêtres à meneaux, tours épaisses à toit conique. Le colombier et le puits couvert décorent le parc arboré. L'objectif de rénovation 2021 est le portail principal d'entrée, si bien que le cheminement de visite a été modifié. Toutes les visites sont accompagnées par un membre de la famille, qui privilégie l'échange avec les visiteurs et le partage de l'objet de leur passion. La visite dure environ une heure et inclut dorénavant les anciennes caves, l'ancien garde-manger et la salle à manger qui a été entièrement refaite.

CHÂTEAU DE NONTRON ★

Le Château ne se visite, pas sauf les caves accès gratuit par L'Office Tourisme.

Le Château date du XVIIIe siècle. Il a été bâti sur l'emplacement d'un ancien château fort dans lequel résidaient les Seigneurs de Nontron. On peut encore en voir, dans le sous-sol du Château actuel, des salles voûtées et les bases d'un donjon datant de l'époque où Roger, Comte de Limoges, et sa femme Euphrasie donnent par testament, du 19 mai 785 le château de Nontron aux moines de l'Abbaye de Charroux en Poitou, qui devaient fonder 19 ans plus tard le Monastère Saint-Sauveur. Le château fut cédé aux vicomtes de Limoges en 1258, ces derniers étant mieux en état pour défendre un domaine de ce genre. Dans le parc en terrasses dominant le Bandiat, existe encore un petit bastion avancé qui surveillait l'accès de la vallée. Huit voûtes soutenant la première terrasse donnent à l'ensemble un aspect assez grandiose. Le Château fut incendié en 1672 et en 1713.Le Château actuel fut reconstruit à l'emplacement du premier entre 1768 et 1772 par le Marquis de Laire, Président du Parlement de Bordeaux, qui le céda au Comte de Laramière, qui le vendit à son tour à M. De Mazerat, dernier Juge sénéchal de Nontron avant la Révolution, qui acheva sa construction et l'embellit. Il passa successivement à mme de Lagorne (petite-fille du précédent possesseur) et, par succession, à son petit-fils le Comte de Saint-Sernin. Le château fut ensuite acheté par Marie-Camille de Monneron au milieu des années 1970. La Commune de Nontron est maintenant propriétaire depuis 1984. Il accueille pour l'instant le pôle des métiers d'art et l'Office de Tourisme.

AUX CAPRICES D'ANTAN

3, Boulevard du Palais
© 05 53 60 37 12
Ouvert le lundi, le mardi et du jeudi au samedi de 6h30 à 13h et de 15h à 19h30 ; le dimanche de 6h30 à 12h30.

Avis aux gourmands et aux becs sucrés ! Nous sommes là, à une très bonne adresse pour déguster petits et gros gâteaux. Difficile de vous conseiller, tellement le choix est vaste et la qualité omniprésente. On craque pour les petits bijoux : Rubis de fruits (mousse vanille insert framboise cerise et croquant chocolat blanc), Diamant chocolat (mousse chocolat insert caramel et croquant praliné cacahuète) et Éclat tonic (mousse vanille insert citron et croquant chocolat blanc). Les pains spéciaux bien croustillants sont très appréciés également.

BOUTIQUE DU POLE EXPÉRIMENTAL DES MÉTIERS D'ART

15, avenue du Général Leclerc © 05 53 60 50 77
https://metiersdartperigord.fr/
Ouvert du lundi au samedi de 10h à 13h et de 14h à 18h, 7j/7 en juillet-août. Stages, ateliers, cours, animations.

Rendez-vous dans le château de Nontron, où se déroulent les expositions du Pôle Expérimental, cette boutique est la vitrine des métiers d'art et des artistes de la région. Elle propose des collections saisonnières et en relation avec les expositions du Pôle. Céramique, tapisserie, bois tourné, reliure, ferronnerie d'art. Ce sont près d'une vingtaine d'activités qui sont présentées. Des idées de cadeaux originales, des objets souvent uniques à des prix raisonnables. Boutique en ligne.

COUTELLERIE NONTRONNAISE

Place Paul Bert
✆ 05 53 56 01 55
www.coutellerie-nontronnaise.com
Ouvert à l'année. Du lundi au vendredi 9h-12h et 13h30-17h30. Visite libre et gratuite. Boutique jusqu'à 18h30.

Le Couteau de Nontron fait la fierté des Nontronnais, reconnaissable entre tous grâce à ses mouches (le V inversé et les trois points) qui ornent son manche de buis blond. Le premier maître coutelier installe son atelier à Nontron en 1653. Depuis, le couteau se fabrique toujours à la main. La lame des modèles fermants en acier 440 inoxydable est en forme de feuille de sauge, les manches en buis se terminent par un sabot, une boule ou une queue de carpe. Les mouches font depuis longtemps parler d'elles, rien ne les explique officiellement et plusieurs hypothèses relaient toujours la légende : d'un dessin d'origine maure, au symbole religieux en passant par les compas maçonniques, leur mystère contribue pour partie au succès de ces couteaux. La fabrique est située dans un bâtiment moderne – inox et bois se conjuguent pour symboliser les matériaux constitutifs du couteau – où l'on peut découvrir la fabrication derrière des baies vitrées. Une quinzaine de professionnels perpétuent ce savoir-faire séculaire et chaque couteau est confectionné de A à Z par son monteur. La gamme « art de la table » a été créée en collaboration avec des designers, elle allie savoir ancestral et les tendances esthétiques contemporaines. Christian Ghion, est le créateur entre autres, du couteau TD, récompensé par le premier prix des TADI (Trophée Aquitains du Design Industriel). 60 000 à 70 000 couteaux sortent chaque année de la Coutellerie, labellisée Entreprise Patrimoine Vivant. Visite et vente sur place ou en boutique en ligne.

MAREUIL EN PÉRIGORD

Mareuil en Périgord, appelé souvent Mareuil-sur-Belle, est le siège de l'une des 4 anciennes baronnies du Périgord. Hervé de Mareuil, un grand personnage fut désigné comme un des plus importants barons de Poitou. Une autre pointure illustre fut Raymond de Mareuil, évêque de Bordeaux en 1142. La bourgade dynamique vaut le détour pour faire une halte sur son marché du mercredi ou chez ses sympathiques commerçants. La cité attire aussi une clientèle étrangère, notamment britannique. Côté culture, son château d'époques hétéroclites est incontournable. A proximité immédiate, découvrez le site naturel des Tourbières de Vendoire pour une balade instructive.

CHÂTEAU DE MAREUIL ★

27, rue du Château
Ouvert du 15 avril au 15 novembre. Adulte : 7 € (tarif réduit : 4 €). CB non acceptée.

Siège de l'une des quatre baronnies du Périgord, le château des XIIe et XVe siècles au système de défense remarquable fut la propriété de la famille de Talleyrand. Néanmoins démoli par la guerre de Cent Ans, incendié par les guerres de Religion, ce château a été maintes fois restauré. Les logis, joints par un donjon du XVe, présentent du mobilier Louis XV. La chapelle gothique flamboyant (sur rendez-vous), présente une belle cheminée. Vous y découvrirez des souvenirs napoléoniens uniques en Périgord. Une forteresse un peu anachronique, mais pleine de charme !

CHÂTEAU LES BERNARDIÈRES

✆ 02 47 46 18 73
www.perigord-dronne-belle.fr
Ouvert de juillet à septembre. Visite guidée individuelle sur demande.

Le château les Bernardières est planté sur le roc dominant la Nizonne. Ici en 1377, Bertrand du Guesclin chassa les Anglais après avoir mis le feu au château. Reconstruit au XVIIe siècle, il passa notamment entre les mains d'Antoine d'Authon, corsaire plus connu sous le nom de Barberousse. Plus tard, les comtes d'Aydie l'agrandirent en le dotant de terrasses. Il est situé un peu à l'écart du village et a été patiemment restauré par ses propriétaires actuels. A côté du donjon médiéval, la construction du XVIIe siècle est constituée par un vaste logis Renaissance.

LES DEUX ABBESSES EN VERT €

Malignac ✆ 06 76 82 85 10
www.lesdeuxabbessesenvert.fr
4 formules gîtes dès 50 €/nuit. 3 chambres. Chambre double dès 155 €. Service petite faim. Restauration.

Laurence et Pierre, passionnés de chevaux, vous invitent dans leur superbe domaine où des chevaux pur-sang arabes vivent en liberté. Les 3 chambres inspirées de contes et légendes vous attendent. A proximité, une ancienne grange a été restaurée et transformée avec goût en gîtes allant de 4 à 18 personnes. Au programme cuisine végétale à déguster ou sous forme d'atelier, marche méditative au milieu des chevaux et goûter grattouille avec les pensionnaires du domaine.

SITE NATUREL DES TOURBIÈRES DE VENDOIRE

Le Petit Lion - **VENDOIRE**

✆ 05 53 90 03 10

www.tourismeperigordvert.com

Du 01/05 au 30/09, tous les jours sauf mardi. Accès libre gratuit. Visite accompagnée sur rdv, 3 €/pers dès 10 ans.

Le site des Tourbières de Vendoire constitue un véritable îlot de nature au milieu de terres cultivées. Son aspect sauvage, la diversité de ses habitats et sa grande richesse entomologique en font un lieu original à fort intérêt patrimonial. Idéal pour se ressourcer. Le Site, classé Natura 2000, est une zone humide originale et méconnue, située au fond de la vallée de la Lizonne. Elle constitue une tourbière basique liée à une faune et une flore singulières et diversifiées. Du 1er mai au 30 septembre, la Maison des Tourbières, permet de découvrir l'histoire naturelle des lieux et l'histoire passée liée aux activités humaines. Le site des tourbières est en lui-même ouvert toute l'année en accès libre. Grâce à un ensemble de panneaux didactiques, vous découvrez à votre rythme la faune, la flore spécifique au site et surtout l'usage de la tourbe. La Maison des Tourbières vous propose aussi une visite accompagnée de deux heures environ sur réservation et sur des thèmes liés à l'environnement des tourbières. Par ailleurs, l'été tous les vendredis, des surprises vous attendront en journée ou en soirée avec des activités très variées : atelier cuisine des plantes sauvages, atelier de découverte sensitive, soirées festives avec concerts et repas en pleine nature, des soirées contées, des balades à dos d'âne. Petits et grands y trouveront leur compte, dans un environnement rare, préservé, fragile. Le programme complet est à retrouver sur le site internet et sur les réseaux sociaux.

CHÂTEAU DE CLAUZUROUX €€

Clauzuroux - **CHAMPAGNE-ET-FONTAINE**

✆ 05 53 91 03 49

www.chateaudeclauzuroux.com

Chambre double dès 100 €.

Les chambres d'hôtes ont été aménagées par Patrick et Séverine dans le château (XVIIe- XVIIIe s.). Les chambres d'hôtes ont pour nom : Coco, Estampe, Rouge, Jaune, Verte. A vous de choisir l'ambiance ou le style, de l'épuré contemporain aux boiseries d'époque Régence. Elles ont en tout cas toutes fière allure ! Ce magnifique domaine périgourdin (avec porche, pigeonnier, moulin...) possède un parc d'agrément au nord et un jardin à l'est qui a conservé son tracé de 1776. L'ensemble est splendide. Deux gîtes, le Chai et l'Orangerie complètent l'offre d'hébergement.

LE VIEUX MAREUIL €

8, Rue des deux lavoirs

✆ 05 53 56 47 80

Le lundi, le mardi et du jeudi au samedi de 9h à 19h ; le mercredi midi. Livraison de pizzas à domicile à 5 km.

Lætitia et Gérald vous accueillent dans leur bistro situé entre Mareuil et Brantôme. Le menu du jour a ses habitués. La viande est locale, le canard vient de la ferme d'à côte. Tous les desserts sont faits maison, crème brûlée, île flottante… Les groupes peuvent réserver et la salle peut aller jusqu'à 40 personnes. Une petite terrasse permet de siroter un verre entre amis, ou en attendant les amis. Un parking est situé juste à côté de l'établissement. Une salle lumineuse avec accès plein pied et un baby-foot pour des parties entre copains.

Site Naturel des Tourbières de Vendoire.

AU FIL DE LA DORDOGNE

PARCOURS GPX

LIEUX	Km cumul	Km partiel	Routes
Trémolat	0	0	Centre-ville
Limeuil	7	7	D31
Alles-sur-Dordogne	11	4	D51E
Badefols-sur-Dordogne	20	9	D29
Couze et Saint-Front	27	7	D29
Port de Mouleydier	37	10	D37
Saint-Capraise-de-Lalinde	42	5	D660
Lalinde	49	7	D660 D703
Mauzac et Grd Castang	56	7	D703 D31
Trémolat	64,5	8,5	D31

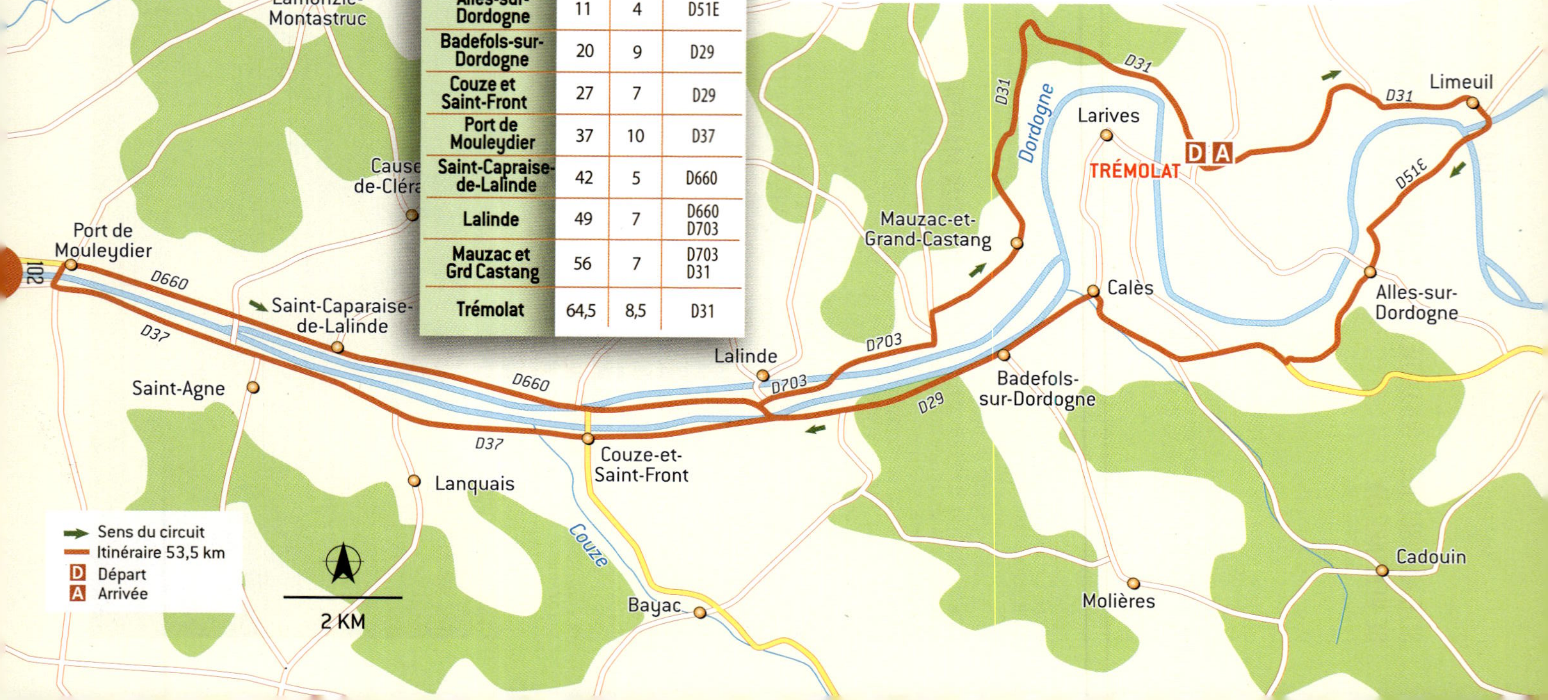

TRÉMOLAT ★

En partant de Limeuil, il faut marquer un arrêt sur la hauteur pour savourer le point de vue admirable sur le confluent de la Vézère et de la Dordogne, et plus loin sur le cingle de Trémolat dont les boucles gracieuses enroulent les terres fertiles et chatouillent les falaises. Ce village fortifié ne porte plus beaucoup de traces de ses remparts, mais il reste des maisons fortes et une église forteresse du XIIe siècle avec murs aveugles et meurtrières, chambres de défense et trois coupoles sur chapiteaux sculptés. On y vient aussi pour la gastronomie avec une institution locale, le fameux Vieux logis et ses émanations. De quoi se régaler !

LE RESTAURANT LE VIEUX LOGIS €€€

Le Bourg ✆ 05 53 22 80 06

www.vieux-logis.com

Ouverture mai 2021. Basse saison du vendredi au mardi midi et soir. Haute saison 7j/7 midi et soir. Menus 100-130 €.

Depuis 20 ans, le chef Vincent Arnould, MOF en 2007, revisite avec finesse le terroir. Le restaurant Le Vieux Logis, 1 étoile Michelin®, est lové dans un ancien séchoir à tabac réhabilité tout en pierre et bois. Aux beaux jours, le service s'effectue à l'ombre des tilleuls face au jardin. A la carte, des plats à l'intitulé simple, cachant un talent et une créativité rares avec des ingrédients majeurs pour de somptueuses propositions estivales : truffe blanche d'été, veau, abricot...

CAMPING DU BASSIN NAUTIQUE DE TRÉMOLAT*** €€

Moulin d'Aval

✆ 05 53 22 81 18

Ouvert d'avril à fin octobre. Emplacement + véhicule + 2 personnes (avec 6A) : de 16 € à 27 €. Wifi. Aire camping-car.

Au cœur d'un village typique du Périgord Noir, ce camping bénéficie d'un cadre exceptionnel. Il est situé au bord de la rivière Dordogne et offre à la fois repos, calme, détente et la possibilité de pratiquer de nombreuses activités en saison : ski nautique, tennis, pêche, canoë, piscine. A proximité, vous trouverez également d'autres animations : minigolf, équitation, escalade, tir à l'arc, voile, circuits de randonnées. De la nature et de bons moments de repos en perspective.

LIMEUIL

Nous sommes à la charnière de 2 vallées connues et reconnues, la Dordogne et la Vézère. Ce village dégringole le long de la falaise, et se savoure en marchant à la rencontre des trois portes fortifiées restant accrochées à quelques traces de remparts. La charmante petite église romane de Saint-Martin de Limeuil a plus de 800 ans. Ses proportions, son chœur en cul-de-four, sa charpente impeccable en font un régal pour l'œil. A l'intérieur, la coupole à la croisée de transept et les bribes de fresque valent la visite (de mai à octobre, tous les jours). L'association, à qui l'on doit sa restauration, y programme des concerts de haute tenue durant l'été.

LES TARTINES ETC. €

✆ 05 53 27 08 67

www.vieux-logis.com/les-tartines-etc/

Fermé du 31 octobre au 15 mars. Ouvert du vendredi au mardi et fériés de 11h45 à 21h. Vin au verre. Terrasse.

Peut-on vraiment parler de fast-food périgourdin ? Cette table, rattachée au Vieux Logis, vous propose des plats à partager à l'apéro style tapas (croquettes de canard maison, tarama de cabillaud de la maison Petrossian, jambon ibérique pata negra, fromages de pays, etc.), des tartines (chèvre frais, jambon cru, tapenade, poivrons marinés et truite marinée, pomelos, crème et aneth), des burgers périgourdins (pain de maïs, steak de canard, Trappe d'Echourgnac), des sandwiches, sans oublier des desserts bien gourmands en verrines à dominante fraise ou citron.

LES JARDINS PANORAMIQUES DE LIMEUIL ★

Place des Fosses ✆ 05 53 73 26 13

www.jardins-panoramiques-limeuil.com

Ouvert d'avril à octobre. Juillet et août tlj 10h-20h. Adulte 9 €. Enfant de 6 à 18 ans 6 €. Chèque Vacances.

L'association Au fil du temps anime ces jardins thématiques, pédagogiques, ludiques et interactifs. Ce parcours rafraîchissant serpente entre les arbres, dans la verdure, près de l'étrange château de style mauresque. Un jardin à l'anglaise et des jardins contemporains permettent de profiter du magnifique point de vue. La ruche pédagogique permet de plonger dans l'univers des abeilles. Visites libres ou en participant à un escape game nouveau chaque année. Chiens autorisés en laisse.

À L'ANCRE DE SALUT €€

Le Port
✆ 05 53 63 39 29
ancredesalut.com
Ouvert de Pâques à Toussaint. Menus 23 € et 29 €. Menu enfant 10 €. Brasserie et snack. Terrasse.

Cet ancien siège de bateliers est un bar – ouvert toute l'année – et restaurant de village – ouvert en saison. La salle de vieilles pierres et lambris présente des expositions. Les deux terrasses ombragées sont ouvertes sur le confluent de la Vézère et de la Dordogne. La cuisine familiale est bonne pour le ventre comme pour le porte-monnaie. L'assortiment de viandes est servi avec un copieux accompagnement. Les assiettes sur le pouce sont impeccables pour une étape en terrasse avec une mousse. Des concerts sont organisés tous les vendredis soir.

POTERIE DE RATILLOU

Route du Bugue
✆ 05 53 61 04 81
Visite de l'atelier et réservation des stages sur rendez-vous.

Christine Robert pratique la poterie depuis plus de quarante ans, avec toujours autant de passion et d'enchantement. Sa longue carrière l'a déposée sur les bords de la Dordogne où elle exerce dorénavant son art. Sa technique privilégiée réside dans une technique particulière, celle du tournage du gré du Berry, travaillé ensuite au pinceau. En dehors de ses créations proposées à la vente dans son atelier, elle se propose aussi d'accueillir petits et grands lors d'ateliers d'expression/création pour les accompagner dans la découverte de l'argile.

LES BALCONS DE L'ESPÉRANCE €

Gorgeval
✆ 06 88 82 54 30
www.balconsdelesperance.fr/
Ouvert toute l'année. Menu à 25 € (entrée, plat, dessert).

L'emplacement de cet hôtel-restaurant/spa est déjà magique, perché sur les hauteurs de Limeuil, il jouit d'une vue magique sur la Dordogne. Les produits locaux sont à l'honneur grâce à des partenariats avec des producteurs de viandes, de truite, de fruits et légumes... La table est appréciée. Si vous disposez de moins de temps, n'hésitez pas à venir profiter de la terrasse autour d'une belle glace fabriquée par Roland Manouvrier, Maître glacier en Périgord depuis 1988.

ALLES-SUR-DORDOGNE

Alles-sur-Dordogne est un village avec un petit bourg-centre et de nombreux hameaux où il est bon de faire une pause : une quiétude douce et sereine s'y ressent, parfaite pour retrouver son souffle, se laisser aller à une sieste au bord de l'eau ou y faire trempette pour se rafraîchir, ou savourer un repas et reprendre des forces. La Dordogne borde tout le long du village, et l'envahit de sa jolie mélodie. Regardez au loin, les collines, le pont, la rivière, une île arborée, rien de plus simple et pourtant rien de plus beau. Oubliez la foule des grands sites touristiques, seules les cloches de l'église rythmeront votre escapade...

DOMAINE DE LA VITROLLE

✆ 05 53 61 58 58
www.la-vitrolle.fr/vin/
Vente au domaine sur rendez-vous. Hébergement en résidences et au manoir dès 97 €/nuit.

En 1986 sort des barriques de chêne la première cuvée. L'objectif de produire un vin de haute qualité est atteint. Provenant de cépages Merlot alliés au sol argileux et calcaire de la région, il séduit les restaurateurs et la clientèle de passage. Cette qualité est régulièrement récompensée par l'obtention de médailles lors de foires et salons. Le Domaine de la Vitrolle produit des vins de pays du Périgord IGP, mais aussi du jus de pomme, du pétillant de pomme, du cidre et du vin mousseux. Il propose également la vente de pommes et mirabelles cueillies sur place.

LE PORT DE LIMEUIL**** €€

Le Port de Limeuil ✆ 05 53 63 29 76
www.leportdelimeuil.com
Ouvert de fin avril à fin sept. Mobil-home 4 pers de 270 à 950 €/semaine. Piscine, jeux, pêche, sports nautiques, bar.

Le camping est situé face au village de Limeuil, en bord de plage, dans un espace de 7 ha herbeux et ombragé. Cela fait plus de 20 ans que le port de Limeuil accueille les vacanciers à la confluence de la Dordogne et de la Vézère. Il comprend 100 emplacements avec piscine chauffée et bain bouillonnant, jeux, location de vélos et de canoës, accès à la plage tout le long du camping... Vous pourrez louer des mobil-homes dont certains ont une vue privilégiée sur la rivière et Limeuil. De nombreuses animations sont organisées, de quoi passer des vacances réussies !

AUX CHAN'DWICHS €

LD SORS
✆ 06 50 37 34 22
Place de la mairie de Allès, jours variables selon saison dès 18h30. Et sur les festivals et concerts autour du Bugue.

On vous prépare de bons burgers faits maison avec un pain bio, retrouvez les sauces du chef dans les burgers : Classic, Le Savoyard au Reblochon, le Périgourdin avec son effiloché de canard et sa sauce aux cèpes, le Végétarien et le veggie. Retrouvez le food-truck chaque vendredi soir devant la mairie d'Allès-sur-Dordogne et sur les concerts et festivals du secteur. L'été, le food-truck s'installe parfois le week-end, pour connaître toutes les dates, toutes les nouveautés et autres, rendez-vous sur la page Facebook de ce restaurant nomade.

FERME ÉQUESTRE LA HAUTE-YERLE

Haute Yerle
✆ 05 53 63 35 85
www.rando-equestre-hauteyerle.com
Ouvert à l'année. Compter 800 € pour une rando de 4 jours (4 nuits) en Périgord et 1 200 € pour 6 jours (6 nuits).

Stéphane et Georges, passionnés par le tourisme équestre, élaborent des circuits de deux à six jours avec possibilité de visite des sites, musées, grottes, découverte de la gastronomie locale et hébergement en gîte. Les chevaux sont d'authentiques chevaux de randonnée, et les selles sont signées Gaston Mercier ou Forestier, autant dire des fauteuils ! Enfin, Joëlle Fournier qui vous accueille en gîte, et propose des cours ou des stages d'équitation.

COUZE-ET-SAINT-FRONT

L'occupation des lieux ne date pas d'hier comme en témoigne la grotte de la Cavaille, propriété privée aux peintures rupestres inscrites au titre des Monuments historiques. Couze possède une tradition papetière. Les maîtres papetiers ont investi la vallée aux XVe et XVIe siècles, se taillant une réputation internationale. Les anciennes papeteries regroupent des bâtiments protégés : le moulin de la Rouzique, le moulin de Merle, le moulin Sous le Roc, la maison des contremaîtres, le moulin des Guillandoux, la maison face au manoir, la maison Jardel et son abri sous roche. Le moulin de Larroque est lui aussi inscrit au titre des Monuments historiques.

LA CHAPELLE SAINT FRONT DU COULOBRE

La chapelle est située à l'extrémité d'un éperon rocheux dominant la Dordogne, matérialise le souvenir d'un prodige légendaire attribué à Saint Front, apôtre du Périgord, qui terrassa un terrible dragon, le Coulobre, qui ravageait la région. Elle daterait du XIIe siècle, sur un édifice du VIIe siècle et aurait été édifié sur un ancien lieu de culte païen. La chapelle comporte deux entrées, celle du côté est surmontée d'une petite tête humaine. Les fonts baptismaux à l'origine étaient situés à l'extérieur sous un abri, le baptême devant précéder la première entrée dans l'église. Deux remarquables chapiteaux encadrent l'entrée du chœur, l'un présente la tentation au Paradis : un serpent enlace un arbre chargé de fruits et présente une pomme à Eve, saint Front semble observer la scène. L'autre chapiteau côté nord, est situé au sommet d'un reste de colonne, on y voit trois bêtes monstrueuses, celle du centre a le visage d'un humain représenté avec une double queue et des membres en forme de pattes d'animaux. Cette colonne serait susceptible de représenter trois léopards symboles de la domination anglaise. La tradition rapporte qu'une grande peau de serpent est restée très longtemps installée sur un mur de la nef en souvenir du dragon vaincu par Saint Front, cette évocation se retrouve aussi dans l'appellation du trou du Coulobre, grotte située sous la chapelle, qui symbolise l'antre du dragon. Saint Front, patron du diocèse de Périgueux serait natif de Lanquais, à proximité.

CHÂTEAU DE LANQUAIS ★

Lanquais
LANQUAIS
✆ 07 48 11 77 93
www.chateaudelanquais.fr
Fermé de octobre à fin mars. Ouvert tous les jours 10 h-19 h. Gratuit jusqu'à 6 ans. Visite libre.

Entre château fort et palais Renaissance, cette bâtisse classée et meublée possède de remarquables cheminées de pierre dentelées, un mobilier Louis XIII et des plafonds à la française. Disputée au temps des guerres de Religion, qualifiée de Louvre inachevé du Périgord, elle a abrité à la Renaissance la belle Isabeau de Limeuil. Les salons, les cuisines, les chambres sont en visite libre. Visite guidée en option et sur réservation. Le château accueille chaque année des fêtes médiévales... Il propose des locations de salles, gîtes, organisations de fêtes privées.

LE MOULIN DE LA ROUZIQUE ★

Route de Varennes ✆ 05 53 24 36 16
www.moulin-rouzique.com
Fermé de novembre à mars. BS du dim au ven 14h-18h. HS tous les jours 10h-19h. Adulte 8,50 €. Enfant 6 €. Groupe 7,30 €.

Le Moulin de la Rouzique est l'écomusée du papier en Périgord. Depuis le XVe siècle, il fabrique du papier à la main à partir de chiffons de chanvre, de lin et de coton. Il est l'un des derniers moulins à papier perpétuant ce savoir-faire des maîtres-papetiers. Sa roue pèse 3 tonnes et fait 6 mètres de diamètre. Le moulin renferme une boutique où l'on achètera une gamme variée de papiers : papiers à aquarelle, calligraphie, cartes, carnets, cahiers... fabriqués artisanalement.Les ateliers permettent de faire soi-même une feuille de papier chiffon à la forme.

AUBERGE LES MARRONNIERS €€

2, Route de la vallée - **LANQUAIS**
✆ 05 53 24 93 78
Ouvert du jeudi au lundi le midi et le soir. Menus à 25, 28 et 32 € et menu de fêtes à 35 €. Formule du midi : 15 €.

Séverine et Maxence ont repris cette belle adresse dans le bourg de Lanquais. Avec sa grande terrasse, c'est un endroit idéal pour se réunir autour d'une belle côte de bœuf avec ses amis ou sa famille. La salle conserve le charme de l'ancien et on s'y sent bien entourés avec un service très souriant qui sait prendre le temps d'écouter. Les 3 menus mettent en avant les produits frais et la proximité des producteurs. La formule du jour trouve sa clientèle parmi les habitués qui reviennent à d'autres moments en famille. Les menus de fêtes sont très alléchants.

MOULIN DE LARROQUE

40, avenue de Cahors
✆ 05 53 61 01 75
www.moulindelarroque.com
Ouvert du lundi au mercredi et le vendredi de 9h à 12h et de 14h à 17h30. Vente en ligne et sur place.

Edifié au XIIIe siècle pour la fabrication du papier, sur la Couze, rivière réputée pour la pureté de ses eaux, le Moulin de Larroque était la propriété du Pape Clément V. L'industrialisation à la fin du XIXe siècle a mis fin à son activité. Repris en 1972, il renaît de ses ruines et devient un site majeur du papier d'art en Europe. Ses papiers pur chiffon ont conquis de grands artistes aquarellistes, pastellistes, graveurs, imprimeurs, encadreurs et calligraphes.Tous les articles sont confectionnés à la main et personnalisés, livre d'or, albums, carnets, etc.

MAUZAC-ET-GRAND-CASTANG

Mauzac-et-Grand-Castang bénéficie de l'ancien canal, voie de commerce privilégiée avant l'arrivée du chemin de fer. Le village offre alors une balade avec ses écluses, bassins, aqueducs et des maisons d'éclusiers de l'époque. Les pêcheurs aiment y poser leur cannes à pêche, notamment au niveau de l'échelle à poissons et son bassin, où l'on peut aussi pratiquer le canoë-kayak ou la voile. Les promeneurs, quant à eux, peuvent profiter de cette superbe vue et de son atmosphère paisible. Pour les amoureux d'architecture et d'Histoire, un tour dans les églises, au castrum et au château de Milhac offrira de beaux moments de découverte.

BANANA €€

Bourg Mauzac
✆ 05 53 24 92 61
Fermeture janv/fév. Basse saison : fermé le lundi et mardi. Haute saison : fermé le lundi. A la carte environ 25 €.

L'établissement de Sandrine Lobi est toujours plein, car on y vit dans la bonne humeur du matin au soir. Une ambiance de *playa* qui ravit les touristes et les autochtones. Ne cherchez pas de plats sophistiqués, la cuisine est traditionnelle et pour les plus pressés ou fauchés, le *snack* donne la possibilité de se nourrir correctement et au meilleur prix. Ici, on a le choix entre manger local ou faire le tour du monde avec une cuisine internationale. On craque pour les *cocktails* que l'on sirote sur la terrasse au bord de l'eau. Les soirs d'été, c'est magique.

LA METAIRIE €€

Millac
✆ 05 53 22 50 47
www.la-metairie.com
10 chambres. Chambre double à partir de 135 € et suite à partir de 195 €. Petit déjeuner buffet 20 €. Piscine.

Rita et Heinz Johner, les propriétaires, ont misé sur tous les atouts de cette maison du XIXe siècle aussi paisible que gourmande. Des poutres apparentes, un vaste parc, des couleurs pimpantes, une terrasse donnant sur le jardin, un vrai petit coin de paradis. Certes, l'hiver, elle ferme ses portes mais votre patience sera récompensée aux beaux jours avec une cuisine d'inspiration régionale. Pour s'en convaincre, il faut goûter les noix de Saint-Jacques sur galette moelleuse au céleri, l'émulsion de truffes d'été, ou encore le gigotin d'agneau de lait.

BERGERAC, VIGNOBLE MONBAZILLAC

LIEUX	Km cumul	Km partiel	Routes
Bergerac	0	0	D32
La Force	9	9	D34
Bourg d'Abren	11	2	D4
Gardonne	15	4	D4
La Ferrière	20	5	D4, D14
Saint-Laurent-des-Vignes	29	9	D14
Bergerac	35	6	Gabanelle D936 Vieux Pont

BERGERAC ★★

Bergerac est classée Ville d'art et d'histoire. Il fut un temps où faire voyager, par routes et par chemins, hommes et marchandises relevait de l'aventure. Les voies d'eau présentaient bien plus d'attraits dont ceux de pouvoir transporter en plus grande sécurité des volumes et des charges plus importantes. C'est ainsi que naquirent nombre de cités le long des fleuves et des rivières. Tel fut le cas de Bergerac qui vit le jour près de cette Dordogne qui fut la colonne vertébrale de son économie. Le mur d'un antique rempart est visible au cloître des Récollets qui date du XVIIe siècle. Il abrite le Conseil interprofessionnel des vins de la région.

EDEN ET SENS

GINESTET

✆ 06 36 66 68 13

www.eden-et-sens.com

Fermé du 30/09 au 01/06. Haute saison du mercredi au dimanche 10h-19h. Adulte 8 €. Enfant (jusqu'à 12 ans) 6 €.

Ce parc ludo-pédagogique est idéal pour se balader en famille tout en apprenant à mieux regarder la nature, à commencer par les 350 rosiers grimpants et la centaine d'arbres fruitiers plantés sur le site. Les sentiers botaniques réconcilieront l'urbain endurci avec les sciences naturelles. On apprend en s'amusant : parcours à thème, jeux de piste pour tous. Quelle joie d'approcher les animaux de la ferme et une volière de 500 m^2 peuplée de gallinacés ! Pour prolonger l'expérience, il faut participer à des ateliers de formation (cuisine, méditation, vannerie).

GALERIE BÉNÉDICTE GINIAUX

3, place du Dr Cayla

✆ 06 80 31 09 56

www.galeriebenedicteginiaux.fr

Ouvert du mercredi au dimanche et les jours fériés de 15h30 à 19h30. Sur rendez-vous également.

Bénédicte Giniaux ouvre sa galerie à une vingtaine d'artistes permanents avec lesquels elle travaille depuis bien longtemps. Ce sont principalement des peintres et des sculpteurs rencontrés au fil du temps. Si l'art animalier est bien présent, les humains ne sont pas oubliés grâce à des œuvres qui peuvent être des témoignages de voyages. Bénédicte Giniaux et sa galerie participent à des événements ou expositions artistiques en France afin de faire connaître ses artistes. A découvrir.

MUSÉE COSTI

1, rue de la Mission

✆ 05 53 63 04 13

www.bergerac.fr/directory/musee-costi

Ouvert toute l'année. Fermé 01/05, 25/12 et 01/01. Haute saison : du mardi au vendredi de 10h30 à 18h. Gratuit.

Costi (décédé en 2004) a décidé de faire don de l'ensemble de ses œuvres à la ville de Bergerac, à charge pour elle de lui trouver un lieu d'exposition pérenne ouvert au public. Les deux caves du Presbytère Saint-Jacques ont été choisies. Un éclairage spécialisé et un aménagement particulier propose un cheminement parmi les sculptures de l'artiste. Le visiteur peut s'arrêter, contourner l'œuvre pour en découvrir toutes ses facettes. La deuxième cave montre une galerie de portraits, sur fond sonore d'une fontaine traversant les parois du musée.

LE PARC DU TOURON

Le Touron

CAMPSEGRET

✆ 05 53 73 84 70

www.ferme-du-touron.com

Ouvert d'avril à octobre tous les jours de 10h à 19h, de novembre à mars de 10 à 17h.

L'exploitation est familiale depuis plus de quatre générations. Jean-Loup est installé depuis 1983, Greta depuis 1993 et Coralie en 2005. Près de 400 animaux de différentes espèces vivent sur la ferme. A côté des poules, oies, canards, lapins et autres animaux de la basse-cour, on découvre des vaches de race Highland, des lamas, des zébus, des chevaux shetland, des ânes, des chèvres, des daims, des sangliers, des cochons vietnamiens, etc... Vous découvrez aussi la faune et la flore de la Bouriane, de quoi ravir les yeux des plus petits.

QUAI CYRANO, CULTURE, VIN ET TOURISME ★

1, rue des Récollets

✆ 05 53 63 57 55

www.pays-bergerac-tourisme.com

Ouvert toute l'année. Tous les jours de 10h à 19h. Entrée libre et gratuite.

Envie d'inédit ? Direction Quai Cyrano, le nouvel espace vin et tourisme en Pays de Bergerac. Un magnifique édifice, 150 m^2 très « cosy » autour des Vins Bergerac et Duras. Deux ambiances : d'un côté, la sérénité avec le Cloître des Récollets (XVIIe) et de l'autre la splendide terrasse et une vue incroyable sur la Dordogne. Chaque semaine, le bar à vin vous propose une sélection parmi les 160 références proposées... et surtout, de succomber aux douceurs format « tapas » ! 7 jours/7.

GABARRES DE BERGERAC

Quai Salvette ✆ 05 53 24 58 80
www.gabarresdebergerac.fr
Fermé de nov à mars. En saison : ouvert tlj 11h-18h, départ toutes les heures. Adulte dès 10,50 €, enfant dès 7,50 €.

Vous apprendrez que depuis l'époque gallo-romaine, la Dordogne était la principale voie de communication entre le Massif central, l'Auvergne et Bordeaux. Après les pluies d'automne, quand l'eau devenait suffisamment haute, c'est au péril de leur vie que les gabarriers affrontaient les rapides de la haute Dordogne sur ces bateaux rudimentaires. Arrivés à bon port, ces bateaux étaient détruits, puis vendus avec leur cargaison. Sur les traces de Cyrano, la route des vins et des bastides, on découvre ces gabarres, bateaux à fond plat, l'histoire de la batellerie et les grands faits historiques de la vieille ville de Bergerac. Diego possède trois gabarres. Il propose plusieurs circuits de 50 minutes à 3h30 heures environ au départ de Bergerac ou de Creysse. Vous pénétrerez dans une véritable réserve naturelle, où, selon la saison, vous pourrez photographier hérons, milans, cormorans, martins-pêcheurs, tortues d'eau. Vous aurez aussi la possibilité de louer la gabarre à l'heure pour toutes les occasions.

Pour une expérience unique et intime, vous pouvez privatiser une gabarre pour une durée de une à trois heures. Imaginez une déclaration d'amour au fil de l'eau, et même les moins romantiques vont fondre !

A l'opposé, les groupes sont également des bienvenus, avec un minimum de 35 personnes, à des tarifs avantageux et sur réservation évidemment.

Que vous aimiez la nature, l'histoire du territoire ou tout simplement pour passer un bon moment entre amis, en famille, en couple, en solo... gageons que vous apprécierez l'expérience !

OXOBIKES - BERGERAC

19, rue du Mourier
✆ 06 73 08 73 34
www.oxobikes.fr
Du mercredi au samedi 10h-12h30 et 14h-18h. Haute saison : du mardi au samedi. Dimanche, lundi sur rdv.

Spécialistes des Vélos *FatBike* électriques, Ludovic et Orlane vous proposent une jolie sélection riche en couleurs. Selon les batteries, vous aurez jusqu'à 130 km d'autonomie pour ces bicyclettes ou tricycles de couleurs pimpantes. Leur force réside dans leur atelier afin de vous garantir 24 mois de tranquillité pour vos vélos neufs achetés ici. Mais le plus de leur boutique, c'est de proposer à la location ces drôles d'engins (une demi-journée à une semaine) afin de découvrir Bergerac, mais aussi de tester ces véhicules en partant sur la voie verte par exemple.

LA BONBONNIÈRE €€

15, place de la Mirpe
✆ 06 23 56 23 99
www.labonbonniere.net
Dans une maison du XVIe siècle, 3 chambres (de 70 € à 140 €) donnant sur la place de la Myrpe proche des Récollets.

On est dans une authentique maison médiévale, riche de son passé. La Bonbonnière qui fut le logis des bateliers de la Dordogne mais aussi celui de la dernière lavandière de Bergerac, est située sur le très joli square de la Mirpe où trône la statue de Cyrano. Les trois chambres sont décorées de manière originale par la maîtresse de maison. Les petits déjeuners sont sublimes avec des confitures et du miel maison, ainsi que les fruits du jardin. Périgourdine d'origine, Simone est intarissable sur sa région et vous fera découvrir tous ses coups de cœur.

CHÂTEAU DES VIGIERS**** €€

Les Vigiers - **MONESTIER**
✆ 05 53 61 50 00
www.vigiers.com
Ouvert à l'année. Chambre double 125 €-185 €. Suite dès 380 € Menus gastro 77 €-117 €. Bistrot menu 28 à 37 € carte.

Situé à une heure de Bordeaux et vingt minutes de Bergerac, le Château des Vigiers est un domaine entouré d'un golf 27 trous, de forêt de chênes et d'un vignoble. Il propose en tout 87 chambres 4 étoiles au cœur d'une propriété de 150 hectares dont l'environnement naturel est exceptionnel. Le Château du XVIe siècle possède 25 chambres de charme et des salons d'apparat. Le Relais offre 40 chambres. Il est inspiré des séchoirs à tabac et assorti d'un espace balnéo. Didier Casaguana, le Chef, officie pour les deux restaurants, un gastro et une brasserie.

LE COLOMBIER DE CYRANO ET ROXANE €€

17, place de la Mirpe ✆ 06 08 05 69 39
www.lecolombierdecyrano.com
Chambre double à partir de 105 €. Petit déjeuner inclus. 15 € de plus par nuit du 15 juin au 15 septembre.

Betty Reed vous accueille chaleureusement toute l'année dans sa maison médiévale du XVIe siècle avec ses colombages, ses cheminées et poutres apparentes, dont elle raconte à merveille la fabuleuse histoire. La décoration est plutôt baroque, mais pleine de charme pour qui aime l'originalité. Dans la chambre avec terrasse privée, vous passerez des nuits réconfortantes. Si vous amenez votre chien, Betty a tout prévu pour lui et peut même le garder si vous ne l'emmenez pas.

DOMAINE DE L'ÉTANG DE BAZANGE**** €€

MONFAUCON

✆ +33 5 53 24 64 79

www.camping-bazange-dordogne.com

Ouvert du 30 avril au 30 septembre. Emplacement de 19 € à 32 €. Cottage à partir de 280 € la semaine.

Classé 4 étoiles, ce domaine boisé de 10 ha invite à un séjour nature où l'on vient pêcher et parcourir la forêt et les vignobles à pied ou à vélo... Ce domaine propose des hébergements insolites : cabane château les pieds dans l'eau, cabane ou tente flottante accessible en barque, cabane tente trappeur pour vivre au plus près de la nature. Parmi les animations proposées : le bain de forêt, pratique d'origine japonaise, pour profiter au mieux des bienfaits des arbres.

LA COCOTTE DES HALLES €

14, Marché couvert

✆ 05 53 24 10 00

Fermé temporairement en 2022.

Ce restaurant est situé en plein cœur du marché couvert de Bergerac. Tous les produits sont achetés sous la halle et sont donc ultra frais. La carte est limitée ce qui est un gage du fait maison et à l'instant. Les terrines, salades et veloutés sont cuisinés sur place, les plats sont simples et souvent mijotés en cocotte, les volailles et viandes sont grillées ou confites et les desserts bien gourmands. Mention spéciale pour le parmentier de canard et la tarte aux noix. L'été, une terrasse est installée à l'ombre entre les halles et la rue piétonne.

PICNIC EN VILLE €

33, Grand Rue ✆ 05 53 23 18 67

https://picnic-en-ville.business.site/

Ouvert du mardi au samedi de 8h à 18h. Livraison à domicile avec Jacques Flash. Carte : 13 € environ. Vente à emporter.

Thibaud et Claire ont repris cette enseigne créée il y a plusieurs années par Joëlle et Danielle. Ils ont acquis le savoir-faire et les recettes des sandwiches, bagels, tartes de légumes, crumbles, salades et desserts maison qui sentent bon dès l'arrivée devant les vitrines. Ils souhaitent mettre en avant les produits locaux et proposer des services de livraison aux entreprises ou aux particuliers en utilisant le service de vélo-cargo de Bergerac : Jacques Flash. De cette façon, toute commande passée préalablement pourra vous être livrée pour l'heure souhaitée.

AUX TABLIERS NOIRS €

24, rue Duguesclin

✆ 09 81 34 62 08

www.auxtabliersnoirs.fr

Ouvert du mar au sam le soir ; du jeu au sam le midi. Réservation. Menu : 28 à 36 €. Chèque Restaurant.

Gros coup de cœur pour ce restaurant, situé sur la place du Foirail (rare parking gratuit), dans l'ancien ventre de Bergerac. Frédéric et Mathilde, les heureux propriétaires, ont fait leurs classes chez les plus grands. Elle, en salle, fantasque, souriante, lui en cuisine rigoureux derrière sa verrière, concentré et talentueux. Le mélange donne une carte chic à l'atmosphère décontractée avec par exemple un filet mignon de porc ou un saumon vapeur. Tout est maison, du moindre jus, jusqu'à la décoration de la petite salle de 20 couverts.

LE BISTROT DE L'ANCIEN TEMPLE €

9, Place du marché couvert

✆ 05 53 23 08 01

Du mercredi au samedi de 10h à 1h (jusqu'à 2h le vendredi et le samedi).

Une adresse où l'on vient de loin pour la sélection de ses viandes, leurs sauces généreuses et les frites maison. Le chef connaît la viande depuis sa plus jeune enfance et sait trouver les meilleures parmi différentes races. Il débite luimême ses quartiers, fait maturer ses célèbres côtes de bœuf afin de proposer une expérience gustative exceptionnelle. Les sauces et la salade périgourdine sont plébiscitées par les convives. Et même si vous pensez être en retard… ils servent.

AU PALAIS €€

81, Rue Neuve d'Argenson

✆ 06 04 52 06 95

www.aupalaisrestaurant.fr

Ouvert à l'année. Du mardi au dimanche midi et soir. Réservation. Carte : moins de 20 €. Menu enfant. Formule midi.

Le palais s'est refait une beauté, avec une nouvelle décoration en salle, pour une ambiance plus bistro dans les rouges/Bordeaux avec ses mange-debout pour 4 personnes. Une carte résolument bistro également avec des terrines traditionnelles, des salades généreuses, de belles planches de tapas, des pièces de bœuf et des burgers. Pour les becs sucrés, les classiques profiteroles et mousses chocolat tiennent la route. Notez une fort jolie carte de vins locaux du vignoble de Bergerac. C'est sérieux, bien fait, une valeur sûre à tester les yeux fermés.

© OKS_MIT - ISTOCKPHOTO

Bergerac.

L'ART ET LE VIN 🍷

17, Grand rue

✆ 05 53 57 07 42

www.artetvin-bergerac.fr

Ouvert du mardi au vendredi de 9h30 à 12h30 et de 14h à 19h ; le samedi de 9h à 19h.

L'Art et le vin a déménagé en face du bistro/bar à vin l'Art et l'Envie. Tous deux sont tenus par Herik. Sur les étagères, des vins locaux ainsi que des vins de Bordeaux, Bourgogne, Alsace, Loire et vins du monde... Egalement des spiritueux haut de gamme (whiskies, cognac, armagnac) et d'excellentes marques de champagne. La cave vend également des conserves de produits du terroir patiemment sélectionnés : foie gras, rillettes de canards, pâtés, terrines, confits, enchauds, gésiers, huiles de noix... Votre valise va peser au retour des vacances !

BRASSERIE ARTISANALE BIO LA NOVE 🍷

129, Avenue Aristide Briand

✆ 06 82 87 99 62

Ouvert du lundi au vendredi de 10h30 à 15h.

En créant une brasserie artisanale locale bio, c'est l'alchimie humaine qu'ont voulu créer les fondateurs de la Brasserie Artisanale Bio La Nòvé. Elle est née en septembre 2019, constituée en SCOP. Elle relève de l'Économie Sociale et Solidaire et porte donc un double projet économique et social. C'est sur un ancien site militaire dénommé l'ESCAT que la Brasserie la Nòvé est venue posée ses bouteilles et son malt. Ce site est atypique, vestige d'une industrie périgourdine disparue.

CHÂTEAU DU ROOY 🍷

Lieu-dit Rosette

✆ 06 78 75 11 55

www.chateau-du-rooy.com

Ouvert du lundi au samedi à partir de 10h et de 14h30 à 18h30.

Gilles Gérault a découvert le rosette et en est tombé amoureux. Ce maître de chais loue d'abord le Château du Rooy avant de racheter les bâtiments et les parcelles de Bergerac rouges et rosés tout en conservant les parcelles de Pécharmant en location. Son truc : la production de rosette, un vin confidentiel à la fois moelleux, fruité et léger. Laetitia, sa femme était technicienne en analyse des vins au CIVRB et elle rejoint le domaine en 2010. Récemment ils se sont essayés aux vins blancs secs en barrique. Vente à la propriété ou en ligne.

CHÂTEAU FARCIES DU PECH 🍷

Farcies Nord

✆ 06 75 28 01 90

www.farciesdupech.com

Ouvert du lundi au vendredi de 9h à 18h. Week-end et jours fériés sur rendez-vous.

A l'abandon pendant des décennies, les vignes du Château Les Farcies renaissent en 2000, grâce à Serge et Betty Dubard. En plein Pécharmant, étendard de Bergerac, sur les coteaux du Bergeracois, leur vin a repris toutes ses lettres de noblesse et s'est hissé aux premières places de cette appellation. Aujourd'hui leur projet est de transmettre aux générations futures, un lieu vivant sain et protégé en participant au développement et à la conservation de ce terroir unique. Ils s'engagent donc sur le chemin de la culture biologique.

CHÂTEAU MOULIN CARESSE

1235, route Couin

SAINT-ANTOINE-DE-BREUILH

✆ 05 53 27 55 58

www.moulincaresse.com

Ouvert du lundi au vendredi de 9h à 12h et de 14h à 18h. Sur rendez-vous week-end et jours fériés.

La famille Deffarge porte haut les couleurs de Montravel, appellation assez confidentielle nichée aux confins de la Dordogne, toute proche de la frontière de la Gironde. Depuis 1749, le domaine se transmet de génération en génération. Fiers du travail de leurs vignes, ils appliquent les principes de la lutte raisonnée, sans herbicide. Sur les 52 hectares se décline une intéressante palette de bergerac, montravel (rouges et blancs secs) et haut-montravel (moelleux). Le grand cru du Château Moulin Caresse est un vin rouge de 15 à 20 ans de garde.

CRÈMERIE CYRANO

12, Place Louis de la Bardonnie

✆ 05 53 57 11 47

Ouvert du mardi au samedi de 8h à 13h et de 15h à 19h.

Les principales productions fermières, laitières et monastiques de la France fromagère, des spécialités corses et une sélection unique de fromages de Suisse et d'Italie sont présentés. A cela, il faut ajouter l'épicerie fine : confitures, poudre de piment, pruneaux, pain d'épices, pains spéciaux et toute une gamme de produits italiens : pâtes sèches artisanales, riz Arborio et Carnaroli, huile d'olive et vinaigre balsamique, sauces tomates, tomates séchées, tapenade, filets d'anchois, baba au rhum, etc. Vraiment un choix très large et une qualité au RDV.

AUX PÊCHÉS DE CYRANO

73, avenue Général de Gaulle

✆ 05 53 74 17 65

www.auxpechesdecyrano.com

Ouvert le lundi et du mercredi au samedi de 7h à 19h15 ; le dimanche de 7h à 13h.

Ces pâtissiers-chocolatiers de la rive gauche ne manquent pas d'imagination, en témoignent leur Grain d'or chocolat parfumé au Monbazillac et le Croquinoix, un surprenant praliné feuilleté. Ils ont lancé le Pavé de Bergerac, un hommage au vieux Bergerac, à ses pavés souvent inégaux et à ses maisons médiévales. C'est un délicieux mélange de nougatine, praliné craquant, chocolat noir et sucre cassonade. Côté pain de la farine bien sélectionnée, voire bio, du levain naturel sans additif et sans conservateur. Que du vrai comme on aime !

LA TRUFFE PÉRIGOURDINE

1, rue Gustave Eiffel

✆ 05 53 61 28 94

www.la-truffe-perigourdine.fr

Ouvert du lundi au vendredi de 8h à 12h30 et de 14h à 18h.

La société La Truffe Périgourdine est spécialisée dans la découpe et la commercialisation de produits frais issus de canards gras. Dans le magasin de Bergerac, on trouve du foie gras, des terrines, des produits crus, des truffes... Les produits de la société ont été plusieurs fois médaillés au Concours Général Agricole de Paris, au total, au moins une dizaine de récompenses. Leur gamme est sans cesse renouvelée pour notre plus grand plaisir dans le respect des traditions. Dernier-né : le cœur de foie gras de canard, produit mi-cuit, dégraissé, prêt à consommer !

ACCROZARBRES

Les Mazières Nord

LAVEYSSIÈRE

✆ 06 37 89 54 72

www.accrozarbres.com

Ouvert de mars à novembre. 7 €-16 € enfants, 20 €-24 € adultes. Réservation.

Ce parc d'accrobranche est équipé de normes de sécurité nouvelle génération : le grimpeur est crocheté à un câble du début à la fin. Environ 3 heures de parcours avec un enchaînement de 120 jeux (filets, ponts suspendus, passerelles, 43 tyroliennes, lianes, luge, échelles, skate volant et toboggan-kamikaze du parcours sportif), 3 parcours enfants à partir de 3 ans et 7 parcours conviviaux pour adultes. L'été un parcours de nuit est organisé certains soirs. Un mini-golf et un laser-game complètent le parc. Sur place, une buvette et une aire de jeux pour enfants.

ÉTANG DE CAMPRÉAL-PORT MINIATURE

Rue Pablo Picasso ✆ 06 83 16 15 92

http://port-miniature.jimdo.com

Fermé d'octobre à mars. Haute saison 7j/7 13h-19h. 5 € pour tous sauf -2 ans gratuit pour 15 min de navigation.

Vous pourrez naviguer sur l'étang de Campréal en embarquant à bord de bateaux miniatures à propulsion électrique, certains étant plus « nerveux » que d'autres. A bord, une radio permet de recevoir les consignes de la capitainerie. Les recommandations sont données avant l'embarquement et tout particulièrement en ce qui concerne le port obligatoire du gilet de sauvetage qui est fourni. Dans ce vrai port miniature vous trouverez également une buvette, de quoi passer un excellent moment.

PARC PUBLIC NATUREL DE POMBONNE

Route de Podestat
✆ 05 53 74 66 66
Parc ouvert tous les jours. Gratuit. Guinguette de juin à septembre, baignade surveillée du 01/07 au 01/09 11h30-18h30.

Ce plan d'eau à quelques kilomètres au nord de Bergerac s'étend sur 55 ha. La surface de baignade représente environ un quart de la totalité. La plage de 5 000 m² est bordée d'arbres, bien agréable pour se mettre au vert et pour manger sur place. L'aire de pique-nique a été équipée de barbecues. Parmi les autres activités : canotage, pêche, pont de singe et tyrolienne, balades et *skatepark*. Une guinguette sur place pour les petits creux et une petite restauration midi et soir.

LE BAMBINO - REVUE CABARET EN PERIGORD

109, Rue Neuve d'Argenson ✆ 05 24 10 64 77
www.le-bambino.fr/
Jeudi midi, vendredi soir et samedi soir. Dîner-spectacle dès 62 € avec menu complet vins et café.

Le cabaret théâtre le Bambino est désormais bien connu à Bergerac. La nouvelle revue Le 109 Palace est prête à enflammer les planches dès le jeudi 15 septembre 2022. La qualité des spectacles est digne des plus grands cabarets parisiens ! La troupe est constituée de danseuses, danseurs, chanteurs, transformiste et 1 meneur pour cette revue à plumes de cabaret traditionnel et de music-hall. Venez découvrir la programmation pleine de surprises du Moulin *Pourpre* en Périgord.

MAISON JOHN ET EUGENIE BOST

17, rue du pasteur Alard ✆ 05 53 22 25 59
http://maisonbost.com
Ouvert du 1er juin au 30 septembre du mardi au dimanche de 14h à 18h. Hors saison, sur rendez-vous.

Le pasteur protestant John Bost a créé une maison d'aide aux plus démunis, au début du XIXe siècle, par la suite accompagné de sa femme Eugénie. Il a ouvert 9 asiles « sans mur ni clôture » comme il le souhaitait. Aujourd'hui, de nombreux établissements ont été ouverts, toujours dans l'intérêt des personnes vulnérables. Le musée revient sur l'Histoire de cette fondation extraordinaire et propose des expositions temporaires d'art brut, d'art moderne et contemporain ou d'anthropologie.

HOSTELLERIE DES COLONNES €

1, rue de la Libération
✆ 05 53 73 29 05
www.hostelleriedescolonnes.fr
Ouvert toute l'année. Chambre double à partir de 65 €. 1 chambre PMR. Petit déjeuner : 8 €. Bar. Restaurant.

Audrey Holvêque et son équipe vous accueillent chaleureusement dans leur établissement datant du XVIIIe siècle, avec sa cheminée d'époque dans la salle de restauration, sa terrasse et son parking privé. Leurs chambres sont sobres et très propres et surtout pas chères. Dans une atmosphère paisible, ils offrent une cuisine traditionnelle et raffinée ainsi que des spécialités du terroir. A 7 km de Bergerac, l'Hostellerie des Colonnes est une base idéale pour découvrir les richesses du Périgord Pourpre ou Noir et de la vallée de la Dordogne.

LA FORCE

Ce petit village tranquille n'est pas inconnu des aficionados de la saga Star Wars qui viennent du monde entier poser devant le panneau en tenue de Dark Vador. Pour les autres, c'est surtout un lieu de balade agréable où l'on peut admirer le petit patrimoine bâti qui donne le charme de La Force : lavoir, maison du docteur Clament, kiosque à musique, église, ainsi que les vestiges du pavillon central des écuries de son château du XVIIe siècle. Egalement à voir, la Maison de John et Eugénie Bost qui est un musée pour découvrir les origines de la fondation du même nom qui aide les personnes en situation de handicap.

SAINT-LAURENT-DES-VIGNES

Saint-Laurent-des-Vignes porte évidemment son nom par les vignobles qui l'entourent. Quant à son histoire, elle est étroitement liée aux paroisses et avant tout au prieuré de religieuses fondé par le Comte du Périgord à la fin du Xe siècle. C'était donc un lieu de pèlerinage bien connu. Aujourd'hui, il s'agit d'un petit village paisible où il est bon de se balader pour profiter de la nature, de son petit patrimoine, comme la fontaine du lac d'Arfel ou son église au mur-clocher. Un endroit parfait pour faire une pause loin des turbulences des grandes villes : profitez des bords de rivière, d'un moment de quiétude, pour recharger les batteries.

ENTRE BASTIDES ET CHÂTEAUX

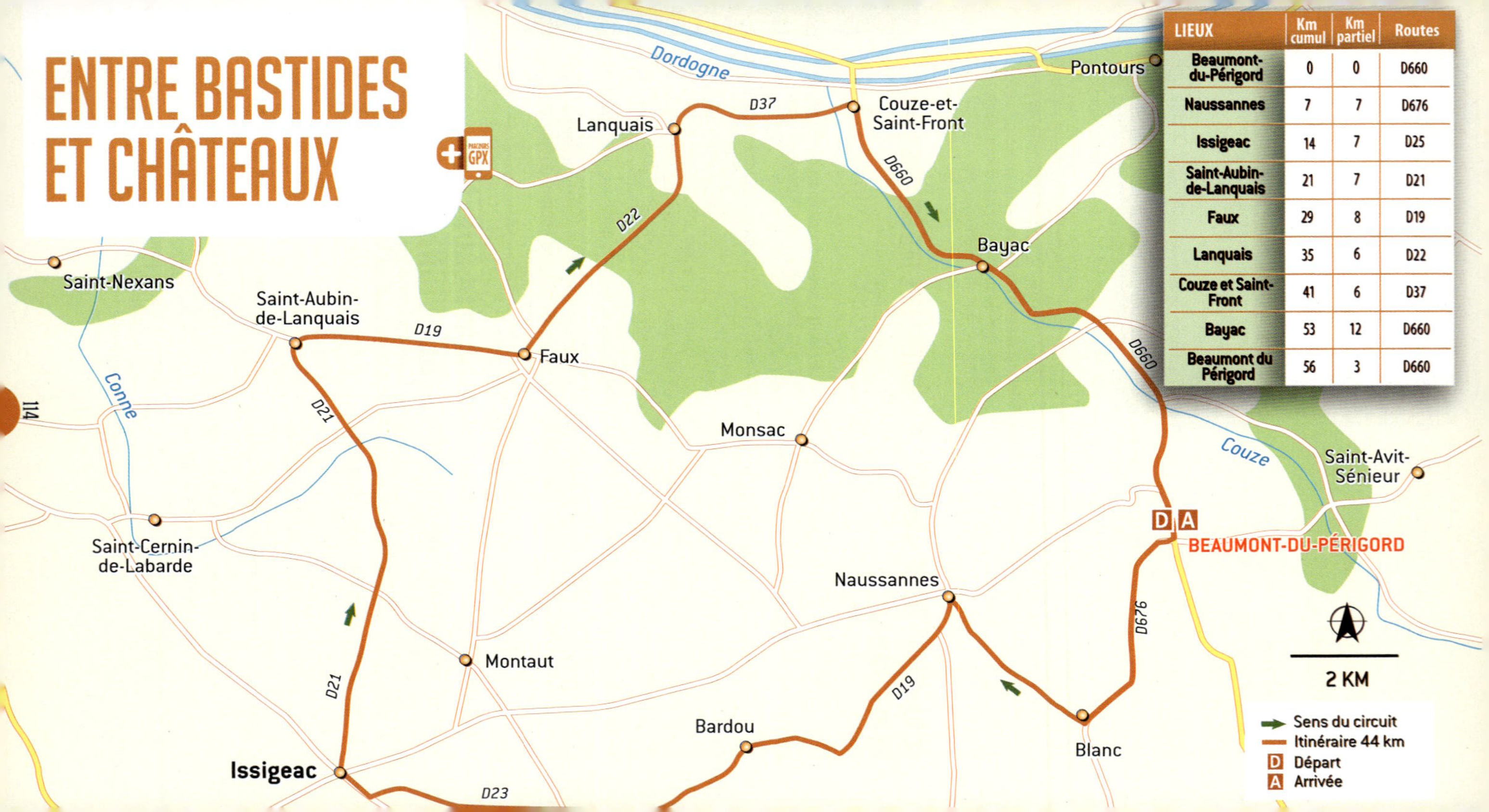

LIEUX	Km cumul	Km partiel	Routes
Beaumont-du-Périgord	0	0	D660
Naussannes	7	7	D676
Issigeac	14	7	D25
Saint-Aubin-de-Lanquais	21	7	D21
Faux	29	8	D19
Lanquais	35	6	D22
Couze et Saint-Front	41	6	D37
Bayac	53	12	D660
Beaumont du Périgord	56	3	D660

BEAUMONTOIS EN PÉRIGORD

La bastide anglaise de Beaumont en forme de H, fondée en 1272 par le roi d'Angleterre Edouard 1er fait partie des bastidvilles neuves du Moyen Âge nées de la volonté des rois d'Angleterre et de France d'accroître leur influence sur une zone sensible où Dordogne et Dropt jouaient le rôle de frontières entre les deux royaumes. Les fondateurs en créant ces villes nouvelles s'engageaient à donner aux habitants une charte des coutumes qui leur octroyaient des franchises et des privilèges et développaient ici un nouvel art de vivre. La visite se fait en autonomie ou grâce aux guides de l'office de Tourisme. A découvrir pour un voyage dans le temps !

BUREAU D'INFORMATIONS TOURISTIQUES DE BEAUMONT

16, place Jean Moulin
© 05 53 22 39 12

Basse saison du lun au ven 9h-12h30/14h-17h30. Haute saison du lun au sam 9h-13h/14h30-18h ; le dimanche jusqu'à 13h.

Beaumont-du-Périgord fait partie du pays des bastides, on retrouve à l'Office de tourisme toutes les informations sur les autres bastides du Périgord ainsi que le parcours Terra Aventura à télécharger – Chasse au Trésor nouvelle génération. De plus, les chemins tracés autour de Beaumont – du – Périgord (190 km) sillonnent la campagne à travers villages de caractères, forêts et champs cultivés. Ces paysages façonnés par l'homme invitent à l'évasion et à la sérénité.

CHÂTEAUX DANS LES ARBRES €€

Domaine de Puybeton © 06 30 64 26 00
www.chateaux-dans-les-arbres.com

Ouvert à l'année. Dès 240 €/nuit selon saison, petit déjeuner compris. Dégressif si plusieurs nuits. Restauration. Spa.

Découvrez ces 6 cabanes insolites à la capacité d'accueil de 2 à 6 personnes. Comme elles reproduisent certains châteaux périgourdins, elles en ont pris le nom. Biron et Jumilhac sont posées au-dessus de l'eau, Hautefort avec sa capacité de 6 personnes, Monbazillac, Puybéton et les Millandes (pour 4 personnes) sont cachées entre les branches des arbres. Deux ont un spa et un sauna, deux autres ont un bain nordique et les deux dernières ont un spa. Florent Reversat, le chef de la Table de Léo toute proche, propose des repas livrés directement dans votre cabane.

LA FERME DE SIRGUET €€

MONSAC © 06 13 63 42 19
www.ferme-sirguet.com

Roulotte dès 89 €/nuit, cabanes dès 140 €/nuit, petit déjeuner 9,50 €. Panier gourmand dès 45 €/2. Spa 55 €/2.

Au cœur d'une ferme familiale productrice de foie gras on peut vivre en roulotte aménagée pour 4/5 personnes en formule gîte, ou dans une des cabanes perchées aménagées en chambres d'hôtes pour 2 (en gîte pour 4/5). Tous les hébergements sont très bien équipés pour votre confort. A votre disposition un espace détente avec TV, wifi, livres, jeux enfants, des paniers petit déjeuner et paniers gourmands contenant des produits locaux et surtout un espace spa/bain à remous en supplément. Sont aussi proposées des visites à la ferme avec découverte du gavage des canards.

LE MOULIN DE SURIER**** €€

Le Surier
© 05 53 24 91 98
www.lemoulindesurier.com

Ouvert d'avril à octobre. Grand choix de locatifs. Piscine, tennis, animations. 1 mobil-home PMR.

Le village vacances du Moulin de Surier vous accueille pour un moment d'évasion en famille. Un lac et sa plage de sable fin, une piscine (chauffée), un tennis, un terrain multisports, une aire de jeu pour les enfants, un terrain de volley et de beach volley sur la plage ainsi qu'un terrain de pétanque ombragé et un étang de pêche vous attendent. La guinguette (en saison) vous ouvrent ses portes pour le plaisir de vos papilles et de vos yeux. En harmonie avec la nature, venez découvrir les plaisirs de la vie en plein air et la gourmandise de terroir Périgourdin.

MAMY CLAFOUTIS

21, Rue Romieu
© 09 83 98 73 28

Ouvert du mardi au samedi de 6h30 à 12h30 et de 14h30 à 19h ; le dimanche de 7h30 à 13h.

On vous prévient tout de suite : inutile d'essayer de résister. Vous craquerez forcément pour ce très bel établissement dédié à la boulange et à la pâtisserie. La gamme des pains est large du plus classique au plus original, celui aux figues est une merveille avec une belle tranche de foie gras ou au petit déjeuner. Si vous êtes de passage, les propositions snack du midi pourront aussi vous séduire. Pour les enfants, une myriade de goûters : des biscuits au large sourire au chocolat, des barquettes aux fraises et des cakes auxquels les grands succomberont aussi !

ISSIGEAC ★

Cette cité médiévale cossue bâtie autour d'une abbaye bénédictine, fut un siège épiscopal au XVe siècle. Des travaux ont permis de découvrir des vestiges d'époques gallo-romaine et mérovingienne. Ses ruelles, à hautes maisons à colombages et galeries de bois, s'inscrivent dans une enceinte circulaire. Dans ce labyrinthe, on s'arrêtera devant l'église gothique à clocher-porche octogonal et le palais des évêques (qui abrite l'office de tourisme), avec ses hauts pavillons d'angles à tourelles. Dans le bourg, la maison « des têtes » présente des sculptures grotesques et un pan de bois à croisettes. La cité abrite une vie artisanale active.

AUBERGE DES DÎMES €€

2, Grand Rue

✆ 05 53 58 22 85

www.lesdimes.com

Ouvert du jeudi au dimanche, midi et soir. Sur réservation.

Dans un cadre somptueux de vieilles pierres, en face de l'Office de Tourisme, l'auberge des Dîmes est une belle adresse pour boire un verre de vin (bio et local de préférence), grignoter une copieuse planche de tapas (fromages, charcuterie ou légumes), sur une très belle terrasse. C'est un enchantement quand la lumière du soir se reflète sur la pierre blonde du Palais des Évêques. Le vrai bonus des lieux est la possibilité de déguster aussi un vrai menu, à base de produits bien sélectionnés et de la région. Ne passez pas à côté de ce pur plaisir !

L'ATELIER €€

62, tour de ville

✆ 05 53 23 49 78

Ouvert toute l'année. Fermé mardi, mercredi. Menus de 38 € à 62 €. Carte : 45 € environ. Formule du midi : 19,50 €.

Victoria & Fabrice Rodot vous accueillent à L'Atelier dans un décor typiquement périgourdin et chaleureux.ou sur leur belle terrasse ombragée. Les plats sont préparés avec des produits régionaux et de saison. Les assiettes sont joliment présentées, un régal pour les yeux et les papilles. Mention spéciale pour la tarte aux champignons et jaunes d'œufs. Une vraie proposition de qualité pour les végétariens même si ce n'est pas leur spécialité. Les desserts sont gourmands, laissez-vous tenter par l'alliance chocolat/cacahuètes à tomber !

LE BOUCHON MÉDIÉVAL €€

41, Grand Rue

✆ 05 53 58 46 13

Du vendredi au mercredi le midi ; le vendredi et le samedi le soir. Formule du midi à 21 €. Menus de 30 € à 48 €.

C'est une belle équipe familiale qui est aux manettes de l'établissement au cœur des rues médiévales de la cité. Le mobilier de la salle est révélé par une grande verrière sur la ruelle. La terrasse d'été est très agréable comme pour l'accueil et les jolies assiettes sans fausse note. Des coups de cœur pour leur cuisine généreuse : foie gras, Saint-Jacques ; truite, lapin aux pruneaux d'Agen… un régal ! La carte des vins et aussi très belle (des vins de Bergerac, entre autres) et il serait vraiment dommage de passer à côté de cette adresse, qui a ses habitués.

Issigeac.

SHABBY CHIC CORNER

3, Rue Ernest Esclangon
✆ 05 53 63 96 24
Ouvert dimanche 9h-14h. Basse saison du jeu au sam 10h30-17h30. Haute saison lun, mar et du jeu au sam 10h-17h30.

Ce charmant salon de thé à l'anglaise vous séduira par sa décoration so british, faite de meubles anciens et de bibelots chinés. Les tons pastel et les imprimés fleuris donnent au lieu une atmosphère cosy et chaleureuse. Côté assiette, ne manquez pas le brunch du dimanche à l'anglaise sucré/salé. A toute heure, on peut craquer pour des scones joufflus barbouillés de confiture, une part de carrot cake ou de cake au citron ; à midi, on vous propose une petite restauration salée. Si vous êtes nombreux ou avec des enfants, profitez de la belle terrasse ou du jardin.

MARCHÉ

Le bourg
✆ 05 53 58 70 32
Chaque dimanche matin.

Le célèbre marché d'Issigeac tient place autour de l'église et du château et dans plusieurs rues. Il s'agrandit durant la saison estivale occupant ainsi une grande partie du village. Très prisé des habitants et des restaurateurs locaux, les touristes prennent aussi plaisir à s'y promener. La présence de produits bio et locaux, des spécialités régionales et artisanales, une grande diversité des produits conjointement liés à la beauté du village font sa renommée. Des musiciens ajoutent convivialité et bonne humeur. Emplettes gourmandes assurées !

MARCOTTE ARTISTE PLASTICIEN

59, Grand'Rue
✆ 09 86 45 74 22
www.marcotte.art
Ouvert tous les dimanches jusqu'à fin août à Issigeac ou sur rendez-vous.

Le parcours de Marc Bertin dit Marcotte assez atypique. Initialement dévoué au monde de la gastronomie, il a peu à peu laissé glisser sa créativité vers celui de la peinture où il s'épanouit dorénavant. Sa technique est unique : en plus des outils traditionnels du peintre – pinceaux ou brosses –, il travaille au couteau à palette et à la spatule, combinés avec des fibres multiples sous forme d'accumulation. Chaque fibre est peinte ou brute et résinée. Une belle émotion vibratoire.

LANQUAIS ★

Située à 20 kilomètres de Bergerac et peuplée de près de 500 habitants, Lanquais est surtout connue pour son superbe château, souvent qualifié de « Louvre inachevé du Périgord », puisque construit en partie par les bâtisseurs du célèbre palais parisien. Entre le château fort et le palais Renaissance accolé, voilà donc une merveille à ne pas rater au cœur d'un paysage boisé et verdoyant. A Lanquais, on ne manquera pas non plus la visite de la petite église romane Notre-Dame-de-l'Assomption, érigée au XIIe siècle. Une petite balade à pied balisée, de 40 min permet de découvrir le bourg et ses curiosités. Le départ s'effectue au presbytère.

CHÂTEAU DE LANQUAIS ★

Lanquais
✆ 07 48 11 77 93
www.chateaudelanquais.fr
Fermé de octobre à fin mars. Ouvert tous les jours 10 h-19 h. Gratuit jusqu'à 6 ans. Visite libre.

Entre château fort et palais Renaissance, cette bâtisse classée et meublée possède de remarquables cheminées de pierre dentelées, un mobilier Louis XIII et des plafonds à la française. Disputée au temps des guerres de Religion, qualifiée de Louvre inachevé du Périgord, elle a abrité à la Renaissance la belle Isabeau de Limeuil. Les salons, les cuisines, les chambres sont en visite libre. Visite guidée en option et sur réservation. Le château accueille chaque année des fêtes médiévales... Il propose des locations de salles, gîtes, organisations de fêtes privées.

AUBERGE LES MARRONNIERS €€

2, Route de la vallée ✆ 05 53 24 93 78
Ouvert du jeudi au lundi le midi et le soir. Menus à 25, 28 et 32 € et menu de fêtes à 35 €. Formule du midi : 15 €.

Séverine et Maxence ont repris cette belle adresse dans le bourg de Lanquais. Avec sa grande terrasse, c'est un endroit idéal pour se réunir autour d'une belle côte de bœuf avec ses amis ou sa famille. La salle conserve le charme de l'ancien et on s'y sent bien entourés avec un service très souriant qui sait prendre le temps d'écouter. Les 3 menus mettent en avant les produits frais et la proximité des producteurs. La formule du jour trouve sa clientèle parmi les habitués qui reviennent à d'autres moments en famille. Les menus de fêtes sont très alléchants.

PASSEPORT

LE CAUSSE MARTEL

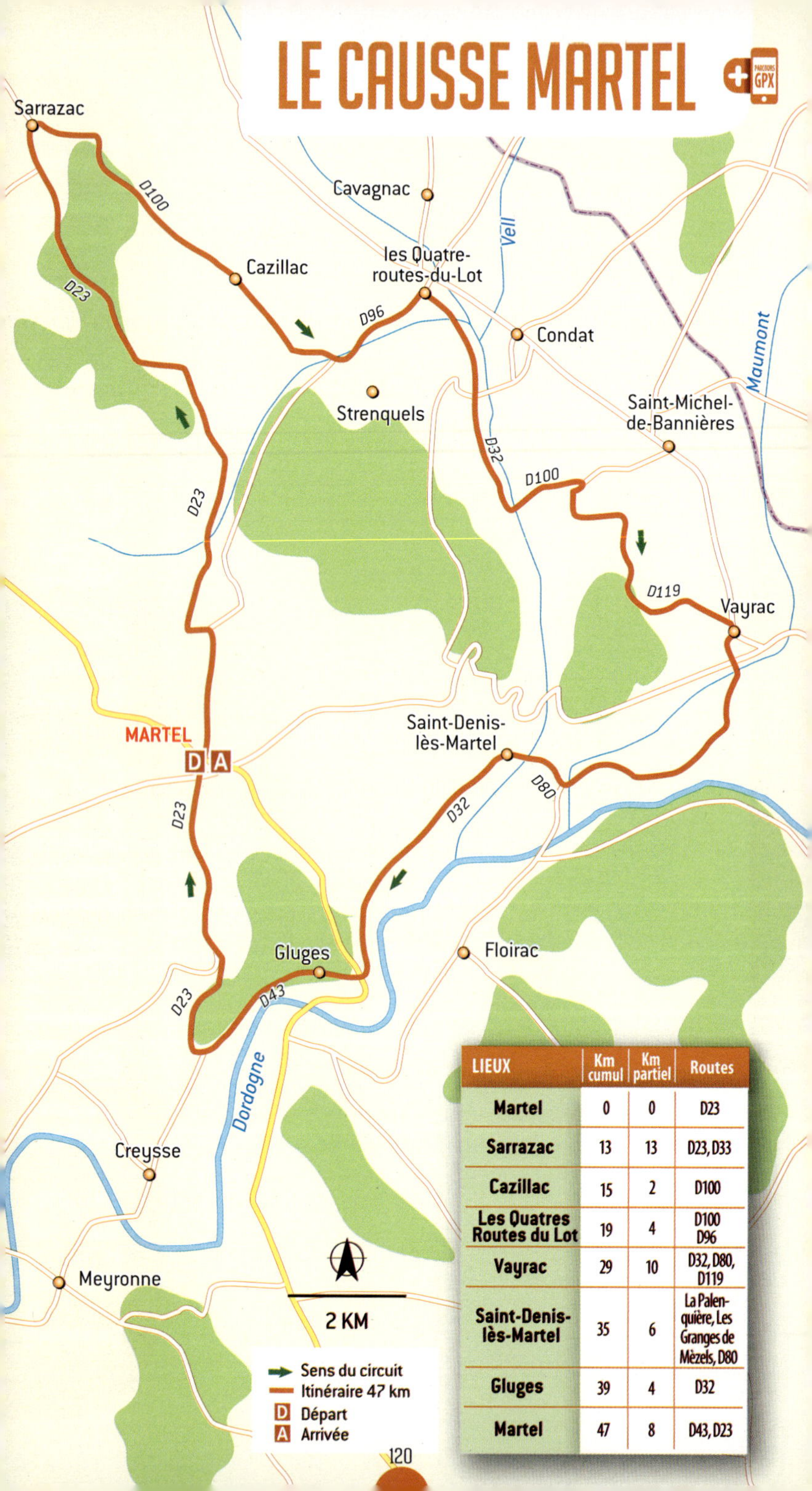

LIEUX	Km cumul	Km partiel	Routes
Martel	0	0	D23
Sarrazac	13	13	D23, D33
Cazillac	15	2	D100
Les Quatres Routes du Lot	19	4	D100 D96
Vayrac	29	10	D32, D80, D119
Saint-Denis-lès-Martel	35	6	La Palenquière, Les Granges de Mèzels, D80
Gluges	39	4	D32
Martel	47	8	D43, D23

MARTEL ★★

Cité médiévale, la ville aux 7 tours se dresse sur un plateau calcaire, le causse qui porte son nom. Voilà l'occasion de découvrir son histoire à travers la visite de plusieurs de ses monuments. La halle du XVIIIe siècle, bâtie sur l'emplacement du premier hôtel de ville où les consuls et le sénéchal de la ville se réunissaient, est remarquable, avec sa lourde charpente en châtaignier sur des piliers massifs et ses quatre mesures à grain. Un marché s'y tient mercredi et samedi matin pour perpétuer la tradition. La tour de Tournemire a servi de défense et de prison. On peut d'ailleurs y lire d'étranges graffitis sur les murs. Allez voir aussi la Maison Grise (XVIe siècle) qui fut la demeure d'Antoine Judicis, président du tribunal révolutionnaire de Paris, celui qui envoya Fouquier-Tinville dit l'archange de la terreur, à l'échafaud en mai 1795. Enfin, terminez la visite par l'église Saint-Maur, pour bien avoir Martel en tête ! Outre ce patrimoine architectural exceptionnel, Martel est aussi connue pour ses trésors gastronomiques : la truffe noire dite *tubermelanosporum* et la noix. Il ne faut pas venir à Martel sans programmer un petit tour de train à vapeur appelé le Truffadou. Outre le plaisir de voir une locomotive à vapeur en action, le voyage est également l'occasion d'admirer la vallée de la Dordogne d'un point de vue unique. Vous emprunterez une partie de l'ancienne ligne ferroviaire de Bordeaux à Aurillac fut construite entre 1880 et 1884, et mise en service en 1889. Cette ligne est taillée dans la falaise de Mirandol, surplombant la Dordogne de 80 mètres !

ÉGLISE SAINT-MAUR ✝ ★

Visite libre.

De l'église romane fondée par le doyen du monastère de Souillac, il ne subsiste que le portail avec son tympan sculpté du milieu du XIIe siècle. L'église gothique qui la remplace fut construite pendant la première moitié du XIVe siècle, puis largement reprise à la fin de la guerre de Cent Ans et augmentée, au début du XVIe siècle, d'une tour-clocher, véritable tour de défense. L'église, intégrée à l'est au mur d'enceinte de la ville, possède des chambres de guet au sommet des contreforts et une bretèche défendant la grande baie du chevet.

LA FERME DE LA TRUFFE

Pouzols - **CUZANCE**

✆ 06 89 97 84 39

www.agritourismetruffe.fr

Ouvert toute l'année. Basse saison : week-end. Pâques à Toussaint : mardi au samedi. Visite, restaurant, chambre d'hôte.

Au programme, des visites, balades dans la truffière familiale entre chênes, noisetiers, vigne et haies, démonstrations de cavage, et dégustation d'un toast de beurre truffé dans l'ancienne maison de la duchesse du Quercy. Après cela, vous aurez le loisir d'acheter des truffes en verrines ou bocaux, des huiles, des vinaigres, des moutardes, des pâtés, ou une nourriture plus spirituelle grâce aux nombreux livres sur la truffe. Si vous souhaitez prolonger la visite, Delphine se fera un plaisir de vous accueillir dans ses chambres d'hôte.

LES BALADES DANS LE LOT

© IVONNEW - ISTOCKPHOTO

Martel.

PALAIS DE LA RAYMONDIE ★

Le musée d'Uxellodunum est ouvert de fin juin à mi septembre du mercredi au vendredi de 15h30 à 18h30. Entrée 2 €.

Edifié à partir de 1280, le palais de la Raymondie fut achevé vers 1330. Palais urbain composé de 4 ailes autour d'une vaste cour, dominé par un beffroi, il a connu diverses fonctions : hôtel de ville à la Révolution, il héberge maintenant le musée d'Uxellodunum, qui renferme une collection permanente issue des fouilles effectuées sur le territoire de la Dordogne lotoise, allant du paléolithique supérieur à l'époque gallo-romaine. On y trouve en particulier les objets témoins de la dernière bataille livrée par César en -51 av. J.-C., à Uxellodunum.

REPTILAND ★

Puy Lombry ✆ 05 65 37 41 00
www.reptiland-le-renouveau.fr
Haute saison ouvert tous les jours et jours fériés de 10h à 18h30. Adulte : 10,50 €. Enfant de 4 à 12 ans : 7 €.

Venez changer votre vision des reptiles ! Dans un espace couvert et climatisé, Reptiland présente la plus belle collection de reptiles en Europe exposée en lumière du jour, soit plus de 100 espèces et plus de 200 spécimens (serpents, crocodiles, lézards, varans, iguanes, tortues, et également mygales, scorpions...), mais aussi la plus grande de France en espèces venimeuses. Chaque année, de nouvelles espèces sont ainsi présentées. Vous pouvez tout savoir sur ces reptiles grâce à des fiches disposées à chaque sas d'entrée. Un monde fascinant à découvrir.

CHEMIN DE FER TOURISTIQUE DU HAUT-QUERCY ★★

Près de la gare
✆ 05 65 37 35 81
www.trainduhautquercy.info
Ouvert de Pâques à Toussaint. Train vapeur 7-12 €. Train diesel 5,50-9 €. Musée 1 €.

Nous vous invitons à embarquer à bord d'un véritable train à vapeur ou diesel pour un voyage de 13 km aller-retour, à plus de 80 m de hauteur à la découverte de la vallée de la Dordogne. Les billets se prennent depuis le hall de gare refait à neuf mais... avec de l'ancien comme le magnifique bar en cuivre provenant d'une voiture du Trans-Europ-Express. A l'étage, le musée d'objets ferroviaires anciens vous attend. Un coup de sifflet, un panache de fumée... en voiture s'il vous plaît !

AUBERGE DES SEPT TOURS €€

Avenue de Turenne ✆ 05 65 37 30 16
www.auberge7tours.com
Ouvert toute l'année. Nuitée 75-100 €. Demi-pension. Petit déjeuner 9 €. Menus 15-33 €.

La belle Auberge des 7 Tours fait peau neuve avec une nouvelle équipe autour de Sylvie, Eric et Raymond. Tout droit venus de Normandie ils officient désormais en terres lotoises ! Cette belle Auberge en pierre abrite un petit hôtel composé de 7 chambres tout confort et un restaurant qui s'ouvre sur le terroir avec ses larges baies vitrées et sa terrasse jouissant d'une très belle vue panoramique. Hôtes de passage, vous pourrez déguster une cuisine traditionnelle à travers une large palette de saveurs. Accueil chaleureux. Une adresse comme on les aime.

CAMPING LE PIC*** €€

Le Pic - **MAYRAC**
✆ 05 65 32 25 04
www.campinglepic.com
Emplacements à partir de 4,20 €. Locatifs (5 pers. max.) à partir de 300 €/semaine. Sauna. Spa. Animaux acceptés.

Sur 3,5 hectares entre champs et bois, calme et ombragé, ce camping de qualité est doté de 50 emplacements aménagés en terrasse, avec vue imprenable sur le mont Mercou. Sur place : snack-bar, épicerie, boulangerie, laverie, salle de jeux, animations, piscine, avec de nouveaux toboggans et pataugeoire, boulodrome, location de canoës... Le camping est en pleine nature. Vous aurez le choix entre gîtes quercynois tout confort, chalets, mobil-homes, emplacements de camping, Coco Sweet, concept à la fois fonctionnel, cosy et douillet.

CHÂTEAU DE LA TUILERIE €€

D840 ✆ 05 65 27 04 47
www.latuilerie-martel.fr
Ouvert de Pâques à la Toussaint. Chambre double de 90 € à 110 €. Petit déjeuner inclus. CB non acceptée. Billard.

En vallée de la Dordogne, les châteaux sont nombreux et certains ouvrent leur porte aux hôtes comme celui de la Tuilerie, une manière d'entretenir la vie au sein de cette grande demeure du XIXe siècle. Vous accéderez à la vie de château en empruntant le bel escalier en pierre dans la tour est qui dessert les 5 grandes chambres à plafond haut, parquet massif et décor soigné. Les chambres sont superbes et étonnamment spacieuses. Le petit déjeuner, copieux et délicieux, est servi avec des confitures maison. Vous pourrez jouer au billard français dans l'orangerie.

VAYRAC

Vayrac ne vous dit rien ? Il est pourtant mémorable depuis 51 avant Jésus-Christ ! Pendant des siècles, les historiens ont recherché activement le site d'Uxellodunum, nom d'un oppidum gaulois, connu dans la littérature pour avoir été le lieu de la dernière bataille de la guerres des Gaules. Longtemps sujet à débat pour localiser cet oppidum, il a finalement été admis qu'il se trouvait au Puy d'Issolud sur la commune de Vayrac. Pendant la Seconde Guerre mondiale, la Maison Bournazel dans le centre-bourg abrita un certain nombre d'œuvres du musée du Louvre comme d'autres lieux dans le Lot, participant à la sauvegarde de trésors artistiques.

CAMPING LES GRANGES*** €€

Lieu-dit Les Granges
✆ 05 65 32 46 58
www.les-granges.com

Ouvert de mi-mai à mi-septembre. Emplacement 25 € env. Locatif à partir de 250 €/semaine. Piscine. Animaux acceptés.

Dans un parc de 5 hectares, le camping propose 150 emplacements dans un agréable environnement fait de grands arbres qui s'apprécient au moment des fortes chaleurs d'été. Son emplacement en bordure de rivière en fait un lieu de départ pour de nombreuses activités comme la baignade, le canoë, le VTT ou encore la randonnée équestre. Ce parc arboré constitue le site idéal pour les amateurs d'un tourisme familial et vert. Une très belle situation dans un écrin de verdure avec accès direct, via un petit sentier, à la rivière et ses charmantes plages de galets.

CHALETS MIRANDOL DORDOGNE €€

Vormes ✆ 05 65 32 57 12
www.mirandol-dordogne.com

Ouvert de début avril à fin septembre. De 180 € à 730 € la semaine selon saison. Piscine, canoë, pêche...

Les Chalets Mirandol Dordogne offrent calme et tranquillité dans un écrin de verdure entre la rivière et un lac de 13 ha et son restaurant. Seul véhicule autorisé : le vélo. Jeux pour enfants, parcours santé, circuit VTT et nombreux chemins de promenade. Cadre idéal pour les amateurs de pêche ou de canoë. Dotés de terrasses sans vis-à-vis, les chalets en bois, d'une capacité d'accueil de 2 à 6 places, sont confortables et bien équipés. Un séjour dans une nature préservée vous attend.

LA GABARE DE VAYRAC €€

vormes
✆ 05 65 27 19 26

Ouvert le mardi soir et du mercredi au dimanche midi et soir.

La Gabare de Vayrac oscille entre restaurant et guinguette, et c'est un plaisir ! Les assiettes sont belles et gourmandes avec des produits frais et locaux. Pleines de couleurs et de saveurs, elles mettent notamment en valeur le terroir lotois : magrets fumés, foie gras, cabécou, confit de canard, noix du Périgord, truite... Le cadre bucolique est particulièrement agréable, et les enfants pourront profiter de l'aire de jeux et de la piscine. La grande terrasse en bois et couverte, illuminée de loupiotes le soir, participe à l'ambiance décontractée et festive.

SAVEURS D'UXELLODUNUM - FERME DE ROUBEGEOLLES €€

lieu-dit Roubegeolles
✆ 06 81 57 70 19

Ouvert en saison tous les jours midi et soir. Menu 22 €. Animations.

Aller à la ferme de Roubegeolles, c'est tout une aventure ! Il s'y passe toujours quelque chose d'extraordinaire : des ateliers de poterie et de céramique, de teinture végétale ou de verre filé et soufflé, des marchés artisanaux nocturnes, la visite de la ferme et de ses animaux, des jeux en bois, des démonstrations et saynètes de la vie gauloise, des concerts, des repas gourmands, et un grand banquet gaulois : une véritable immersion dans l'histoire par les papilles et la fête !

UXELLODUNUM

✆ 06 71 84 51 17
www.uxellodunum.com

Visite guidée sur réservation. À partir de 12 ans : 5 €. - 12 ans : gratuit.

En 51 avant Jésus-Christ, alors que la Gaule est sous le joug romain, un petit village résiste à l'envahisseur... Cette dernière bataille est nommée Uxellodunum et son positionnement exact a longtemps fait débat. Plusieurs lieux continuent de revendiquer l'appellation d'Uxellodunum, mais c'est à Vayrac, au Puy d'Issolud, que le ministère de la Culture l'a officialisée en 2001. Découvrez un site à la fois exceptionnel par sa beauté naturelle et par son histoire riche et passionnante. Des guides expérimentés et passionnés se feront un plaisir de vous la partager.

PADIRAC, ENTRE PRÉHISTOIRE ET GÉOLOGIE

LIEUX	Km cumul	Km partiel	Routes
Padirac	0	0	D60
Gintrac	9	9	D60, D90, D60
Castelnau	14	5	D30
Saint-Michel-Loubèjou	17	3	D43
Autoire	27	10	Suivre Durand D19, D807, D30, D38
Padirac	35	8	D38, D673

PADIRAC ★★★

Padirac sonne comme le nom d'une marque de tourisme, mais c'est avant tout celui d'un village des Causses du Quercy. Il est marqué par l'histoire dont les traces sont visibles par les murs : ceux de son château, de l'église Saint-Julien et de la chapelle romane du XIe siècle. En parcourant la voie romaine, nous pouvons encore remonter le temps jusqu'aux dolmens, nombreux dans les environs. Padirac c'est aussi son gouffre, rendu célèbre en 1889 par Edouard-Alfred Martel, père fondateur de la spéléologie. C'est l'une des plus grandes curiosités géologiques françaises. On y accède par son entrée monumentale de 35 m de diamètre et de 103 m de profondeur.

CAMPING ROCA D'AMOUR**** €€€

Lieu-dit Mathieu ✆ 05 65 33 65 54
www.camping-roca-damour.fr

Ouvert de fin avril à début septembre. Emplacement à partir de 16 €. Locatifs à partir de 160 €/sem. Mobil-homes PMR.

Le camping Roca d'Amour propose des emplacements spacieux, bien délimités, au milieu d'une nature préservée. Camping classé 4 étoiles, il est divisé en deux parties, Roca d'Amour 1 (les Chênes) et Roca d'Amour 2 (le Parc). Vous pourrez ainsi profiter de 2 espaces aquatiques : le 1er chauffé avec piscines et toboggans (ouvert d'avril à septembre), le 2nd sur 1 000 m² (ouvert de fin juin à début septembre) avec une piscine, une pataugeoire et 6 toboggans aquatiques. Vous pouvez choisir de réserver un emplacement nu, louer une tente, un mobil-home ou un chalet.

GOUFFRE DE PADIRAC ★★★★

Le Gouffre ✆ 05 65 33 64 56
www.gouffre-de-padirac.com

Ouvert 7/7 de Pâques à Toussaint. Réservation conseillée. Gratuit -4 ans /- de 12 ans 14,50 € / adulte 19,50 €.

Cavité naturelle de 33 mètres de diamètre et profonde de 75 mètres, le Gouffre de Padirac est le premier site du patrimoine naturel souterrain en France, il est considéré comme une curiosité géologique majeure. L'exploration débute par la descente d'un escalier d'inspiration Eiffel totalisant 207 marches sur les 543 que vous allez parcourir. Après la découverte de galeries accessibles uniquement à pied, un embarcadère permet de prendre place dans une barque, menée par un guide-batelier, pour une promenade pédagogique au fil de l'eau. Le spectacle est grandiose !

L'AUBERGE DE MATHIEU €€

✆ 05 65 33 64 68
auberge-de-mathieu.monsite-orange.fr

Ouvert en haute saison. Terrasse.

A moins de 300 m du Gouffre de Padirac, cette auberge est tenue depuis près de 30 ans par Catherine et Christian. En 2021 l'auberge change de ton et propose à partir du 1er juillet un bistro boutique d'un nouveau genre. Vous trouverez des produits du terroir - fil d'ariane de l'adresse - des salades, des verrines, des grillades.... A la découverte des produits du terroir, vous pourrez profiter de la salle, de la véranda ou de la terrasse fleurie, très appréciable aux beaux jours. Service minimaliste : tout se passe derrière le vieux comptoir en bois. A tester.

LA CHARMILLE*** €€

✆ 05 65 33 64 47
www.lacharmille.info/fr

Nuitée de 95 € à 110 €. Demi-pension. Petit déjeuner 12 €. Parking inclus. Sauna.

Pierres et tradition caractérisent les prestations offertes par cette charmante adresse. Cette bâtisse quercynoise a tous les atouts pour vous combler : un emplacement privilégié dans un lieu hautement touristique tout en gardant une grande quiétude, des pierres apparentes à tous les étages et un agréable jardin agrémenté d'une piscine chauffée en retrait de la route. Le tout couronné par une cuisine dans laquelle on retrouve tout le terroir du Lot. A partir d'octobre, le chef propose de déguster des recettes à base de gibier. Salle de bridge, boulodrome et sauna.

L'AUBERGE DU GOUFFRE €€

Gouffre de Padirac
✆ 05 65 33 64 56
www.gouffre-de-padirac.com

Ouverture liée à celle du gouffre, mêmes horaires que la billetterie. Snack à partir de 11h30. 20 € env.

Avant ou après votre visite, l'Auberge du Gouffre vous propose de quoi vous restaurer à travers une cuisine familiale et conviviale grâce à deux formules l'Auberge et la Buvette. Avec la première proposition, vous trouverez une vraie table ; avec la buvette c'est une formule snack. Spécialités régionales : canard, saucisses fraîches, salade lotoise ou amadourienne, truite, rocamadour et noix du Périgord figurent en bonne place. Côté snack, on retrouve une carte traditionnelle du genre. Un accueil sympathique et un parking tout proche du site, n'hésitez pas !

AUTOIRE ★

Surnommé le Petit Versailles, Autoire est encerclé par un impressionnant cirque de falaises. Le village émerge avec sa forêt de tourelles, de façades ouvragées et d'élégantes gentilhommières où les notables de Saint-Céré venaient se détendre. Entourant son église romane du XIIIe siècle, qui conserve d'amusants modillons sculptés, une abside en cul-de-four et une coupole sur pendentif, le village dévoile ses maisons à encorbellement et leurs toits de tuiles brunes, égayées de lucarnes, dominé par l'ancien château de Limargue, manoir du XVe remanié aux XVIe et XVIIIe siècles. Cet écrin fut pourtant assiégé par les Godons puis devint une base pour les raids d'un tristement célèbre chef écorcheur de Figeac, Bernard de La Salle, à la fin du XIVe siècle. Les vestiges accrochés à la roche du cirque auraient été ceux de son nid d'aigle. Autoire est classé parmi les « Plus beaux villages de France ». Une très belle vue d'Autoire vous est offerte depuis le circuit de la cascade lorsque vous arrivez au point haut du parcours à Siran. Sa cascade justement est l'un des points d'orgue des lieux. Elle attire de nombreux visiteurs en quête de nature et de curiosités. C'est la cascade la plus haute du Lot avec ses 30 m de hauteur. À noter que pour en apprécier toute la puissance, il vaut mieux venir l'admirer hors saison. L'été, lorsque l'eau est plus rare, elle coule souvent en petits filets. Cependant, la balade dans la fraîcheur de la forêt reste très agréable. Pour les plus sportifs, nous vous conseillons de pousser la randonnée jusqu'au château des Anglais, petit trésor du patrimoine.

AUBERGE DE LA FONTAINE €€

Le Bourg
✆ 05 65 10 85 40
www.auberge-de-la-fontaine.com

Ouvert du mardi au dimanche midi et soir de mars à novembre. Formule du midi 12,50 €. Menu terroir 25,50 €. Terrasse.

Delphine et Stéphane vous proposent une cuisine régionale à base de produits du terroir qui se décline en tourin, truite, foie gras en terrines, confits, magrets. C'est un plaisir de déguster cette cuisine dans la grande salle en pierres apparentes, agrémentée par la cheminée. Une vie de château à prix modique ! Et si vous avez succombé aux saveurs locales, la boutique « terroir » saura satisfaire vos envies. Possibilité de dormir sur place dans une des neuf chambres dont dispose l'auberge pour profiter plus longuement de l'authenticité du village d'Autoire.

LE PÈLERIN GOURMAND

Place de la Fontaine
✆ 05 81 71 67 76

Ouvert toute l'année et 7j/7 en été. Terrasse avec glaces et rafraîchissements.

S'il est un lieu de délices, c'est bien Le Pèlerin Gourmand d'Autoire, véritable caverne d'Ali Baba. Chez Ghislaine, ambassadrice de la gastronomie lotoise, on trouve de tout mais que du bon et du très très bon ! Dans sa petite boutique aux allures de brocante chic, cette amoureuse du travail bien fait est une véritable connaisseuse des produits qu'elle vend et elle connaît chaque artisan, chaque petite entreprise détentrice de savoir-faire d'exception. La liste des produits est infinie et d'une très belle qualité que ce soit en version salée ou sucrée.

LA CASCADE D'AUTOIRE

Accès libre. Bien respecter le circuit balisé.

Autoire et ses environs, avec sa célèbre et magnifique cascade, font partie de ces lieux enchanteurs, nichés au cœur du Lot et qui font l'âme du Quercy. C'est la cascade la plus réputée du département. Elle est située dans la vallée de la Dordogne, à 2 km du village d'Autoire. Un GR permet de découvrir une partie magnifique de la rivière où plonge une cascade de 30 mètres - la plus haute du département. Ce même GR rejoint une crête en passant par le « château des Anglais » ou château de la Roque d'Autoire, datant du XIIIe siècle.

LE CHÂTEAU DES ANGLAIS

Monument historique. Accès libre.

Appelé également La Roque d'Autoire, le Château des Anglais est une ruine médiévale semi-troglodyte. Le baron de Castelnau-Gramat a commencé la construction de ce château accroché à la falaise à la fin du XIIe siècle. Un siècle plus tard, il sera cédé par le roi de France au roi d'Angleterre et utilisé par des mercenaires et des routiers pendant la guerre de 100 ans, puis par les protestants. Il est abandonné au XVIIIe siècle. Il fut inscrit au titre des Monuments historiques en 1925. Désormais, il fait le bonheur des randonneurs et des férus d'Histoire.

ROCAMADOUR, ENTRE OUYSSE ET CAUSSE

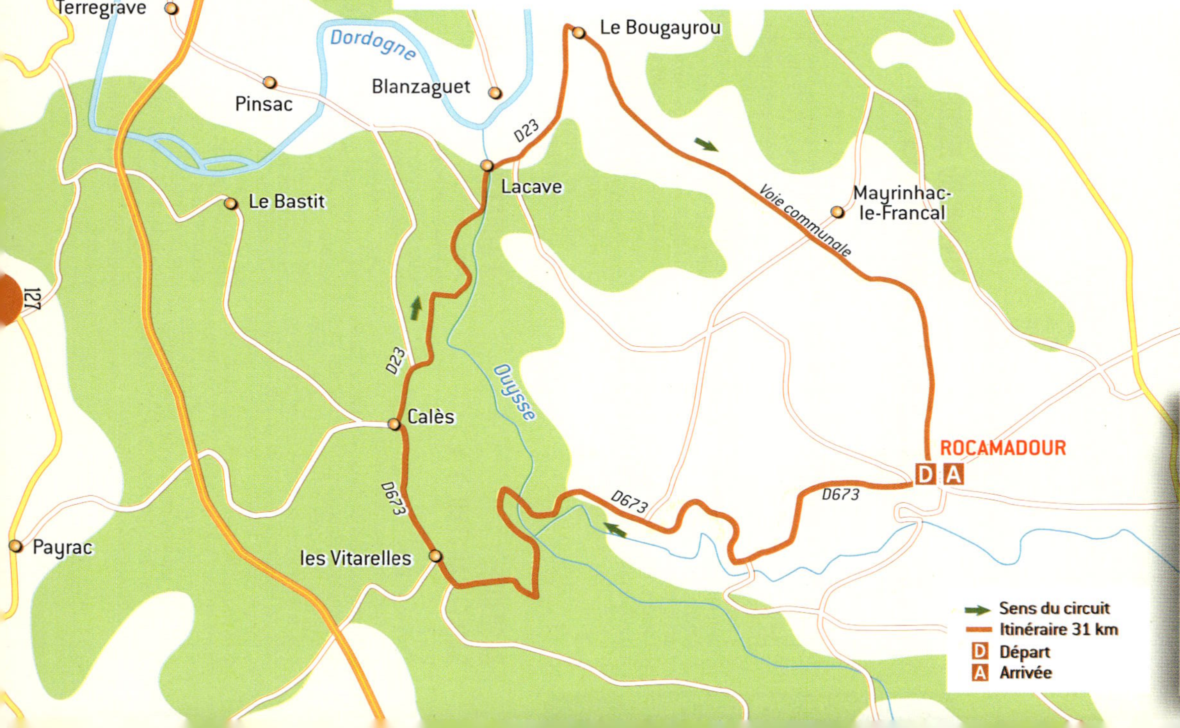

LIEUX	Km cumul	Km partiel	Routes
Rocamadour	0	0	D673
Calès	13	13	D673
Lacave	19	6	D23
Le Bougayrou	22	3	D23
Mayrinhac-le-Francal	27	5	
Rocamadour	31	4	Suivre Les Alix L'Hospitalet

ROCAMADOUR ★★★★

Rocamadour est le deuxième site touristique le plus visité de France après Le Mont-Saint-Michel. En arrivant de la route de Couzou, vous serez saisi par l'audace des bâtisseurs qui ont construit la cité à travers les siècles. Édifiée au sommet d'un roc de 150 à 350 m de hauteur, Rocamadour domine la vallée de l'Alzou. Dans son écrin de roche, la cité aux pierres blanches trouve son origine aux confins de l'histoire et des légendes. Les historiens ont du mal à retrouver la date de naissance de cette cité. Au Paléolithique elle abritait déjà les premiers hommes comme peuvent l'attester les dessins qui ornent les parois de la grotte des Merveilles. Mais c'est au Moyen Âge que se dessine véritablement Rocamadour. Le XIIe s. marque un tournant dans la vie de la cité. On découvre en 1166 les restes intacts de saint Amadour qui donnera son nom à la cité. Des premiers miracles sont attestés et le rocher se dédie alors à la Vierge. Ici, elle sera noire ! C'est l'un des trésors de Rocamadour : la petite statue de sa Vierge noire dont l'origine reste un sujet de polémique. La cité mariale devient un lieu de pèlerinage réputé qui voit passer des anonymes mais aussi de bien célèbres pèlerins (Henri II d'Angleterre, Simon de Montfort, Blanche de Castille et Louis IX de France, saint Dominique et saint Bernard, entre autres figures illustres) qui viennent y vénérer la Vierge noire et le tombeau de saint Amadour. Aujourd'hui encore, Rocamadour est la deuxième cité mariale de France après Lourdes. Elle attire chaque année 1,5 million de visiteurs.

BASILIQUE SAINT- SAUVEUR ✞ ★

D 673

✆ 05 65 14 10 59

www.sanctuairerocamadour.com

Cette basilique des XIe-XIIIe s., époque de transition entre arts roman et gothique, est des plus singulières. Ses deux nefs sont en effet adossées aux parois de la falaise. La mezzanine en bois qui les surmonte est elle un ajout du XIXe s. Dans le chœur, on admire le bas relief en bois doré de l'autel représentant l'Assomption et le Christ en bois polychrome du XVIe s. qui le surmonte. L'église basse du XIIe s. est une crypte qui abritait jadis les reliques de saint Amadour. Sa voûte quadripartite, soutenue par un grand arc doubleau, est de toute beauté.

CHAPELLE NOTRE- DAME ✞ ★

Cette chapelle est considérée comme le joyau sacré de Rocamadour. Reconstruite en style gothique flamboyant, elle s'ouvre sous un tympan sculpté sur une façade agrémentée de fresques du XVe siècle. Nef et chœur, voûtés d'ogives, sont surmontés de tribunes de pierre, tandis qu'au plafond est suspendue une cloche miraculeuse, renommée pour sonner d'elle-même les miracles. De nombreux ex-voto témoignent de la reconnaissance des croyants. Sur l'autel, la statue reliquaire de la Vierge noire du XIIIe siècle portant sur son genou gauche l'Enfant Jésus au visage adulte.

ÉCOPARC DU ROCHER DES AIGLES ★★

Marcayou

✆ 05 65 33 65 45

www.rocherdesaigles.com

Haute saison ouvert tous les jours de 10h à 20h. Adulte : 11 €. Enfant de 4 à 13 ans : 7 €.

Ce parc ornithologique présente des centaines d'oiseaux très rares du monde entier dont le pygargue à queue blanche et un condor des Andes. Sa vocation est de montrer des oiseaux mais aussi de soigner les individus blessés recueillis par les gardes-chasses et reproduire les espèces en captivité. Une pléiade d'oiseaux vous offre un voyage aérien unique. Si les aigles sont ici les rois, vous découvrirez d'autres espèces du vautour au perroquet en passant par les chouettes et les hiboux.

LA FORÊT DES SINGES ★★★

L'Hospitalet ✆ 05 65 33 62 72

www.la-foret-des-singes.com

Haute saison ouvert tous les jours de 9h30 à 18h30. Adulte : 9,50 €. Enfant de 5 à 14 ans : 5,50 €. Jeu de piste.

La forêt présente dans un cadre naturel de 20 hectares, plus de 150 macaques de Barbarie (ou magots), une espère protégée, originaire des montagnes marocaines et algériennes. La visite s'effectue au milieu des singes en liberté sur un itinéraire de 1,3 km. La proximité avec les animaux promet bien des émotions. Vous découvrez leur façon de vivre en groupes, leurs jeux, leur mode de vie, leurs habitudes, etc. Une animation « nourrissage des animaux » est assurée toutes les 45 minutes par des soigneurs. Un vrai moment de découverte pour les visiteurs.

La cité de Rocamadour.

© JAVIER GIL - FOTOLIA

GROTTE PRÉHISTORIQUE DES MERVEILLES ★

L'Hospitalet © 05 65 33 67 92
www.grottedesmerveilles.com

Réservation obligatoire par téléphone. Mois, jours et horaires sur le site. Adulte : 8 €. Enfant de 5 à 11 ans : 5 €.

Situé à 100 m à peine du panorama de Rocamadour, l'accès à ces grottes est facile, une petite quinzaine de marches seulement à descendre. La visite commence par la vision de jolies concrétions et de gours où se reflètent des stalactites. On éprouve une certaine émotion devant le travail d'artistes du Paléolithique supérieur qui, voilà plus de 20 000 ans, ont fait de ce lieu un sanctuaire remarquablement orné de peintures rupestres (chevaux, cerfs, félins et six mains négatives).

REMPARTS DE ROCAMADOUR ★★★

www.vallee-dordogne.com

Ouvert toute l'année. Tous les jours de 8h à 20h. Tarif : 2 €.

Rocamadour est une cité médiévale connue à travers le monde pour sa beauté et sa situation, accrochée à la falaise, extraordinaire : les maisons, chapelles et autres édifices semblent empilés les uns sur les autres. La ville a une histoire tout aussi impressionnante que son agencement, où son château et ses remparts étaient aux premières loges. Du fort du XIVe siècle qui était érigé pour protéger la ville, il reste des vestiges qui en montrent sa grandeur. Rocamadour est un haut lieu de pèlerinage spirituel depuis plus de mille ans : des miracles s'y seraient accomplis, il était donc indispensable de protéger le sanctuaire. Les remparts en surplomb du château de Rocamadour, tout en haut du village, interdisaient l'accès à la cité par le haut de la falaise. Entre ciel et terre, la vue depuis le chemin de ronde offre depuis des siècles un panorama unique sur le site, la vallée de l'Alzou et le canyon : attention, il est certain que vous serez impressionné. En cheminant par ces remparts, on peut ressentir l'Histoire et imaginer les scènes qui s'y sont déroulées. En juillet et août, des visites nocturnes guidées des sanctuaires sont proposées pour rendre le parcours d'autant plus fort en émotions. Il ne serait pas surprenant de voir surgir un chevalier en armure sur son destrier ! La descente vers la cité se fait soit par un ascenseur, soit par le chemin de croix, qui vaut lui aussi d'être parcouru : malgré son nom, lorsqu'on l'emprunte pour redescendre, il est fort agréable de s'y promener.

SANCTUAIRE NOTRE-DAME DE ROCAMADOUR

Résidence des Chapelains
© 05 65 14 10 59
www.sanctuairerocamadour.com

En accès libre toute l'année.

Cela fait près de mille ans que le sanctuaire Notre-Dame de Rocamadour est fréquenté par les pèlerins venus du monde entier. C'est une toute petite statue de la Vierge Noire vers qui convergent tous ces pèlerins. Agrippée à la paroi rocheuse du canyon de l'Alzou, la cité de Rocamadour est saisissante. Livre ouvert sur une magnifique page d'histoire humaine et spirituelle, sur fond de coteaux. Un sanctuaire primitif, dédié à Notre-Dame, existait déjà bien avant le Xe siècle, bordant le spectaculaire canyon de l'Alzou. En 1616, la découverte du corps d'un ermite, désigné comme étant celui de saint Amadour, fit du site un lieu de pèlerinage fréquenté par toute la chrétienté ainsi qu'une étape incontournable sur le chemin de Saint-Jacques-de-Compostelle. D'illustres personnages s'y rendent, saint Bernard et saint Dominique, Saint Louis et sa mère Blanche de Castille, Henri II Plantagenêt. Au XIIIe siècle sont alors construites les différentes chapelles du sanctuaire et la fortification du château. Au XIVe siècle, le pèlerinage atteint son apogée. Les guerres de Religion ruinèrent le sanctuaire. Les reliques sont détruites. La renaissance du pèlerinage ne se fit qu'au XIXe siècle, grâce à l'abbé Caillau, aidé par le père Pierre Bonhomme, fondateur des Sœurs de Notre-Dame du Calvaire de Gramat, dans le Lot. En 1853, la Vierge de Rocamadour est l'une des premières à être couronnée en France. Le musicien Francis Poulenc, venu en touriste, s'y convertit au catholicisme en 1936.

© WJAREK - SHUTTERSTOCK.COM

LA GRELOTTIÈRE €

Lafage

✆ 05 65 11 85 48

Ouvert de début avril à mi-novembre. Chambre double 50 € petit déjeuner inclus. Accueil pèlerin. Table d'hôte.

Situé au hameau de Lafage, la Grelottière propose ses hébergements pour organiser vos étapes. Un corps de ferme du XVIIIe siècle, purement quercynois, dont l'âme a traversé le temps. Le calme et le charme du lieu restent le gage de la réussite de votre séjour en Quercy. A deux pas de Rocamadour, pour les moteurs, vous arriverez par la D673. Pour les randonneurs, un chemin pédestre et équestre à partir du château de la cité. Vous aurez également l'option d'accès direct par la vallée de l'Ouysse ou le canyon de l'Alzou. Charme, accueil, gastronomie...

RELAIS DU PÈLERIN €

L'Hospitalet

✆ 05 65 33 23 23

www.lerelaisdupelerin.fr

Du 1er avril au 11 novembre. Pour 80 personnes. Wifi gratuit.

Comme son nom l'indique clairement, le Relais du Pèlerin (ou Centre d'accueil et d'hébergement Notre-Dame) est un lieu d'hébergement pour les pèlerins – ou les simples visiteurs – en chemin vers Compostelle sur la voie du Puy. Installé sur les hauteurs de Rocamadour, dominant la vallée de l'Alzou, dans une ancienne forteresse appelée Le Château, ce relais permet aux pèlerins de trouver un accueil chrétien et de passer un séjour paisible, loin de la foule et de l'agitation. Un beau jardin permet également de se reposer et de méditer en toute quiétude.

ENVIES DE TERROIR €€

Rue de la Couronnerie ✆ 05 65 33 67 38

www.enviesdeterroir.site-solocal.com

De mi-février à début novembre. Haute saison 7/7 midi et soir. Carte à partir de 12,50 €. Menu 26,50 €. Terrasse.

Au cœur du village, la brasserie Envies de Terroir propose de faire une halte gourmande dans un décor moderne. En misant uniquement sur la qualité et en privilégiant les collaborations avec les producteurs locaux, la cuisine de cette brasserie *made in* Sud-Ouest détonne dans l'assiette. Sur la carte, uniquement des plats typiques : foie gras de canard maison, salade quercynoise, cassoulet gratiné maison... Tous les desserts sont faits maison. L'après-midi l'établissement fait également bar et on peut y déguster glaces, gaufres de Liège et pâtisseries !

LE ROC DU BERGER €€

Bois de Belveyre

✆ 05 65 33 19 99

www.rocduberger.fr

Ouverture de fin mars à fin octobre. Ouvert 7/7 midi et soir en été. Menus de 18 € à 22 €. Jardin. Terrasse. Boutique.

Situé à l'écart de Rocamadour, ce restaurant joue la carte de l'originalité en proposant une cuisine au feu de bois des viandes locales, entendez par là : canard, agneau du Quercy et truite de l'Ouysse. Les produits sont bien sûr locaux et de bonne qualité. C'est l'occasion de découvrir le magret de canard, les grillades d'agneau ou encore le confit de canard doré à la braise. En dessert, le gâteau aux noix est parfait. Pour tous les budgets, le terroir s'offre à vous dans un cadre boisé et convivial, loin du cliché gastronomique de la cuisine quercynoise.

LOT & BIKE ROCAMADOUR

Route du château

✆ 06 14 65 77 62

www.location-velo-lot.com

Ouvert d'avril à octobre. Location/ Vente. Location à partir de 25 € (VAE). ANCV.

Et si vous découvriez le Lot et le vélo autrement ? Lot & Bike, situé sur les hauteurs de Rocamadour, vous propose la location de vélos à assistance électrique (VAE), VTT AE, VTC AE, VTC, vélo enfant... de la 1/2 journée à plusieurs jours. En quelques coups de pédales, la nature et le merveilleux patrimoine Lotois s'offrent à vous. Entre causse et vallée, c'est vous qui choisissez... Nous vous conseillerons un parcours sur mesure, au plus près de vos envies. N'hésitez plus, foncez ! Le vélo devient désormais accessible à tous !

CAFÉ-THÉÂTRE CÔTÉ ROCHER

Rue Roland-Le-Preux

✆ 05 65 10 93 39

Ouvert toute l'année. Entrée : 16 €. CB non acceptée. Chèque Vacances. Bar et côté grignotage.

Corinne Delpech, ancienne comédienne de la compagnie Bouvard à Paris, parrainée par Patrick Sébastien, revient chez elle à Rocamadour en 2006 pour ouvrir ce café-théâtre. Dans un endroit atypique et intimiste, vous trouverez des spectacles pour toute la famille : spectacles comiques, one-man show, soirées musicales... Côté Rocher, une terrasse extérieure avec vue sur la grotte, et le château vous fera passer en été un agréable moment de détente. Le café-théâtre est ouvert tout au long de l'année et propose une programmation riche et variée.

CALÈS

Située dans le Causse de Gramat, proche des grands sites touristiques du Lot (Gouffre de Padirac, Rocamadour), Calès est une bourgade authentique de moins de 200 habitants. Son nom est apparu pour la première fois en 930, et le village connut une histoire faite de pillages, de guerre de religion, de peste et de phylloxera qui détruisit toutes ses vignes. Désormais, on s'y arrête pour profiter de sa nature, toujours aussi abondante à travers les siècles : chemins de randonnées, balades à cheval, descente en canoë-kayak... Il est parfois possible, sous certaines conditions, de pratiquer la plongée spéléo dans le gouffre Saint-Sauveur. Avis aux amateurs !

GOUFFRE DE SAINT-SAUVEUR

A 7 km du bourg de Calès, dans la vallée de l'Ouysse.

La couleur de l'eau rappelle celle des mers caribéennes, mais il s'agit bien d'une résurgence des eaux souterraines de l'Ouysse et des infiltrations des causses de Gramat. Au milieu de la forêt, le soleil passe en un puits de lumière pour éclairer le gouffre de 25 m de diamètre et de 180 m de profondeur. L'ambiance y est magique. Le lieu est idéal pour une pause pique-nique ou simplement pour se détendre. Mais attention à bien respecter le lieu et les consignes : il s'agit d'un espace naturel sensible, sans aménagement, et le chemin peut être cabossé et dénivelé.

GALERIE LE LIEU-DIT

375, Chemin de Sainte-Marie
© 07 85 32 53 45

Ouvert de mai à octobre. Mercredi, jeudi et samedi 14h-18h. Vendredi et dimanche sur RDV.

Prenez le temps de suivre le chemin qui mène à la Galerie du Lieu-Dit. Vous serez accueillis par Annie Decupper, photographe qui a ouvert sa galerie dans son habitation. En effet, cette envie qui lui trottait dans la tête s'est concrétisée en 2018. Elle vous fait désormais découvrir des artistes qu'elle a sélectionnés pour leur travail souvent intimiste et délicat. Peu importe la pratique artistique, elle fonctionne avant tout à l'émotion, et la partage volontiers avec ses visiteurs : 3 ou 4 expositions sont organisées chaque année.

LACAVE ★

Habité depuis le Paléolithique, Lacave jouit de sa position dans la Vallée de la Dordogne, en bord de rivière, avec de magnifiques plages de galets. Toutes les activités aquatiques propres à ce milieu sont praticables : baignade, pêche à la mouche, canoë ou simple contemplation du courant. Si Lacave est un petit village, il rayonne pour ses attraits patrimoniaux, gastronomiques et historiques. Petit concentré de la beauté de cette vallée, Lacave possède un magnifique patrimoine souterrain avec ses grottes remarquables. Lacave c'est aussi deux châteaux : celui de Belcastel qui est privé et celui de La Treyne qui ouvre les portes de ses jardins.

MOULIN DE COUGNAGUET

© 05 65 32 63 09

1er avril-30 septembre : lundi au dimanche 10h-12h/14h-18h. 1er-30 octobre : lundi au dimanche 10h-12h/14h-17h. 6 €.

Dans un coin de verdure du village de Calès, le moulin de Cougnaguet est toujours en activité pour fabriquer de la farine. Il a pourtant été bâti au XIVe siècle par des moines cisterciens de l'abbaye des Alix, située à quelques pas de Rocamadour. Edifié sur le cours d'eau de l'Ouysse qui se jette ensuite dans la Dordogne, ce moulin à eau a été classé Monument historique en 1925. Aujourd'hui, Hubert fait visiter le moulin et explique son fonctionnement : voir l'énorme meule tourner pour écraser le grain par la seule force de l'eau est impressionnant.

© COMPASS AND CAMERA

Vue sur le château de Belcastel.

CHÂTEAU DE LA TREYNE ★

la Treyne
✆ 05 65 27 60 60
www.chateaudelatreyne.com
Ouvert de Pâques à la Toussaint. Luxe. Vue exceptionnelle.

Perché sur un rocher baignant dans la Dordogne, le château de la Treyne offre un spectacle remarquable. L'industriel Auguste-Gabriel Savard y a fait réaliser d'importantes transformations et confie le dessin du parc à la française à l'un des plus grands paysagistes de l'époque, Edouard André. Les chambres seront un nid douillet et luxueux dans un cadre majestueux. Les « séminaristes » travailleront dans la chapelle romane et se verront déguster ensuite un repas du chef étoilé qui officie, Stéphane Andrieux. L'adresse fait partie des Bonnes Tables du Lot. Royal !

GROTTE DES CARBONNIÈRES

✆ 05 65 32 28 28
grottedescarbonnieres.com/
Ouvert toute l'année sauf janvier. Voir les horaires sur le site. Adulte : 8,90€. Enfant : 4,80€. Gratuit -5 ans.

La grotte des Carbonnières à Lacave est une véritable pépite de la préhistoire : découverte dans les années 2000, elle a ouvert ses portes au public en 2017. Riche de colonnes, stalactites et stalagmites impressionnantes, elle se déroule sur 350 m de galeries, dont certaines atteignent les 15 m de hauteur. Le visiteur a le choix de la découvrir librement ou de bénéficier des explications passionnantes du guide sur la vie des hommes préhistoriques dans cette grotte et la formation des concrétions. Le spectacle son et lumière rend la visite totalement magique.

CAMPING LA RIVIÈRE*** €€

Le Bougayrou ✆ 05 65 37 02 04
www.campinglariviere.com
Ouvert du 30 avril au 17 septembre. Emplacement 2 pers à partir de 16 € et locations à partir de 299 € (hors saison).

Entre Lot et Dordogne, dans un site naturel d'exception, le Camping La Rivière vous accueille au bord de la Dordogne, les pieds dans l'eau ! Vous y trouverez une piscine chauffée et des animations pour les enfants, les ados et les adultes. Restauration à emporter en saison. Pain et viennoiseries, bar hors saison. Le Camping La Rivière est un camping familial où toutes les générations se retrouvent ! Labellisé Camping Qualité et Hébergement Pêche, vous pourrez pratiquer toutes les activités de rivière : baignade, canoë, pêche… Bienvenue au Camping La Rivière !

GROTTES DE LACAVE ★★★

Le Bourg
✆ 05 65 37 87 03
www.vert-marine.info/grottesdelacave/
Ouvert à l'année sauf en janvier. Horaires sur le site. Entrée 12€/adulte 8€/enfant. Visite guidée. Restauration.

Le fameux bio-spéléologue scientifique Armand Viré, qui a son musée à Luzech pour ses travaux sur les traces de dinosaures, est aussi à l'origine de la découverte des grottes de Lacave en 1902, dans les falaises qui bordent la Dordogne, de leur aménagement et de leur ouverture au public. Ces grottes sont uniques par leur grande beauté mais, depuis 1961, aussi par leur accès : un petit train électrique grimpe 400 mètres dans la roche pour vous amener au cœur de la colline, et stationne dans une gare bien particulière. A votre arrivée, vous découvrez la Grande Salle du Chaos : son nom fait peur, mais son acoustique est si exceptionnelle qu'elle permet d'y organiser d'extraordinaires concerts durant l'été.

Commencez alors la visite en partant à la découverte de 12 salles plus féeriques les unes que les autres. De nombreux lacs, et des concrétions, prennent des formes curieuses. Admirez la Cascade laiteuse, les Excentriques, la Tarasque, les 3 Parques, le Couloir des neiges, la salle des Lumières Noires. Durant la visite guidée, des histoires extraordinaires vous seront contées, à propos d'un dragon légendaire, d'une araignée géante ou d'un ange. Arrêtez-vous longuement dans celle du Grand Dôme, avec sa hauteur de 60 mètres, ou dans la salle des Mirages qui, par le reflet de son plafond, offre le spectacle fantastique d'une ville engloutie. Vous irez jusqu'à la salle des Merveilles de 2 000 m^2 et son spectacle envoûtant de lucioles. Soyez prévenu, vous passerez 1h30 de féerie dans les entrailles de la terre.

LE PONT DE L'OUYSSE**** €€€

✆ 05 65 37 87 04
https://lepontdelouysse.com/
Ouvert de Pâques à Toussaint. Chambre double de 110€ à 245€. Menus de 70 à 100€. Piscine. Restaurant 1 étoile Michelin.

L'établissement de la famille Chambon est de grande tenue. Ici, la cuisine du maître de maison, Stéphane, est mise en valeur par l'indéniable cachet de l'endroit, entre l'à-pic du château de Belcastel, au pied duquel vous profiterez de la piscine, et un pont en ruine en bordure de l'Ouysse. Haut lieu de la gastronomie lotoise, récompensée par une étoile au Michelin. Quant aux chambres, aux parquets cirés et patinés à l'ancienne, elles sont en adéquation avec l'environnement, claires et noyées dans la verdure. De très belles prestations dans un lieu magique.

SUR LES HAUTEURS DU LOT ET LES CONTREFORTS DU MASSIF CENTRAL

LIEUX	Km cumul	Km partiel	Routes
Aynac	0	0	D940
Leyme	5	5	D39
Terrou	16	11	D48, D139, D19
Labathude	21	5	D19
Lacapelle Marival	32	9	D19, D659
Aynac	43	11	D940

AYNAC

Situé à la croisée de plusieurs ruisseaux, Aynac était un village seigneurial durant le siècle premier. Au XVe siècle et durant encore 500 ans, il fut tenu par le vicomte de Turenne et sa lignée. Contrairement à de nombreux petits villages lotois, Aynac fut assez épargné par la guerre de 100 ans et les guerres de religions qui suivirent. Puis, durant la seconde guerre mondiale, il fut un lieu de résistance active et un point central d'échange entre les maquisards du Causse et ceux du Ségala. Aujourd'hui, c'est la quiétude qui y règne, il est agréable de se balader le long de ses étangs et de découvrir les deux châteaux situés dans son périmètre.

CHÂTEAU DE SAIGNES

✆ 06 75 36 37 90

chateau-de-saignes.com

Ouvert juillet/août. Visite d'1h. Individuel : 15€. Enfant 7-12 ans : 7€. Enfant -7 ans : Gratuit. Groupe : Sur demande.

Visiter le Château de Saignes, c'est un plongeon dans la vie au Moyen Âge du XIIIe au XVe siècle et du début de la Renaissance. Florence et Paul, actuels propriétaires du château, en sont tombés amoureux en 2013 et se sont lancés dans sa rénovation pour l'ouvrir au public. C'est ainsi que nous découvrons des salles de vie de ce logis seigneurial comme si elles étaient encore occupées : salle du banquet, salle des gardes, chambre... Les vitraux sont signés Léo Amery de Martel et les jardins accessibles par le chemin des remparts sont tout aussi beaux.

CHÂTEAU D'AYNAC

Route de Tachou

✆ 06 18 94 15 37

Visite uniquement de l'extérieur.

Le château d'Aynac n'est pas ouvert à sa visite en intérieur, mais accueille bien volontiers les curieux et randonneurs dans ses jardins. Le propriétaire est un passionné de vélo qui met à disposition des tables de pique-nique pour profiter de ce parc fleuri et arboré très agréable, et découvrir l'architecture extérieure de l'édifice. Pour cela, n'hésitez pas à pousser le petit portillon blanc. Si vous tombez sous le charme, vous pourrez louer le château pour y organiser mariage, anniversaire, séminaire ou tout autre événement.

LEYME

Leyme était dans le haut Moyen Âge le nom de la vaste forêt de hêtres qui couvre la région. Le village possédait une abbaye cistercienne dont il ne reste que le corps central à deux étages. En 1221, Guillaume de Cardaillac, évêque de Cahors, fonde dans un vallon isolé et boisé une abbaye dont sa mère, Aigline, fut la première abbesse. Pendant la guerre de Cent Ans, l'édifice est ruiné, puis partiellement brûlé pendant les guerres de religion. Au XVIIe siècle, l'abbaye est relevée de ses ruines lorsque Jeanne de Noailles est nommée abbesse. En 1835, l'abbaye est transformée en asile pour aliénés. L'hôpital psychiatrique existe toujours.

CAMPING LE FRANCÈS*** €€

411 Route du Camp de la Vigne

✆ 05 65 38 91 38

Ouvert de juin à septembre. Emplacement 26,80/nuit. Bengalow 4 pers à partir de 210€/semaine. Piscine. Bar. Animations.

Dans la vallée du Ségala, face au Parc Naturel Régional du Quercy, le camping Le Francès est un coin de paradis pour les familles. Profitez de la piscine chauffée, des jeux extérieurs, des animations et de la nature à disposition, avec de nombreux chemins de randonnées, dont le chemin de Saint-Jacques de Compostelle. Le camping est également proche des lieux touristiques réputés, comme Rocamadour ou le Gouffre de Padirac. Sur place, vous pourrez vous adonner au sport avec du volley-ball, du tennis, de la pétanque, du ping pong, ou profiter du terrain multi-sport.

LACAPELLE-MARIVAL

Traversée par une voie romaine nord-sud, Lacapelle-Marival est fréquentée par l'homme depuis l'Antiquité. On raconte qu'une jeune bergère aurait été martyrisée lors de la retraite des Arabes vaincus en 732 par Charles Martel à Poitiers. Une petite chapelle aurait été bâtie à cet endroit : la capelle de la Marie del Val, dont les vestiges ont été découverts en 1957. Ce n'est pas cette légende pourtant mais bien l'imposant château médiéval daté des XIIe et XVe siècles qui témoigne des origines de Lacapelle-Marival. Construit par Géraud Ier de Cardaillac, c'est l'édification de ce château qui donnera vraiment naissance à la petite ville actuelle.

CHÂTEAU DE LACAPELLE-MARIVAL ★

Rue du Château
✆ 06 21 80 54 02
ap-chateau-lacapelle-marival.fr
Visite guidée 7j/7 en été sur réservation. Adulte 5 €. Visite en groupe toute l'année sur rdv.

Ce château médiéval en impose ! Dès le XIIe siècle, la grande famille de Cardaillac qui, à l'époque, dominait toute la région, entreprend la construction d'un donjon sur le site. Solide construction carrée de 18 mètres de côté avec des murs épais de plus de 3 mètres s'élevant à 30 mètres de haut et comportant 3 étages, chacun divisé en 4 pièces. Ce n'est qu'aux XVe et XVIe siècles que s'élève le corps de logis. Exposition de peintures, sculptures et artisanat chaque été.

LE BOIS DE SOPHIE** €

Route d'Aynac
✆ 05 65 40 82 59
www.camping-lot-leboisdesophie.com
De début avril à mi-octobre. Emplacement pèlerin (1 pers) en tente de 15 à 25 €/nuit et en mobil-home de 20 à 30 €.

Un camping comme on les aime dans un cadre naturel, ombragé, bien situé et avec toutes les commodités. Le camping est idéal pour les randonneurs et pèlerins avec un tarif préférentiel qui leur est dédié à la nuitée. Un food truck, installé à l'entrée du camping, vous permet d'y prendre votre petit déjeuner, mais aussi votre déjeuner et dîner. On apprécie également l'aire de vidange pour les camping-caristes. Nos amis les animaux étant les bienvenus, l'offre de séjour est d'autant plus appréciée par les touristes venus découvrir en famille la région.

ANNIE BOUSSAC €

La Garouste
✆ 05 65 40 84 15
1 chambre double 60 €, petit déjeuner et taxe de séjour compris.

Dans sa maison quercinoise en pierres, au cœur d'un grand parc avec pigeonnier, Annie Boussac, octogénaire dynamique, a aménagé une chambre d'hôtes agréable avec bain et W.-C séparés. Confort et accueil chaleureux, vous pourrez également bénéficier du garage de la maison pour y ranger vos vélos. Au petit déjeuner, croissants, tartines, jus de fruits, thé et café, un classique dont on ne se lasse pas. Une étape fort sympathique dans une petite maison aussi charmante que sa propriétaire pour découvrir la beauté de la nature lotoise.

BRASSERIE DU MATOU

Rd 940 ✆ 06 78 17 31 80
www.brasseriedumatou.com
Ouvert du lundi au vendredi de 14h à 18h30. En dehors de ces horaires, visite de la brasserie sur rendez-vous.

Florence est la première femme brasseur du Lot et avec ses bières du Matou, elle a su se faire une place dans l'univers brassicole lotois. Chaque brassin est unique, issu d'un choix rigoureux des ingrédients. Elle propose actuellement trois bières blondes, une fermentée avec une levure fruitée, une fermentée avec une levure de champagne et une autre brassée avec du houblon sauvage local. Elle fabrique aussi une blanche fermentée avec une levure citronnée, une rousse fermentée avec une levure de Bordeaux et enfin une ambrée avec une levure d'abbaye épicée.

Place du village de Lacapelle-Marival.

SUR LES TRACES DU MOYEN-ÂGE

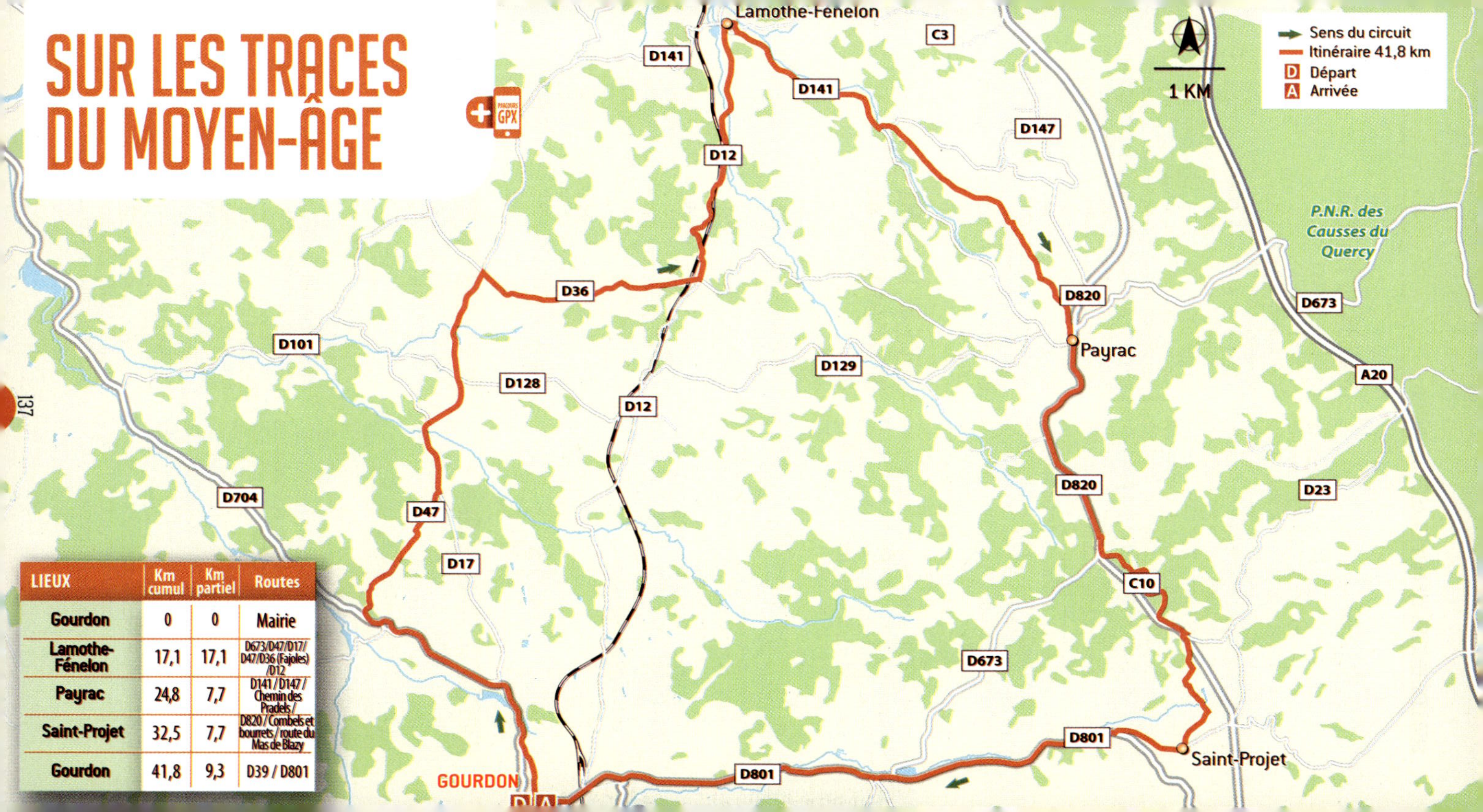

LIEUX	Km cumul	Km partiel	Routes
Gourdon	0	0	Mairie
Lamothe-Fénelon	17,1	17,1	D673/D47/D17/D47/D36 (Fajoles)/D12
Payrac	24,8	7,7	D141 / D147 / Chemin des Pradels /
Saint-Projet	32,5	7,7	D820 / Combels et bourrets / route du Mas de Blazy
Gourdon	41,8	9,3	D39 / D801

GOURDON ★★

Gourdon est la capitale de la Bouriane. Comme en témoigne la Grotte de Cougnac, l'homme s'y est installé très tôt. Mais c'est le Moyen Âge qui marque l'apogée de la puissance seigneuriale et artisanale de Gourdon. Perché sur une butte - où il ne reste plus que des vestiges de l'ancien castrum - à la limite du Quercy et du Périgord, le village fut la dernière ville forte du comté de Toulouse. Gourdon fut le siège de l'une des plus puissantes familles du Quercy car la ville occupe une position qui l'impliqua dans les guerres qui ravagèrent la région entre le XIIe et le XVIIe siècle. Les seigneurs de Gourdon ont marqué l'histoire principalement par le biais de Bertrand de Gourdon à qui l'on attribue le meurtre de Richard Cœur de Lion qui s'était emparé de la ville en 1189. En 1562, ce sont les Huguenots qui la pillent et détruisent ses monastères. Du château et des remparts, rasés au XVIIe siècle, ne reste que la forme circulaire des promenades. Place forte de la Bouriane, cette région boisée du Lot, Gourdon est certainement la ville la plus périgourdine. Elle attire pour un certain art de vivre, ses promenades et ses cafés. L'été est animé par de nombreuses manifestations culturelles qui offrent à la ville un beau dynamisme. La tradition culinaire est ici encore fortement ancrée. Ainsi, tout le gourdonnais est riche d'un patrimoine culinaire dont la continuité est assurée : élevage de canard, foie gras, mique levée, etc. C'est un condensé de toutes les saveurs du Lot que vous trouverez dans les fermes bourianes.

GROTTES DE COUGNAC ★

✆ 05 65 41 47 54

www.grottesdecougnac.com

Voir horaires sur site. Hors périodes indiquées : sur réservation. Adulte : 9,50 €. Restauration. Aire de pique-nique.

Pendant un peu plus d'une heure, vous allez pouvoir admirer des milliers de concrétions - stalactites et stalagmites - et des peintures rupestres datant de 30 000 ans. La première grotte présente une végétation minérale merveilleuse qui compose certainement l'un des plus beaux plafonds de France. L'autre grotte offre le spectacle des plus vieilles peintures figuratives animalières datées accessibles au public. Les peintures représentent de grands cervidés, des mammouths, et surtout des figurations humaines fléchées ou blessées.

MAISON DU PIAGE

Le Bourg - **FAJOLES**

✆ 05 65 32 67 36

www.maisondupiage.fr

Ouvert sur réservation d'avril à octobre. Gratuit jusqu'à 7 ans. Adulte : 4 €. Atelier 5 €. Boutique.

Le Pays Bourian abrite un site archéologique unique fouillé dès 1958 mondialement renommé pour avoir prouver la coexistence de l'homme de Néandertal et de celui de Cro-Magnon. Ce gisement correspond à des occupations de chasseurs-cueilleurs paléolithiques. La visite conduit sur une balade à la découverte de la vie préhistorique des derniers hommes de Néandertal et des premiers *Homo sapiens*. Des ateliers pédagogiques sont proposés aux enfants sur des thématiques : bijoux, musique, etc. Un lieu idéal pour apprendre de façon ludique et conviviale !

OFFICE DE TOURISME INTERCOMMUNAL

20, boulevard des Martyrs

✆ 05 65 27 52 50

www.tourisme-gourdon.com

Ouvert toute l'année, se renseigner sur les jours et heures d'ouverture sur le site internet.

Animations diverses et visites guidées de la cité médiévale de Gourdon (visites classiques, les sensorielles, les flambeaux, Rallye des P'tits Bouts : visite en famille...). L'office propose également toute une gamme de documentations très complète. Calendrier des animations, sentiers de randonnée, manifestations locales, bons plans, restaurations, hébergements et loisirs. L'équipe en place est accueillante et apte à vous renseigner en professionnelle du tourisme.

MOULIN DES DONNES*** €

Le Moulin des Donnes - **CONCORÈS**

✆ 05 65 31 03 90

www.camping-moulindesdonnes.com

Ouvert toute l'année. Emplacement 5 €. Locatifs de 2 à 6 de 190 € à 550 € la semaine. Aire camping-cars.

Aménagé autour de l'ancien moulin, dans un ensemble de fermes et de maisons restaurées, l'activité du camping est rythmée par la rivière Céou passant à ses pieds. Dans l'un des corps de ferme, vous trouverez un bar avec jeux, billard, baby-foot et un point vente de produits locaux. Les emplacements sont spacieux, ombragés et les loisirs variés. A l'entrée, la piscine est un véritable appel à la baignade. Idéal pour un séjour familial avec un authentique esprit campeur, tout cela à quelques encablures des grands sites touristiques du Quercy et du Périgord.

CAMPING DOMAINE LE QUERCY**** €€

Ecoute S'il Pleut ✆ 05 65 41 06 19

www.domainequercy.com

Ouvert 25 mai au 11 septembre. Emplacement à partir de 12€/2 pers. Locatifs 4/6 pers à partir de 179€/semaine. Piscine.

Ce camping quatre étoiles est le premier « Camping Paradis », concept décliné de la série à succès, dans le Lot : un havre de fraîcheur, avec ses piscines, toboggans aquatiques et équipements sportifs. Dans un écrin de 5 ha de collines boisées et au fil de l'eau, ce camping est idéalement conçu pour des vacances sereines. Les parcelles spacieuses et ombragées invitent à la détente. Un lac en dehors du camping permet de pêcher, se baigner ou bronzer à l'ombre des grands arbres.

CAMPING LES RIVES DU CEOU*** €€

Pont de Rhodes - **SAINT-CHAMARAND**

✆ 07 82 15 10 40

www.camping-lesrivesduceou.com

Ouvert de fin mai à septembre. Emplacement à partir de 15€. Locatifs à partir de 179€/semaine. Snack-bar. Piscine.

Le Ceou, rivière de première catégorie borde le camping et vous convie à toutes les distractions liées à la pêche, la détente et les balades. Vous avez rendez-vous ici avec la quiétude, la nature et le bien-être. Sur place, une belle piscine, un service de restauration, une épicerie, des terrains de sport et un étang vous offriront tous les services indispensables ! Dans un cadre verdoyant, le camping des rives du Ceou répond à une envie irrésistible de retour à la nature.

LE CHAMP DE GUIRAL*** €€

Prouilhac

✆ 05 65 41 02 69

www.vacancesnaturiste.com

Camping naturiste. Ouvert de juin à mi-septembre. Emplacement nu 15 à 20 €/j. Location 360 à 850 €/semaine. Piscine+spa.

Un gîte naturiste tenu par d'authentiques naturistes, Monique et Joël, dans une fermette restaurée de la belle région du Quercy. Autour de cette demeure de caractère, 8 emplacements, 6 mobil-homes et une vaste caravane pour un couple vous sont proposés. La qualité d'accueil est à noter, mais ce que l'on apprécie aussi, c'est se retrouver au bord de la piscine ou de la table alimentée par les produits du terroir et des fruits et légumes du potager maison. Ici, découvrez la démonstration de la découpe du canard, et ses différentes manières de le cuisiner.

LA METAIRIE DES SONGES €€

1711, voie route de flagel ✆ 09 61 29 75 84

www.lametairie-gourdon.com

Ouvert de fin mars à fin octobre. Chambre double à partir de 70 €/nuit. Table d'hôte 36 €/personne.

Comment ne pas tomber sous le charme de cette solide bâtisse du Lot en pierres blondes, en haut d'une petite vallée, dans son écrin de verdure ? Clare et Mark vous accueillent dans leur chambre d'hôte très élégante qui séduit autant pour la beauté des lieux que pour la qualité de la table et un rapport qualité-prix à souligner. Les quatre chambres, Monet, Cézanne, Degas et Van Gogh sont décorées avec goût. Amoureux des espaces mansardés, les deux dernières sont pour vous. Un accueil parfait, chaleureux et prévenant dans un cadre idéal et une excellente table.

L'HOSTELLERIE DE LA BOURIANE*** €€€

Place du Foirail ✆ 05 65 41 16 37

www.hotellabouriane.fr

Ouvert toute l'année. Chambre double à partir de 85 €. Petit déjeuner continental 15 €. Restauration menus de 35 à 55 €.

Cette vieille demeure quercynoise est ouverte depuis 1898 et toujours tenue par la famille Lacam. Elle dispose d'une terrasse couverte, d'un salon de détente. Un ascenseur conduit aux chambres, rénovées, calmes et tout confort. Le restaurant est très apprécié et mené de main de maître par madame. Les plats - une cuisine traditionnelle - sont élaborés à partir de produits frais et accompagnés de grands crus. Cave à vins : 557 références. Une adresse incontournable à Gourdon.

LE BELLEVUE €

63, boulevard des Martyrs ✆ 05 65 41 06 17

www.restaurantlebellevuegourdon.fr

Ouvert tous les jours de avril à octobre (et le midi en basse saison). Plat du jour : 11€. Chèque restaurant. Terrasse.

Une petite salle intimiste vous convie devant des assiettes bien garnies et attrayantes. Si vous optez pour la formule régionale : fois gras et mets régionaux, cassoulet aux manchons de canard, coq au vin de Cahors... vous feront passer un agréable moment. Si vous êtes pressé, la formule express répondra à toutes vos attentes. Bellevue possède également une salle de bar et une grande terrasse chauffée avec une vue panoramique. A choisir pour le cadre sympathique, l'accueil agréable et le bon rapport qualité-prix. Une brasserie-bistrot charmante et sans prétention.

L'OCCITAN €

2, route de la Marcillande - **PAYRIGNAC**
✆ 05 65 41 69 01
www.occitan-restaurant.fr/

Ouvert toute l'année midi et soir. Fermé le mercredi, 7j/7 en été. Menu à partir de 12 €. Terrasse. Traiteur.

Imaginez-vous dans un cadre champêtre, au bord d'un lac, dans une salle lumineuse et fleurie avec vue sur le plan d'eau de Payrignac ! Dans ce restaurant traditionnel, vous dégusterez une cuisine qui fait honneur au terroir : foie gras, salade de cabécous, magret de canard, saucissots quercynois, salade périgourdine, et des burgers de toutes sortes, avant de finir avec le gâteau aux noix ou les classiques mais délicieuses profiteroles. L'Occitan est de ces restaurants de campagne qui entretiennent la vie du village. Une adresse à retenir.

LOT'ANTIQUE €€

29, rue du Majou
✆ 06 51 43 95 69
lotantique.fr

Réouverture prévue en mai 2022. Locavore et bio.

Lot'Antique, c'est l'adresse confidentielle que l'on se murmure entre connaisseurs. Il est préférable de réserver, le nombre de places étant limité par le concept de qualité que s'impose le patron. Ici tout est frais, local, majoritairement bio et travaillé avec amour, donc en petites quantités. Goûtez au Lot'antique burger, un régal pour les papilles : rocamadour gratiné, haché de viande de canard mariné au miel... et bien sûr du pain Croustilot. C'est goûteux, inventif et raffiné ; du traditionnel revisité pour notre plus grand plaisir.

DELICATESSENS €€

route de Saint Chamarand
✆ 05 65 32 70 56
www.delicatessens.fr

Maître Restaurateur. Menu 38 €. Formule midi 19 €. Terrasse. Epicerie, relais poste et traiteur.

Ce restaurant au décor soigné et moderne s'accorde au travail culinaire proposé par Justine et Benoît Mouly. Des plats colorés et parfumés dans un menu restreint qui nous propose 4 choix différents dans ses entrées, plats et desserts. Delicatessens nous offre une explosion de surprises. Un service traiteur permet de renouveler cette expérience lors d'occasions spéciales. Sans oublier le salon de thé et l'épicerie, autant d'atouts pour un plaisir gourmand démultiplié. Location ou privatisation du domaine possibles pour organiser vos événements.

AU PETIT BOUCHON €€

31, boulevard Cabanès
✆ 05 65 41 13 26

Ouvert toute l'année du mardi au dimanche le midi et le soir, 7/7 l'été. Formule midi 15€. Soirées concert. Terrasse.

Isabelle propose une restauration traditionnelle dans un cadre très agréable, avec terrasse et salle en pierres apparentes avec sa mezzanine. Salades géantes et grillades sont les spécialités de la maison. La salade royale et l'assiette mix grill devraient satisfaire les plus affamés. Un accueil sympathique, une cuisine authentique et une carte brasserie sans chichis. Nous vous recommandons tout particulièrement les burgers qui font sensation. Sur le tour de ville, c'est une adresse sûre dans laquelle on peut manger sans sourciller.

Véloroute entre Saint-Cirq-Madelon et Gourdon.

RESTAURANT MOURGUES €€

Le Bourg - **PEYRILLES**
✆ 05 65 31 01 05
www.restaurantmourgues.fr
Ouvert toute l'année. Menus à partir de 19,50€. Formule midi 14€. Accès handicapé. Terrasse. A emporter (même la mique).

Ici, la cuisine d'antan rime avec convivialité : mique à l'ancienne, pain brioché cuit dans le bouillon de soupe au chou servi avec le petit-salé. En dessert, pâtisseries maison comme la tarte au citron ou la mousse aux noix. Même le menu ouvrier propose un très bon rapport qualité-prix avec des proportions copieuses. L'accueil des maîtres des lieux, Véronique et Jean Claude Babet, est un plus que l'on apprécie. Pour celles et ceux qui souhaitent découvrir la fameuse mique levée de la maison, il est impératif de réserver à l'avance.

UNE FERME EN VILLE THOCAVEN

38, boulevard Mainiol ✆ 05 65 37 16 08
www.foies-gras-thocaven.com
Ouvert du lundi au samedi. Voir horaires sur site Internet. Fermé 2 semaines en janvier et juin. Livraison en France.

Thocaven, c'est la référence des produits régionaux du Quercy depuis 1983. Élevés en toute liberté, les canards sont nourris et gavés dans la plus pure tradition. Vous trouverez : foie gras, magret, tournedos au foie gras, saucisses de canard, figues, pruneaux, abricots fourrés au foie gras, apéritifs et vins locaux, conserves artisanales allant du cassoulet au civet de canard en passant par les cous farcis... L'établissement propose également toute une gamme d'épicerie fine.

LO VINOTIER

23, boulevard du Docteur-Cabanes
✆ 05 65 37 74 86
www.lovinotier.com
Ouvert du mardi au samedi de 9h30 à 12h et de 15h30 à 19h. En haute saison et pour les Fêtes la cave est ouverte 7/7.

Florent, le maître des lieux, est un excellent guide pour choisir son vin. Lo Vinotier - le vendeur de vin en patois - propose des vins du terroir, mais également des crus d'autres régions. Le magasin dispose aussi d'une cave à bière, à whisky et à rhum, et récemment d'un bar à vin pour passer de bonnes soirées. Vous trouverez des idées cadeaux et une gamme d'épicerie fine italienne. Une adresse idéale pour préparer une soirée ou découvrir de nouveaux crus grâce aux dégustations le samedi en présence d'un vigneron. L'été, des concerts sont organisés.

VÉLOROUTE ENTRE SAINT-CIRQ-MADELON ET GOURDON

24, Rue du Majou
✆ 05 65 27 52 50
www.tourisme-gourdon.com
Tarif : gratuit. Distance : 8 km. Difficulté : facile.

Si cette Véloroute débute bien à Saint-Cirq-Madelon, elle se termine très exactement au plan d'eau d'Écoute s'il Pleut, à l'entrée de Gourdon. Ne comptez donc pas relier les deux centre-villages. Si vous êtes à la recherche d'une sortie vélo sympa, en revanche, cette promenade en Bouriane saura vous combler. Agréable, son itinéraire évolue sur des petites routes plus sécuritaire que la moyenne, à tel point même qu'on l'apparenterait presque à une Voie verte.

LE VIGAN

Accolée à la ville de Gourdon, la commune du Vigan n'est pas négligeable. Citée pour la première fois entre 898 et 902 lors de la visite de l'évêque de Cahors, Gausbert, Le Vigan est alors une petite cité construite autour d'un monastère dédiée à la Vierge. En 1309, l'évêque de Cahors transforme la collégiale en abbaye qui devient puissante localement. Cette imposante bâtisse est aujourd'hui le témoin de ce riche passé. Outre ses atouts en termes de patrimoine, Le Vigan peut également compter sur son lac (plan d'eau 2e catégorie) qui fait le bonheur des pêcheurs : truites arc-en-ciel, truites faro, carpes, gardons, ablettes, black-bass.

Eglise du Vigan.

MANOIR LA BARRIÈRE €€

La Barrière ✆ 05 65 41 40 34
www.manoirlabarriere.fr
Ouvert toute l'année. Nuitée à partir de 75 €. Table d'hôtes sur réservation environ 30 €. Piscines. Sauna.

Corinne et José vous accueillent dans leur superbe manoir du XVIe siècle composé de 2 chambres et 3 suites décorées avec goût entre vieilles pierres et poutres apparentes. Leur fraîcheur est un délice durant les chaudes journées d'été ! Dans le parc, sous des arbres centenaires, vous profiterez d'une grande piscine, du clapotis d'un petit ruisseau et d'un étang poissonneux ! Une autre piscine, intérieure et chauffée, ainsi qu'un sauna, sont à votre disposition. Corinne vous régale à sa table d'hôtes sur réservation et José propose des balades en voiture ancienne.

LE RÊVE*** €€

A 5 km du Vigan.
✆ 05 65 41 25 20
www.campinglereve.com
Ouvert mai à septembre. Emplacement à partir de 20€/nuit. Locatifs : cabane, chalet et lodge. Piscine. Restaurant. Jeux.

Le Lot jouit d'une nature préservée, ce camping aussi. Situé dans la campagne gourdonnaise, en pleine nature, le camping porte bien son nom : le rêve ! De nombreux services sont prévus afin de faciliter votre séjour. Idéalement situé vous serez proche de tous commerces et services nécessaires à votre plus grand confort lors de vos vacances. Petits et grands peuvent partager les plaisirs de l'eau grâce à deux piscines : la grande pour les adultes et la petite pour les bambins. Pour les petites faims, le restaurant du camping est idéal.

PÉCHÉ MIGNON €€

Au-dessus de l'église
✆ 05 65 32 64 88
restaurant-pechemignon.com/
Ouvert toute l'année sauf en janvier du mardi au samedi. Menu suggestion à 28€. Formule du midi : 14€. Terrasse.

Si la gourmandise est votre péché mignon, nul doute que ce charmant restaurant vous comblera. Une élégante salle de pierres et de poutres, une décoration soignée, une terrasse ombragée et fleurie, un accueil chaleureux. En cuisine Laura propose une cuisine du terroir influencée par les saveurs du monde. Régulièrement renouvelée, la carte réserve quelques surprises. Les produits lotois prennent des accents méditerranéens : tajine au canard, couscous d'agneau. En dessert, quand la saison s'y prête, il ne faut pas louper la nage de fraises gariguettes au basilic.

SALVIAC

Les ruisseaux de Pâques et de l'Orajou se rejoignent dans ce village au riche patrimoine. La légende raconte que l'église fut reconstruite vers 1280 à l'initiative du futur pape Jean XXII. A l'intérieur : un beau retable du XVIIe siècle et de magnifiques vitraux du XVIe siècle. Le château Lacoste, dit des Templiers, possède une tour Renaissance et une fontaine du XVIe siècle qui valent bien évidemment le détour. La chapelle Notre-Dame-d'Olm du XVe siècle, construite sur le ruisseau de Pâques, possède une remarquable Vierge à l'Enfant du XVIIe siècle. Salviac, c'est aussi le Musée Agricole et de l'Automobile, un petit paradis.

LAMOTHE-FÉNELON

Jusqu'au XVIIIe siècle, le village avait le nom de Lamothe-Massaut, puis a changé de nom pour Lamothe-Fénelon en 1613. Lamothe-Fénelon est un des fiefs ayant appartenu à l'archevêque de Cambrai. Petit village rural, il mérite qu'on s'y arrête pour son église Sainte-Sixte, d'architecture romane, classée en 1913 au titre des Monuments historiques, avec un clocher pignon et des fresques. A l'origine, un prieuré non conventuel de l'abbaye de Souillac y était établi, dont il reste quelques pierres du mur d'enceinte. Aujourd'hui, le village est très apprécié des pêcheurs et des baigneurs qui profitent du plan d'eau.

LES 7 SOURCES €€

Plan d'Eau
✆ 05 65 32 62 68
www.lessources.net
Ouvert toute l'année. En été, tous les jours sauf le lundi, midi et soir. Menu 22€. Menu enfant 9€. Plan d'eau.

L'établissement repris en 2013 par Gwenaelle et Damien Zara - qui a fait ses premières armes en cuisine auprès du grand chef étoilé Michel Bras -, propose une cuisine traditionnelle rajeunie. Dans un cadre de verdure très agréable, au bord d'un plan d'eau, vous pourrez y déguster un délicieux dos de cabillaud en écailles de chorizo, foie gras, tête de veau, magret de canard et autres merveilles. L'accueil est toujours d'une extrême amabilité, le service impeccable et, en été, possibilité de manger sur la terrasse aménagée, sous les marronniers centenaires.

PLAN D'EAU

✆ 05 65 37 65 71

Baignade surveillée les après-midi de juillet et août. Accès gratuit.

Le plan d'eau de Lamothe-Fénelon est le spot préféré des pêcheurs et des baigneurs du coin. Espace ombragé pour pique-niquer sur l'herbe ou sur des tables, plage de sable avec zone de baignade surveillée pendant l'été de 15h à 19h, parking et toilettes : tout le confort pour une journée de détente. Les enfants s'en donnent à cœur joie dans l'aire de jeu ou en savourant une glace servie par le restaurant installé au bord de l'eau. Les pêcheurs, quant à eux, peuvent jeter leur ligne pour espérer ramener des truites. Tout ce petit monde ne voit pas le temps passer...

PAYRAC

Placé sur l'axe Souillac-Cahors, Payrac est un bourg-étape que l'on traverse partiellement avec l'ancienne N20. C'était déjà le cas durant la Renaissance, lorsque le village servait de centre postal et de relais. Il était également un lieu de commerce important et renommé pour le bétail et le grain. L'église romane a la particularité de posséder de magnifiques vitraux réalisés par des maîtres verriers du Lot au XXe siècle. Du passé médiéval reste la tour ronde du château datant du XIIIe siècle, ancien repaire de la seigneurie de Gourdon. Dans les alentours, la belle tour carrée à échauguette du XVe siècle au hameau de Camy vaut le détour.

CAMPING LE PICOUTY*** €€

Le Mas de Gramat ✆ 05 65 37 78 97

www.camping-picouty.com

Ouvert de avril à septembre. Emplacement 19 à 24€/j. Location 210 à 820€/sem. Piscine, bar, multi-services, animations.

Le camping Le Picouty fait le bonheur des familles. Les grands comme les petits vont adorer les animations proposées. L'équipe organise chaque semaine des descentes en canoë, randonnées, sorties trottinettes à assistance électrique, soirées thématiques, tennis, tournoi de pétanque, et même un baptême de plongée. La vaste piscine est évidemment le lieu phare du camping, entre jeux et farniente. Aux alentours, les activités ne manquent pas non plus : situé entre Lot et Dordogne, le camping permet de visiter les lieux incontournables du Périgord et du Quercy.

CAMPING YELLOH VILLAGE PAYRAC LES PINS**** €€€

1620, Route de Toulouse ✆ 05 65 37 96 32

www.les-pins-camping.com

Ouvert 15/04-10/09. Emplacement à partir de 20 €. Locatifs dès 220 €/semaine. Piscine chauffée, spa, nombreux jeux.

Ce Yelloh Camping, labellisé Qualité Tourisme, est un lieu de villégiature arboré et verdoyant, situé à 350 m d'altitude. Il vous offre une vue panoramique imprenable sur le Causse et la vallée de la Dordogne. Nombreux équipements : piscines chauffées (extérieure et couverte), toboggans aquatiques, terrain multisports, jeux gonflables, ping-pong, volley, baby-foot, billard, bodyboomers, grimpe dans les arbres, trampolair... Et l'accueil, familial et très chaleureux, est à la hauteur.

LE SÉCHOIR €€

141, route de Calès

✆ 05 65 37 65 68

En été, ouvert du mercredi au lundi midi et soir. Menus de 19,50€ à 26€. Menu enfant 10€.

M. Jacquin est éleveur et producteur de canard et vend ses produits directement à la ferme, dans sa boutique La Gourmande. Depuis 2022, il y a également ouvert son propre restaurant, Le Séchoir, dans un lieu original, un véritable séchoir à tabac rénové et aménagé avec une décoration toute de bois, à la fois naturelle et élégante. Dans l'assiette, ce sont évidemment les produits de la ferme qui sont cuisinés, ainsi que ceux de producteurs locaux pour des recettes simples et efficaces : duck burger, salade gourmande, agneau du pays, salade de truite du Blagour...

LA GOURMANDE - FOIE GRAS JACQUIN

Le Bourg

✆ 05 65 37 65 67

www.foiegras-jacquin.com

Ouvert 7/7 9h/19h en juillet/août et du lundi au vendredi 9h/18h le reste de l'année. Visite de la ferme en été à 18h.

La boutique de Payrac propose les produits en provenance de la ferme à 10 m. D'ailleurs, elle se visite chaque soir de semaine d'été, avec des dégustations. Fraîcheur et qualité des produits garanties ! Le rayon frais occupe une place importante dans la boutique et le barbecue estival n'attend que les saucisses de canard : on ne peut faire plus local. Un restaurant ouvre en mai 2022, appelé Le Séchoir car il est situé dans un ancien séchoir à tabac, tout près de la boutique.

OÙ COULE LE VERT, OÙ L'ARGILE PREND FORME

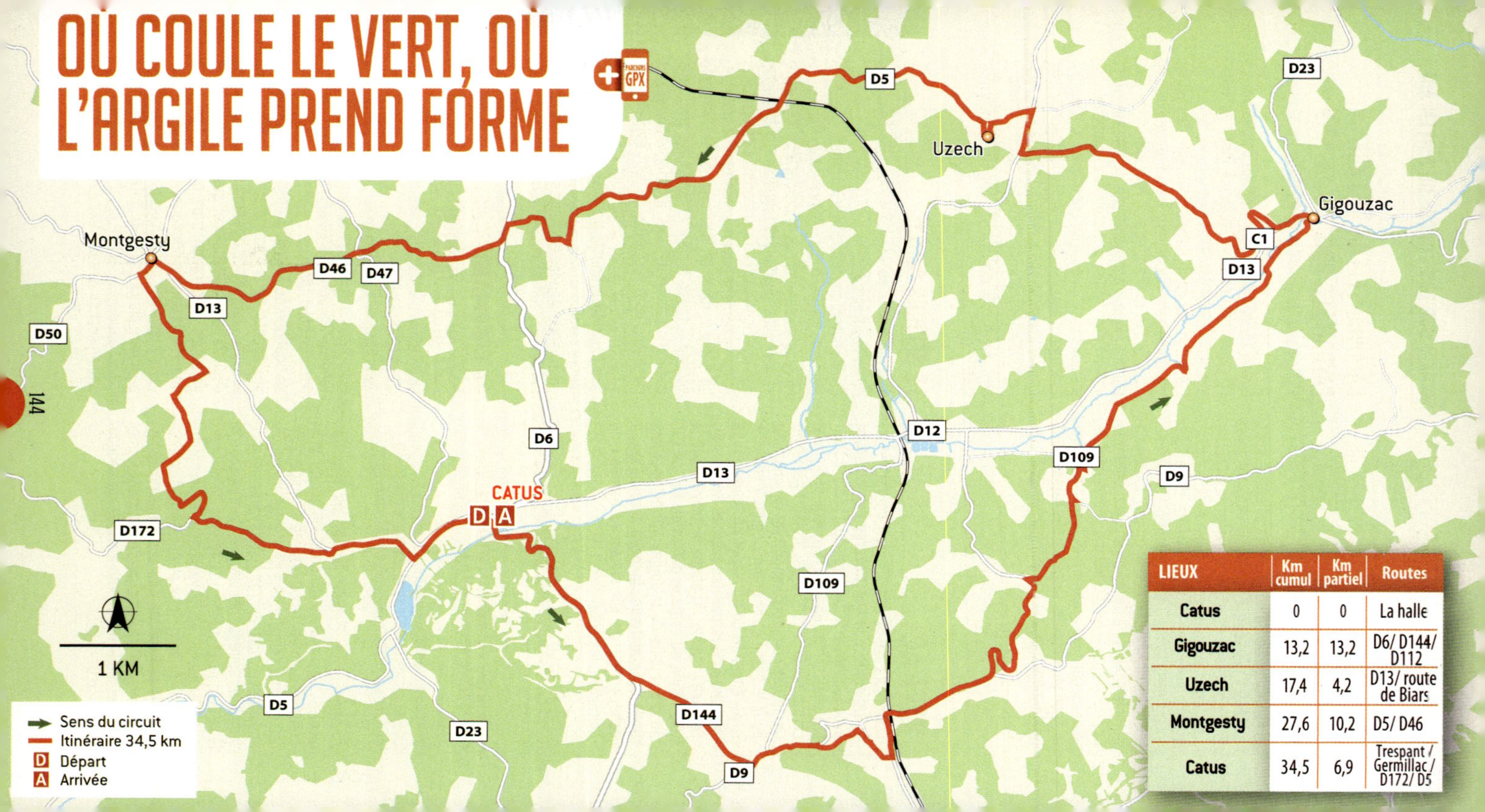

LIEUX	Km cumul	Km partiel	Routes
Catus	0	0	La halle
Gigouzac	13,2	13,2	D6/ D144/ D112
Uzech	17,4	4,2	D13/ route de Biars
Montgesty	27,6	10,2	D5/ D46
Catus	34,5	6,9	Trespant / Germillac / D172/ D5

CATUS

Une légende rapporte qu'un chat terrorisait le pays. Le seigneur promit sa fille en mariage à celui qui rapporterait l'animal mort. Un jeune homme beau et courageux releva le défi, épousa la fille et c'est ainsi que le nom de Catus vient nommer le bourg. Village d'eau, Catus est un bourg médiéval dans lequel vous sillonnerez, dans des ruelles d'époque, découvrant aux détours de celles-ci de très belles demeures remontant aux années 1500. Riche d'une abbaye construite à la fin du Xe siècle par un seigneur auvergnat et à laquelle on accède par l'église romane Saint-Astier, Catus vous ravira également par la présence de son beau lac Vert.

AUBERGE LE CLAUX €

Le Bois du Claux - **BOISSIÈRES**
✆ 05 65 21 54 10
www.aubergeleclaux.fr

Ouvert d'avril à novembre. Chambre double de 69€ à 75€. Petit déjeuner : 10€. Wifi gratuit. Repas 20€ en DP.

Jolie petite auberge idéale pour se ressourcer en pleine nature, typique du Pays Bourian. Après le petit-déjeuner, pris sur la terrasse fleurie si le temps le permet, vous pourrez partir la journée en visite ou randonnée, puis revenir en fin d'après-midi vous détendre près de la grande piscine ombragée par des chênes centenaires, avant de dîner sur la terrasse ou dans une très belle salle ouverte sur la nature. Les sept chambres sont réparties dans les quatre pavillons du parc. Carole vous propose une cuisine élaborée à partir de produits du terroir et de saison.

MANOIR DU ROUERGOU

Le Rouergoux - **SAINT-MÉDARD**
✆ 05 65 21 42 59
www.rouergou.com

Ouvert 7/7 toute l'année sur rdv. Visite 5€/adulte. Gratuit jusqu'à 18 ans. Location pour mariage ou événement culturel.

Le manoir du Rouergou est un lieu unique chargé d'histoire. Représentatif de l'architecture quercynoise des domaines vinicoles et truffiers des XVIIe et XVIIIe siècles, ce superbe ensemble a le charme de ces témoins du passé. Le manoir tire son nom de la région d'origine des émigrants du Rouergue venus repeupler le Quercy, d'abord après la guerre de Cent Ans puis au début du XVIIe siècle. Les vignes y ont été replantées en 1992. L'ensemble peut se visiter et est également disponible à la location, pour des manifestations dans un cadre inoubliable.

LE GINDREAU €€€

SAINT-MÉDARD
✆ 05 65 36 22 27
www.legindreau.com

Ouvert toute l'année sur réservation. Fermé le lundi et mardi. 1 étoile Michelin. Suggestions de 75 à 95 €. Terrasse.

Le chef Pascal Barbet, figeacois, retrouve le bonheur de cuisiner les produits de son département, dont il dit qu'ils font partie de son ADN. Cuisinier sensible, dénicheur de producteurs, le chef propose une cuisine sublimée, d'une stupéfiante vérité guidée par le rythme des saisons. Il excelle à faire chanter les goûts, les saveurs, les odeurs de son enfance ancrés dans sa mémoire. Cuisinier sensible aux techniques impeccables, il est animé de la passion du bon et du beau. En saison, la truffe noire trouve à la carte une place importante. Une adresse d'exception.

BUREAU D'INFORMATION TOURISTIQUE DE CATUS

place de la Poste
✆ 05 65 20 86 40

Ouvert de mai à septembre. Pour les horaires, contactez la mairie de Catus.

L'office organise des ateliers pêche pour les enfants en saison et 3 randonnées nature dans l'été. Pour connaître les modalités et les dates, n'hésitez pas à vous renseigner auprès d'une des hôtesses. L'office a également le privilège de disposer d'une salle d'exposition permettant aux artistes locaux et d'ailleurs d'exposer leurs œuvres (photographies, peintures...). Une halte incontournable, une mine de renseignements et de conseils, pour partir à la découverte de la région.

GHISLAINE BORIE

Siffray
✆ 05 65 22 77 81
www.ghislaine-borie.com

Accueil paysan 2. 2 gîtes de 6 et 4 personnes. Boutique en ligne.*

Sur la route de Sarlat, vous ne pourrez pas rater cette ferme où les canards égayent le paysage le long de la route. Vous trouverez dans la petite boutique de la ferme du canard sous toutes ses formes, du poulet élevé en plein air, du bœuf et du veau de race Salers. Ici, on pratique une agriculture durable, une alimentation saine sans OGM, les recettes sont élaborées de façon traditionnelle. Une adresse authentique pour une production artisanale. Ghislaine propose également des gîtes dans deux maisons de charme et bénéficie du label Accueil Paysan avec 2 étoiles.

LO VINOTIER

Rue de la République
✆ 05 65 20 14 54
Ouvert du mardi au samedi de 9h à 12h et de 15h à 19h, ainsi que le dimanche de 9h à 12h.

Installée depuis quelques années à l'angle de la rue de la République et de la place des Oules, dans une ancienne boutique de tabac journaux des années 70, la cave d'Olivier Liard offre aux aficionados les clefs du royaume de Dionysos, dieu incontesté du vin ! Vous y trouverez une sélection étoffée des meilleures bouteilles de la région et d'ailleurs, mais aussi de Champagne, whiskies, rhum, bières et autres apéritifs et spiritueux. Pour les amateurs, Christelle et Olivier se feront un plaisir d'offrir conseils et bons plans.

LE LAC VERT

Près de la Font
✆ 05 65 20 86 40
Ouvert toute l'année. Pêche. Baignade surveillée de 13h à 19h en juillet - août. Accès gratuit.

En été, ce plan d'eau est très fréquenté, les activités ne manquent pas : baignade libre et surveillée, vastes étendues ombragées, bateaux à pédales, canoë, tennis, VTT, aire de jeux, randonnées… Le lac Vert de Catus porte bien son nom puisque non seulement il se situe dans un cadre verdoyant, mais ses 7 hectares d'eau proviennent de la rivière, le Vert. Voici un site naturel familial et convivial à 20 minutes seulement de Cahors, une belle option pour les journées chaudes d'été. Les pêcheurs apprécieront quant à eux les aménagements créés pour leur activité.

OBSERVATOIRE D'ASTRONOMIE DE GIGOUZAC

Les Crozes
✆ 06 87 83 25 52
www.astrosurf.com/clubgigouzac
Coupole de 3 m de diamètre avec un télescope Newton de 310 mm. Contacter l'association pour accéder à l'observatoire.

Le club d'astronomie s'adresse à un large public, que vous soyez débutant ou confirmé, curieux ou passionné. Au cours de soirées découverte, on apprend à se repérer dans le ciel, à reconnaître les différentes constellations, les planètes, les étoiles, les nébuleuses et les galaxies. Des manifestations à thème et des journées spéciales ponctuent la vie de l'observatoire. Réunion tous les 15 jours le week-end à 21h à l'observatoire, si le temps le permet.

LE BISTROT €

Le bourg
✆ 05 65 53 03 52
Ouvert toute l'année. En été, 8h30 à 23h mercredi au samedi midi et soir + mardi et dimanche midi. Multiservices.

Le Bistrot de Gigouzac est tenu par Damien, le fils, et Noëlle, la mère, dans un pur esprit de vie de village. Avec une cuisine traditionnelle parfois revisitée par Noëlle et ses idées venues de monde entier, le plat que les habitués préfèrent est la truite arc-en-ciel, venue du moulin de Guiral, avec une sauce badiane, et un accompagnement qui change selon la saison. Plus qu'un bistrot, c'est un multiservices où acheter son journal, mais aussi faire la fête lors de concerts et animations en soirée. Une ambiance authentique comme on les aime !

GIGOUZAC

Gigouzac est un village très dynamique l'été, grâce à ses festivités avec des séances de cinéma en plein air, des galas et orchestres préparés tout au long de l'année par le comité des fêtes, ainsi que des concerts et animations proposées par le Bistrot. L'église, d'origine romane, les superbes maisons sur le vert et la maison aux pigeonniers du XVe siècle, en font un lieu de détente et de découverte privilégié, un vrai bonheur pour faire une pause durant votre balade dans la nature environnante. La nuit, Gigouzac est le lieu idéal pour observer les étoiles, directement allongé sur l'herbe, ou par le télescope géant du club d'astronomie ouvert le vendredi soir.

UZECH

Vous trouverez deux dénominations pour ce village : Uzech ou Uzech-les-Oules. L'histoire de cette commune est liée au travail de l'argile par les potiers pendant des siècles. La toponymie même des Oules viendrait donc de l'occitan *ola* qui désigne un pot de terre cuite. Jusqu'en 1956, date à laquelle disparaît le dernier potier du village, toute l'activité économique d'Uzech tenait à cet artisanat. Durant quelques décennies, l'activité a été complètement laissée à l'abandon, jusqu'au début des années 1990 où elle se réinstalla grâce à l'intervention d'une association de bénévoles amoureux de céramique. Peu à peu, des potiers ont réinvesti le village, lui redonnant son ADN.

LACABANE €€

284, Les Cabanes

✆ 06 88 86 06 97

Ouvert de mai à mi-octobre. Location à la semaine de 450 à 660€. Gîte de France.

Sur les hauteurs de Uzech-les-Oules, Guy et Janine vous propose de séjourner dans leur gîte entouré de nature, pour bénéficier du calme et de la sérénité. Quelques chevreuils vous honoreront peut-être de leur visite, sur le terrain de 20 ha. Depuis les transats du jardin, les collines verdoyantes s'étendent à perte de vue. Laissez-vous porter dans une douce rêverie en écoutant les oiseaux. Le gîte, totalement refait en gardant le charme des poutres et de la pierre, comporte une terrasse ombragée, des pièces spacieuses et lumineuses.

MONTGESTY

Montgesty se situe sur un ancien camp militaire romain du IIe siècle après Jésus-Christ, étape d'une ancienne route principale partant de Montauban. Le château de Crabillé y est implanté, aujourd'hui résidence privée, mais qui fut le lieu d'habitation de la sœur de Joachim Murat, maréchal d'Empire sous Napoléon Bonaparte. Le charme du village avec sa chapelle des Pénitents Bleus et la nature qui l'environne, pleine de châtaigniers, sont un plaisir pour les randonneurs, à pieds, à cheval ou à vélo. Sur votre chemin, peut-être croiserez-vous le Menhir de Courtis, haut de 2.35m, et dont la légende prétend qu'il était le lieu de sacrifices humains...

L'OULERIE

Las Nofios

✆ 06 14 70 96 91

www.poterie-uzech-artisanat.com

Ouvert du mercredi au dimanche de 14h à 18h et en été 10h à 12h - 14h à 18h. Stages de poterie enfant et adulte.

Trois ateliers de potiers et un espace d'exposition de poteries anciennes retracent la tradition séculaire du village. Aujourd'hui, des créations contemporaines, autant utilitaires que décoratives, reprennent la tradition et viennent côtoyer les pièces les plus anciennes à l'oulerie. L'oule est un récipient en terre cuite qui avait trois utilités : la conservation des aliments confits, la chasse au pigeon et la protection des toits avec l'épi de faîtage. Le 4e dimanche d'août, une grande foire de la poterie est organisée à Uzech.

LA VIGNE VIERGE €€€

✆ 06 02 71 03 45

www.lavignevierge.com/

Piscine extérieure. 3 nuits mini en basse saison (à partir de 895€), 7 nuits mini en haute saison (à partir de 1295€).

Dans ce gîte de charme tenu par Kate et Andrew Lockwood, tout n'est que luxe, calme et volupté. Le couple vous accueille dans leur demeure du XVIIIe siècle et met à votre disposition un gîte pour 4 personnes sur 2 niveaux. Il est très agréable, après une balade dans cette nature abondante, de venir se prélasser dans la piscine ou dans les transats, ou bien de profiter des coins salons installés à plusieurs endroits du jardin. Ici, tout est fait avec goût, mais est aussi très fonctionnel. Seule l'idée d'en repartir viendra perturber votre séjour.

LE SENTIER DES POTIERS

Visite libre. Départ devant la mairie.

Dans le village d'Uzech, le sentier des potiers est une balade en forme de boucle bien connue des habitants : c'est un parcours de 4,5 km qui permet de découvrir les hameaux alentour, la beauté de la campagne lotoise, et les lieux représentatifs de l'histoire du village. L'Oulerie et ses expositions de poteries, bien évidemment, est incontournable, mais aussi l'ancienne voie ferrée, ou la fontaine. Les petits chemins qui traversent un sous-bois de chêne, longent le ruisseau du Pic ou passent par un petit pont, offrent un vrai moment de plaisir des sens.

LE MONTGESTY €

57, rue du bourg

✆ 07 66 07 19 91

Ouvert toute l'année. En été, du mardi au samedi matin et soir et dimanche matin. Épicerie primeur multiservices.

Claire et Thomas sont les nouveaux propriétaires du Montgesty où ils proposent une cuisine simple et goûteuse. Le menu du jour est le seul et fait l'unanimité : tomates cœur-de-bœuf et burrata, rougail saucisse, tartare de bœuf... Ici, tout est fait maison avec des produits frais, jusqu'aux desserts avec de savoureux classiques, comme une mousse au chocolat ou un tiramisu. Le soir, goûtez une planche de charcuterie, fromage et tapas en terrasse, parfois avec des animations. Vous pourrez aussi profiter de l'épicerie et du primeur quand vous passerez à Montgesty.

LE LONG DE LA VALLÉE DU LOT – PARTIE 1

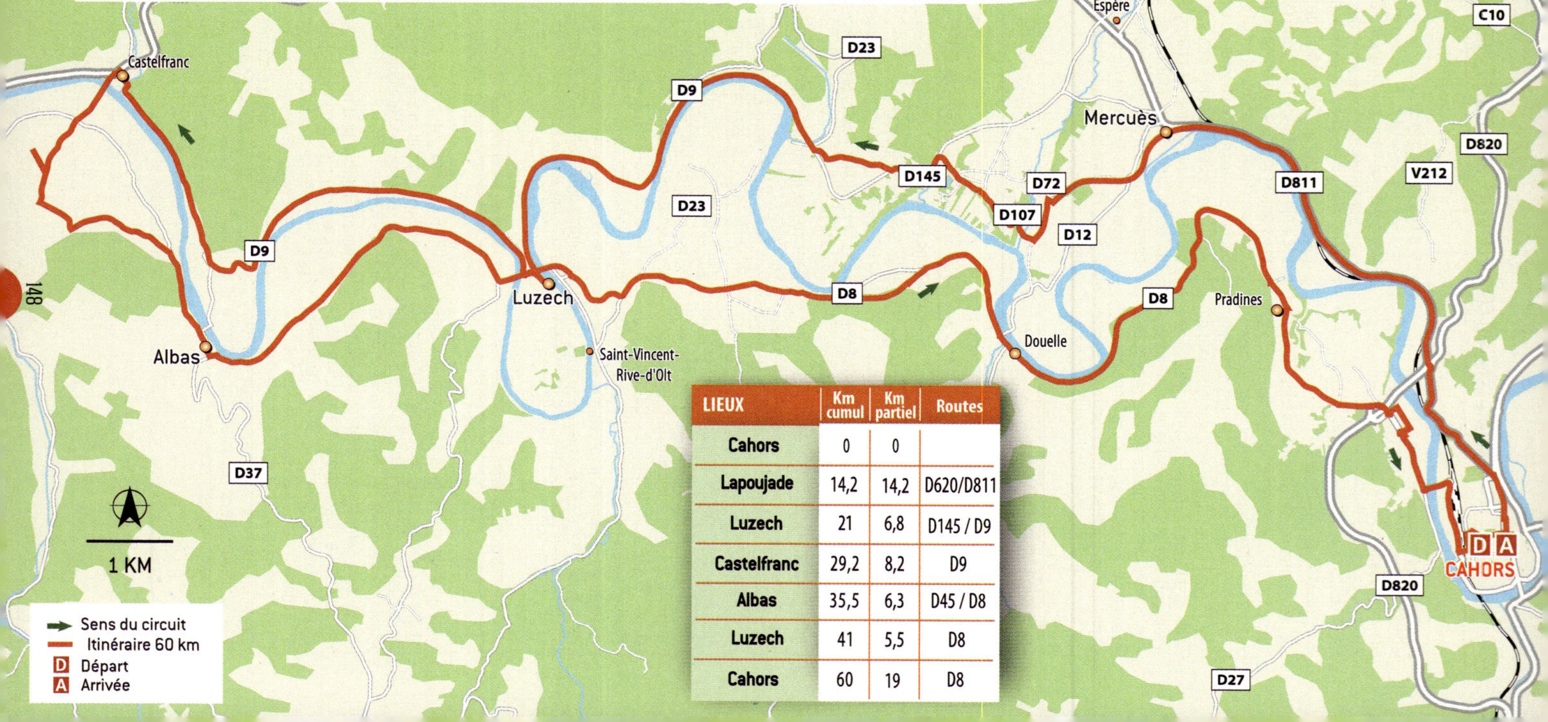

LIEUX	Km cumul	Km partiel	Routes
Cahors	0	0	
Lapoujade	14,2	14,2	D620/D811
Luzech	21	6,8	D145 / D9
Castelfranc	29,2	8,2	D9
Albas	35,5	6,3	D45 / D8
Luzech	41	5,5	D8
Cahors	60	19	D8

CAHORS ★★★★

Cahors est connue pour un certain art de vivre dont la légende s'est forgée autour de son produit emblématique : le vin de Cahors. La ville, nichée dans une boucle du Lot, est séparée en deux par un axe nord-sud, matérialisé par le boulevard Gambetta. La vieille ville se trouve limitée à l'ouest par cette grande artère, et à l'est et au sud par le Lot. Bien que l'agglomération ait fait éclater les limites de la vieille ville, elle est peu industrialisée, vivant essentiellement des commerces et de son vignoble réputé. Cahors tire son nom de la peuplade gauloise des Cadourques, qui faisait ses dévotions auprès de la fontaine dédiée à la déesse Divona.

© DENIS VANDEWALLE

Bateaux sur le Lot - Cahors.

LES BADERNES ★

L'ancienne ville basse de Cahors est lovée dans un méandre du Lot et entourée par les collines et les hauteurs arides des causses. Derrière la cathédrale, voici le quartier des Badernes ou bas quartier, la rue Nationale avec les rues du Château-du-Roi et des Soubirous formaient l'artère principale de la ville médiévale. Ce quartier est formé de rues étroites bordées de nombreuses maisons médiévales. Le quartier du lavoir, bordé par la façade remontée du magnifique hôtel de Vayrols (333, rue Nationale), offre un curieux mélange d'ancien et de moderne.

CAP NATURE

Chemin de l'Ile - **PRADINES** ✆ 05 65 22 25 12
www.capnature.eu

Ouvert d'avril à novembre. Horaires selon saison. Accrobranche 15-21€. Paintball 25-35€. Lazerwood et footbulle 20€.

Accrobranche avec de nombreux atouts : ponts de singe, tyrolienne, filets… Plus de 110 jeux sont répartis sur des parcours adaptés à chaque âge. La pratique ne nécessite pas de compétence physique particulière et fait abstraction des notions d'extrême ou de compétition. Les parcours en hauteur sont accessibles pour tous niveaux à partir de deux ans, pour un bon moment en famille ou entre amis. Autres attractions : bubble game, paintball, chasse aux trésors, ski nautique, wake board, mini-golf etc. La nature préservée du site participe à l'atmosphère de détente !

FONTAINE DES CHARTREUX

Quai Albert Cappus
✆ 05 65 53 20 65

Accès libre.

La Fontaine des Chartreux est un site archéologique d'origine romaine. Cette résurgence de type vauclusien qui borde le cours du Lot fut un lieu de dévotion des Cadourques à Divona, déesse des eaux d'origine celtique, qui donna son nom à Cahors (Divona Cadurcorum). Occupée au Moyen Âge par un moulin cédé aux chartreux, elle fournit depuis le milieu du XIXe siècle la ville de Cahors en eau potable. Seule une partie de son lit souterrain a été explorée par des plongeurs, qui y ont trouvé près d'un millier de pièces gallo-romaines jetées en guise d'ex-voto.

JARDINS SECRETS DE CAHORS

✆ 05 65 53 20 65
www.cahorsvalleedulot.com

Jardin remarquable. Ouvert toute l'année. Visite guidée (s'adresser à l'office de tourisme).

Parcours dans la ville à partir d'une thématique : les jardins secrets de Cahors. Le visiteur se voit proposer une découverte originale des jardins de la ville, des jardins liés aux anecdotes, aux rues et à l'histoire de Cahors. Se promener dans le vieux quartier de Cahors, c'est à coup sûr s'imprégner d'une ambiance médiévale, évoquer un état d'esprit basé sur la symbolique, l'esthétique et l'utile. Découverte, sous l'angle végétal, le riche passé de la cité. Itinéraire à l'office.

© DENIS VANDEWALLE

CATHÉDRALE SAINT-ÉTIENNE ★★★

Place Jean-Jaques-Chapou

La cathédrale et son cloître se visitent chaque jour de 9h à 19h.

Classée au titre des Monuments Historiques, la cathédrale Saint-Etienne est l'une des plus anciennes de France : elle a fêté ses 900 ans en 2019. Depuis cet anniversaire, elle est éclairée chaque soir par des jeux de lumière éblouissants. Ils dévoilent la grandeur de son architecture, mêlant les styles roman, gothique et byzantin, et rendent hommage aux bâtisseurs qui ont contribué à sa construction. Il est à noter qu'elle est l'un des rares édifices religieux français ayant deux immenses coupoles de 16 m de diamètre, et dont le point culminant est à 32 m de hauteur. Surtout, la cathédrale Saint-Etienne de Cahors abrite la Sainte-Coiffe, l'un des linges ayant servi lors de l'ensevelissement du Christ. De ce fait, elle est bien connue des pèlerins, puisqu'elle est inscrite au Patrimoine mondial de l'Unesco depuis 1998 au titre des chemins de Saint-Jacques-de-Compostelle. La fameuse relique mortuaire est visible dans la chapelle Saint-Gausbert sur réservation.

Le maître-autel fait l'objet de nombreuses questions. Consacré en 1119 par le pape Calixte II, il est enlevé par bateau par le vicomte de Gourdon, l'un des chefs huguenots, en 1580, et aurait coulé sans jamais être retrouvé ! En 2013, des vitraux modernes conçus par l'artiste Gérard Collin-Thiébaud et le maître verrier Pierre-Alain Parot sont installés dans la nef. L'orgue, les peintures et les nombreuses chapelles qui l'entourent participent à la majestuosité du lieu. Le cloître, inachevé, est de toute beauté et forme un ensemble gothique flamboyant. A ne pas manquer.

MAISON DE L'EAU

Quai Albert Cappus
✆ 05 65 53 04 99
Ouvert de février à octobre. Horaires variables selon la saison. Gratuit.

Cette usine, créée en 1854 et fermée depuis 1971, utilisait la force hydraulique du Lot pour pomper l'eau de la fontaine des Chartreux, avant de la distribuer ensuite dans la ville. Pourvue de sa machinerie d'origine, elle est aujourd'hui aménagée en espace d'expositions permanentes sur le fonctionnement et l'histoire de l'ancienne station de pompage, la découverte du pont Valentré, l'eau à Cahors, et l'aménagement de la rivière Lot. Une visite originale et ludique. Petit plus futé : après la visite, profitez de la terrasse face au pont Valentré.

MUSÉE HENRI MARTIN

792, rue Emile-Zola
✆ 05 65 20 88 88
www.mairie-cahors.fr/musee
Ouvert du mercredi au dimanche de 11h à 18h toute l'année. Entrée 8€ (5€ tarif réduit). Pass annuel adultes : 19€.

Le musée de Cahors Henri-Martin, musée de France, est installé depuis 1929 dans l'ancien palais épiscopal concordataire. Il a fait l'objet de gros travaux entre 2015 et 2022 qui ont permis de tripler sa surface, rénover son architecture, et accueillir de nombreuses nouvelles peintures du peintre, notamment certaines de ses œuvres majeures comme *Joseph*, un portrait magnifique d'un ancien esclave. Henri Martin, peintre post-impressionniste, a élu domicile à Labastide-du-Vert pour passer les 20 dernières années de sa vie, et peindre la lumière du Lot qu'il chérissait. De nombreuses œuvres du musée montrent cet amour, mais aussi l'évolution de sa pratique. Le musée abrite une salle dédié au travail d'Edmée Larnaudie, peintre de l'entre-deux-guerres de l'art sacré, une autre à Léon Gambetta, tandis que des vestiges médiévaux ou gallo-romains sont présentés au rez-de-chaussée. Des expositions temporaires font vivre le musée tout au long de l'année. Le fonds du Musée Henri-Martin contient également quelques œuvres remarquables et parfois insolites : une sculpture anthropomorphe, dite « déesse ou Venus de Capdenac », datée du néolithique, entre 4 200 et 3 500 avant notre ère ; les pantoufles de Léon Gambetta ; l'huile sur toile *Les Laveuses du bord du Lot* de Sarkis Diranian ; ou encore le dieu Rango, une sculpture en bois représentant le dieu de la pluie en Océanie, pièce rare et étonnante, retrouvée dans la chapelle de l'ancien palais épiscopal. Le nouvel espace du musée est un écrin parfait pour l'art au cœur de Cahors.

PONT VALENTRÉ ★★★

Ouvrage piéton
Gratuit.

Entièrement en pierre de taille, le pont Valentré est un pont fortifié du XIVe siècle enjambant le Lot à l'ouest de Cahors, et dont la construction est typique de l'architecture militaire de défense au Moyen Âge. Il fait partie des ponts remarquables du sud de la France, et est d'ailleurs classé au titre des monuments historiques par la liste de 1840, et, depuis 1998, au patrimoine mondial de l'UNESCO, au titre des chemins de Saint-Jacques-de-Compostelle en France. Autant dire qu'il est un passage incontournable !

Ce pont piétonnier est bâti entre 1308 et les années 1380 sur demande des consuls de la cité, notamment du consul Géraud de Sabanac, durant les guerres entre la France et l'Angleterre. Pour accélérer les travaux qui traînaient un peu en longueur, une légende raconte que le maître d'œuvre aurait fait appel au diable pour l'aider... mais qu'il a réussi à le duper ! Depuis, une sculpture de diablotin est représenté en haut d'une tour, et le pont est surnommé le « pont du diable ».

Edifice défensif en même temps qu'ostentatoire, il fut le troisième pont de pierre de Cahors. Soutenu par 6 arches principales et des avant-becs, son tablier en dos d'âne est surmonté de trois tours carrées de 3 étages, culminant à près de 50 m au-dessus du Lot. Les deux tours sur les rives sont fortifiées, et un châtelet à chaque extrémité avait été construit : il ne reste quasiment rien de celui de l'ouest, tandis que celui de l'est abrite une chapelle pour protéger le pont long de 172 m. Restauré en 1879 par l'architecte Paul Gout, émule de Viollet-le-Duc, il est encore aujourd'hui l'un des rares et le plus impressionnant des ponts médiévaux fortifiés en France, et conservé en très bon état. En plus de son rôle de forteresse, il a permis une évolution du commerce grâce à ce nouvel axe est-ouest. Pour la petite anecdote qui a quand même son importance, son impressionnante architecture défensive était tellement réussie que personne n'osa l'attaquer !

Impossible de visiter Cahors sans traverser le pont Valentré : c'est un véritable plaisir de se balader sur ce pont sans voiture, pour passer de la source de la Chartreuse à la rive du cœur de Cahors, en observant les bateaux, le soleil qui se reflète dans la rivière, en cherchant le petit diable ou en prenant des photos sublimes depuis les avant-becs...

Pour son histoire, sa grande beauté, et sa légende cocasse, le pont Valentré a été naturellement érigé en symbole de la ville de Cahors. De nombreux événements sont organisés sur le pont, et, chaque soir, il se pare de magnifiques éclairages colorés.

QUARTIER DE LA DAURADE

Quartier de la Daurade

La rue Clément-Marot – prince des poètes et poète brigand, né à Cahors en 1496 – qui abrite la maison du poète cadurcien Olivier de Magny – 1529-1561 –, la rue de la Daurade, des maisons à pans de bois avec encorbellement de bois et la maison du bourreau avec cinq fenêtres géminées : tout le quartier de La Daurade est magnifique d'architecture médiévale superbement restaurée. Un passage souterrain aménagé permet de se rendre au port Bullier et son espace de promenade avec vue imprenable sur les berges et les quais de la ville.

LE PETIT TRAIN DE CAHORS

Allées des Soupirs

✆ 05 65 30 16 55

www.bateau-cahors.com/le-petit-train/

Mai-juin-septembre départs 7/7 à 11h/14h/15h/16h +10h/12h/17h/18h en été. Avril et octobre départ unique 15h. 4/7,50 €.

Sillonnez les rues à bord du petit train à la découverte du Cahors historique. A partir du quai Valentré, visite commentée en direct d'une partie de la ville dont la maison Henri IV, la vieille ville, la cathédrale Saint-Etienne et les berges du Lot par lesquelles le petit train effectue son retour vers le pont Valentré. Cette visite reste un bon moyen pour les visiteurs de découvrir Cahors avec ses principaux atouts touristiques et historiques. Possibilité de billet jumelé avec la Croisière Boucle de Cahors de 1h15 à bord du bateau le *Valentré*, d'avril à octobre.

LES SOUBIROUS

Rue des Soubirous

La ville ancienne était coincée entre une ligne de muraille longeant l'actuel boulevard Gambetta et le cours du Lot. C'est dans la partie haute de la ville que se trouvent les deux palais urbains médiévaux de Cahors : le palais de Via et le palais Duèze. L'église Saint-Barthélemy, bordée d'un clocher-porche et le monument des Mobiles du Lot situé près de son chevet, terminent la perspective de ce quartier au nord. En redescendant la rue des Soubirous vers le sud, on arrive à la rue du Château-du-Roi. Une des rues emblématiques du vieux Cahors.

AUBERGE DE JEUNESSE HI CAHORS LE CHAI €

52, avenue Henri-Breton

✆ 05 36 04 00 80

Mi-janv à mi-déc. A partir de 26,50 €. Cuisine partagée. Restauration pour les groupes. 2 chambres PMR. Wifi gratuit.

Le centre d'hébergement et d'accueil international (Chai) est situé à quelques minutes de la gare. Erigée près du Lot, l'auberge compte 38 chambres fonctionnelles et partagées de 2 à 3 lits, réparties sur les 2 étages supérieurs. Cuisine individuelle en gestion libre. Accès 24h/24 et 7j/7 avec une carte et accueil de 15h à 21h de tous sans condition d'âge : « Ici la jeunesse c'est dans le cœur » explique la directrice. Toit-terrasse panoramique avec vue splendide sur le pont Valentré.

LES CROISIÈRES FÉNELON

Allées des Soupirs

✆ 05 65 30 16 55

www.bateau-cahors.com

Départs 7/7 de mai à sept 11h15/15h15/16h45 ; 13h45, 18h15 en été. Avril et octobre départ à 16h. Adulte 12,50 €.

Découvrez la vallée du Lot au rythme de sa rivière, surplombée de falaises majestueuses. Vous embarquez à bord du bateau le *Fénelon* pour une croisière-déjeuner entre Cahors et Saint-Cirq-Lapopie. Départ à 9h30 et arrivée à Saint-Cirq-Lapopie à 15h30 puis visite guidée de Saint-Cirq-Lapopie. Départ tous les lundis et mercredis du 11 juillet au 24 août 2022. Retour assuré en bus. Pour des croisières moins longues, la boucle de Cahors en 1h15 afin de découvrir la ville depuis la rivière. Possibilité de billet jumelé avec le Petit Train d'avril à octobre.

GÎTE DU PAPILLON VERT €

51, rue du Tapis-Vert

✆ 05 81 70 14 09

www.papillonvert.fr

Ouvert du 1er avril au 1er novembre. 3 chambres. Nuitée à partir de 18 €/pers. Petit déjeuner : 5 €. Repas : 15 €.

Au cœur historique de Cahors, non loin de la cathédrale et dans une petite ruelle étroite, voici un Papillon vert qui prend les pèlerins dans ses ailes pour les accueillir le mieux du monde. Dans ce gîte, on ne fait pas que faire tamponner son credential, on se fait aussi chouchouter pour passer une agréable nuit réparatrice dans l'une des 3 chambres (jaune, mauve et blanche) situées à l'un des 4 étages de la maison. Repas végétarien et sourire garantis. Au premier étage, petite cuisine-salle à manger où l'on prend une tisane de thym réconfortante au miel du pays.

LA MAISON DES PELERINS €

158, rue des Cayssinnes

✆ 05 65 30 03 06

Ouvert d'avril à mi-octobre. 10 places. Nuit de 20 à 25€ + petit-déjeuner. Repas 15€

Au sud de Cahors -à 800m du centre-ville-, non loin du chemin GR®65 qui entre par ici dans la ville (pratique pour une arrivée et une installation rapide), une « nouvelle » maison où l'on est accueilli chaleureusement dans cet hébergement tenu par la famille Houadec. Une halte chaleureuse pour partager sa foi, ses expériences vécues sur le chemin et se reposer dans l'une des deux chambres aux quatre lits chacune ou dans la chambre double. Le petit-déjeuner est compris et la demi-pension est possible, sauf si vous souhaitez préparer vous-même votre plat.

LE RELAIS DES JACOBINS €€

12, rue des Jacobins

✆ 05 65 21 00 84

www.lerelaisdesjacobins.fr

Ouvert du 1er mars au 31 octobre. Nuitée seule 16 €. Formule demi-pension 36 €. Panier pique-nique 7 €.

Adresse bien connue des pèlerins. De passage à Cahors, le Relais des Jacobins offre un accueil à moindre coût et en toute simplicité. Une grande maison de deux étages avec un superbe jardin calme sur l'arrière, de la simplicité et un accueil chaleureux. Pour quelques euros, vous pourrez faire une machine à laver. Grâce à un point wifi, l'accès à Internet sera lui gratuit. Une table d'hôtes le soir sur réservation permet de se restaurer avant de reprendre la route le lendemain. Calme, confort et accès direct au centre-ville garantis.

CAMPING CAMPEOLE LES REFLETS DU QUERCY**** €€

Mas de Tiliry

CRAYSSAC

✆ 05 65 30 00 27

Ouvert d'avril à octobre. Emplacement 2 pers. 14 €/nuit. Locatifs à partir de 35 €/nuit. Snack en juillet et août.

Avec ses 4 étoiles, le camping est très bien équipé et propose une multitude de services pour faciliter le quotidien : snack, épicerie, laverie, salle de jeux... Côté infrastructures, tout y est : piscine chauffée, toboggans, château gonflable, terrain multi-sports, court de tennis, terrains de pétanque et de volley, etc. Le camping propose également des animations en été. Belle palette d'activités et d'infrastructures dans un cadre très attirant !

MARIE-COLLINE €

173, rue Clemenceau

✆ 05 65 35 59 96

Tous les midis du lundi au vendredi. Plat du jour 9 €. A emporter. Vegan et sans gluten. Terrasse.

Ni carte ni menu dans ce restaurant végétarien atypique aux portions très copieuses et d'un très bon rapport qualité-prix, Les entrées sont particulièrement originales. Elaborés à base de produits frais, les 2 plats du midi sont renouvelés tous les jours avec des variétés de tartes salées, petits pâtés de légumes et leur purée ainsi que des gratins de légumes. Possibilité de prendre des plats et desserts végétaliens, sans gluten, sans sucre, etc. Marie Colline prend soin de vos allergies ! Pensez à réserver, l'adresse a ses habitués.

CAMPING RIVIÈRE DE CABESSUT*** €€

1180, rue de la Rivière ✆ 05 65 30 06 30

www.cabessut.com

Ouvert du 1er avril au 30 septembre. Emplacement 2 pers 17-24,60 €. Mobil-homes 4 pers. 260-680 € / semaine.

Le camping Rivière de Cabessut, c'est une histoire familiale, celle de la famille Coste. On aime particulièrement leur philosophie du camping : la nature, les amis, la famille, la détente, l'entraide... L'accueil est toujours chaleureux et bon enfant. Situé en bordure du Lot, à deux pas du centre-ville de Cahors, mais en pleine nature, le camping propose des emplacements spacieux et semi-ombragés. En communion avec la nature qui l'entoure et qui lui donne tout son charme.

AU P'TIT BOUCHON €

7, place Claude-Rousseau

✆ 05 65 35 17 78

www.auptitbouchon.com

Ouvert toute l'année les midis du lundi au samedi. Réservation recommandée. Carte 20 € environ.

Idéalement situé, au cœur du vieux Cahors, ce restaurant propose une cuisine traditionnelle de bistrot, où la large place accordée aux produits frais est un gage de qualité. Les frites sont maison et les tagliatelles fraîches. La viande vient directement de l'Aveyron. Le P'tit Bouchon mise sur la convivialité, la simplicité et un excellent rapport qualité-prix. Vous y dégusterez des salades, des burgers et des plats traditionnels. Avec sa terrasse calme et ensoleillée, il n'est pas rare que le restaurant fasse rapidement le plein. N'hésitez donc pas à réserver !

LA TABLE DE MARLAS €

662, Avenue Edouard Herriot

✆ 05 65 35 03 06

www.maison-marlas.fr

Ouvert de début juin à fin septembre. Menus de 15€ à 30€ env.

Attention, adresse non-attrape-touriste ! Pour découvrir la gastronomie locale et toute la palette gustative du canard, vous êtes au bon endroit. Il faut dire que derrière cette table estivale, on découvre toute une famille engagée dans l'élevage et la transformation traditionnelle depuis quelques décennies. Aujourd'hui dans la famille Marlas, je demande Kévin, héritier de ce petit paradis culinaire. Le canard, il a appris à l'élever, à le transformer et à le cuisiner pour le plus grand bonheur des *aficionados*. Un cadre familier, un peu comme à la maison. Superbe.

LE COURSON €€

28, allée Fénelon

✆ 05 65 35 10 74

Ouvert toute l'année sur réservation du mardi au vendredi midi et soir. Menu du jour : environ 20 €. Frais et local.

En plein cœur de Cahors, sur les allées Fénelon, Le Courson est un petit restaurant où les produits frais et locaux sont très bien mis en valeur. Dans un cadre à la fois chic, décontracté, cosy et moderne, il est très agréable de se laisser tenter par le menu du jour ou par sa carte, aussi petite que le lieu pour rester concentrée sur l'essentiel : des viandes de qualité dont la cuisson est parfaitement maîtrisée, des petits légumes savoureux, et des desserts aussi beaux que bons. Puisqu'en plus le service est impeccable, cette adresse est à découvrir, c'est sûr !

CUISINE CÔTÉ SUD €€

24, place Champollion

✆ 05 65 53 15 16

www.cuisine-cotesud.com

Ouvert du mardi au samedi pour le déjeuner uniquement. Vente à emporter, possibilité de livraison. Menus 28€ et 33€.

Situé dans le vieux Cahors, Cuisine Côté Sud est un restaurant le midi, un traiteur le soir, et une boutique d'art de la table en journée. Le chef David Blanco, président des Bonnes Tables du Lot, revisite les produits locaux et propose des recettes d'autres contrées, toujours avec élégance. Le foie gras se redécouvre avec une gelée d'estragon, le canard aux figues est préparé en steak, et les desserts rappellent des souvenirs d'enfance ou de voyage. Et si vous décidez de vous marier dans le Lot, le chef saura tout autant ravir les papilles de vos invités.

AU FIL DES DOUCEURS €€

32, avenue André-Breton

✆ 05 65 22 13 04

www.aufildesdouceurs.fr

Ouvert toute l'année du mardi au samedi midi et soir. Menus 28-39 €. Terrasse.

En face du pont Valentré, bienvenue chez Muriel et Philippe Larguille. On vous conseille le risotto quercynois au rocamadour avec noix et jambon de magret ou bien les lasagnes de foie gras poêlé sauce aux truffes noires. Grand choix de desserts mais la spécialité locale est de rigueur : la Pescajoune, une crêpe gourmande aux pommes et au calvados. Parfaitement maîtrisé dans un travail de gourmandise absolue. Côté vin, outre les vins de Cahors, il y a quelques coups de cœur à déguster comme un Ventoux… avec modération bien sûr.

LE GRILL DE JULIA €€

46, Rue Daurade

✆ 05 81 70 46 57

Ouvert toute l'année. Du mardi au samedi le midi et le soir. Menus de 15,50 € à 25,50 €. Menu enfant : 6 €. Terrasse.

La rue Daurade est incontestablement la plus belle rue de Cahors. Située dans son cœur historique, elle convie au voyage grâce à une architecture très singulière. C'est ici que le restaurant Le Grill de Julia vous invite à vous asseoir sur sa magnifique terrasse ou bien dans sa salle plus intimiste. Au menu ce sont bien sûr les grillades qui sont mises à l'honneur. La viande est d'une très belle qualité et les cuissons maîtrisées. Pour ceux qui préférèrent la mer, pas de problème ! Les entrées et les desserts sont aussi de bon niveau. Service très sympa.

L'Ô À LA BOUCHE €€

56, allées Fénelon

✆ 05 65 35 65 69

loalabouche-restaurant.com

Ouvert toute l'année du mardi au samedi. Réservation recommandée. Menus 21,50-48 €. Terrasse.

Dans un style épuré et lounge, Jean-François Dive, issu d'une école hôtelière belge, offre une cuisine inventive et raffinée. L'art du chef est certainement de réinventer les produits typiques locaux pour éveiller vos papilles. Des produits frais et savoureux vous donneront, nul n'en doute, l'eau à la bouche ! Pour les plus gourmands, un menu complet allant de l'apéritif jusqu'au café vous transportera dans des voyages culinaires. L'été, vous pourrez également profiter de la terrasse, spécialement en soirée. Bonne dégustation.

LE MARCHÉ €€

27, place Jean-Jacques Chapou
✆ 05 65 35 27 27
www.le-marche-cahors.fr

Ouvert toute l'année du mardi au samedi midi et soir. Réservation recommandée. Menu du jour 24 €. Menus 36-75 €.

Maître Restaurateur, Marc Bozzato, accompagné de son épouse Amandine, est passionné par son métier : tout est raffiné, un peu surprenant, comme le ris d'agneau et pois chiche, ail confit et raisin Jumbo. Le menu Tuber, dédié à la truffe, offre de belles perspectives, avec son carpaccio de noix de Saint-Jacques et son filet de bœuf cuit au sautoir. En dessert, le pudding aux fruits exotiques présent sur le menu de la semaine a remporté tous les suffrages... Le chef met un point d'honneur à respecter les saisons. Le lieu est élégant et chaleureux, comme sa cuisine.

LE JARDIN DES THÉS

12, rue Daurade
✆ 06 88 04 60 00

Ouvert du mardi au samedi. Terrasse. Boutique.

Vos sens sont rapidement mis en éveil devant ce salon de thé. D'abord votre vision, qui découvre une place entourée par la superbe architecture médiévale. Puis votre odorat et votre goût, qui rencontrent les pâtisseries faites maison, les glaces artisanales, cafés, thés, limonades, jus de fruits maison... Le midi, une pause salée végétarienne est proposée. Tout est bio. Les cafés et les thés sont proposés à l'achat en vrac. Le choix est large. Ce lieu est un petit paradis notamment pour les amateurs de thés et de cafés bien (trop) gourmands.

LA PETITE AUBERGE €€

144, rue Saint-Urcisse
✆ 05 65 35 06 05

Ouvert du jeudi au lundi le midi et le soir. Menus de 25 € à 48 €. Terrasse.

Dans une belle bâtisse à colombages, Thomas et sa femme vous accueillent à La Petite Auberge, anciennement l'Auberge du Vieux Cahors. Le chef travaille autant que possible des produits en circuits courts, de saison et bio, pour proposer des recettes savoureuses : magret de canard à la sauce crème de cassis, turbot en croûte de romarin, lasagnes aux légumes de saison, mignon de porc à la crème douce de maroilles... Thomas vient de Lille, et sa carte le rappelle parfois, notamment avec une grande sélection de bières. Une adresse à retenir !

LA SYMPHONIE DES VINS

42, rue Daurade ✆ 05 65 35 47 94
https://www.lasymphoniedesvins.fr/

Ouvert du mardi au samedi de 12h à 2h. Environ 5€/tapas, planches fromage 10 € charcuterie 12€, belle sélection de vins.

Sophie Arènes, sommelière cadurcienne, a créé en 2021 La Symphonie des vins avec l'envie d'allier les tapas espagnoles aux produits français, et d'offrir des vins scrupuleusement sélectionnés. Le lieu chaleureux est un décor parfait pour des soirées gourmandes réussies : patatas bravas, nems mexicains, croquettes de canard, ravioles aux truffes, mais aussi mini burgers ou planches de charcuterie et fromages. La carte des vins fait la part belle aux domaines locaux, ou du Languedoc-Roussillon, de Bordeaux, de Bourgogne, de Corse, d'Alsace, d'Italie ou d'Espagne !

LES GOURMANDISES DE LILU

27, Rue nationale
✆ 05 65 35 09 35
www.lesgourmandisesdelilu.fr

Ouvert du mardi au dimanche de 7h à 19h.

Pâtissier de formation, Jérôme Moulinou est devenu lotois après sa formation au Lycée Hôtelier de Souillac, une référence dans le métier. Après un parcours dans la restauration, il ouvre sa propre boutique à Cahors « Lilu » en hommage à ses deux filles Lina et Lucine. En 2021, il est candidat au titre de « Meilleure Boulangerie de France ». Dans sa boulangerie, le pain y est croustillant et les pâtisseries font un carton ! Très belle maîtrise des techniques en pâtisserie, ce qui donne de très belles pièces. Vous trouverez également toute une gamme de salés.

LA CAVE DE JEAN

Halles de Cahors
✆ 05 65 22 28 83

Sous les halles. Fermé le lundi toute la journée et dimanche après-midi.

Installée sous les halles au cœur de Cahors, la cave de Jean offre une sélection de vins exceptionnelle. Venus de toutes les régions de France, ils laissent aussi la place aux produits locaux, et même à des bières et spiritueux lotois. Jean offre autant la qualité des produits que des conseils, toujours avisés. Que vous veniez pour le marché, ou pour simplement flâner, laissez-vous tenter par une petite halte à son stand. Vous trouverez forcément votre bonheur : une bouteille pour partager avec les amis, ou pour ramener dans la valise et l'offrir en cadeau.

CRÈMERIE MARTY

160, rue Nationale
✆ 05 65 22 21 94
cremerie-marty.fr
Ouvert du mardi au dimanche.

Damien Marty est fromager affineur, héritier du savoir-faire de son père, Patrick. Il travaille avec une quarantaine de producteurs de toutes les régions. Des productions fermières et artisanales au lait cru. La boutique propose, au fil des saisons, 350 fromages affinés ou frais. Presque tout le plateau français ! Bien sûr, vous trouvez à l'étal une large gamme de fromages lotois et une production maison le Brie à la Truffe *Tuber Melanosporum*. Vous pourrez également acheter du lait cru et bien entendu de la crème fraîche. Une référence fromagère à Cahors !

GRAINS DE FOLIE

127, Rue Nationale
✆ 05 65 35 03 39
boutique-grainsdefolie.com
Ouvert du mardi au samedi de 8h30 à 12h30 et de 15h à 19h. Haute saison du mardi au samedi de 8h30 à 19h.

Il est des lieux « magiques » où l'œil ne sait où se poser, où les sens sont en éveil. C'est la cas à Grains de Folie avec le doux parfum des cafés verts - en grains ou moulus - en provenance du monde entier. Le magasin distribue aussi une centaine de thés en vrac, en sachets cristal ou encore des tisanes. Coin salon de thé avec également à la carte du chocolat à l'ancienne et des pâtisseries. Grains de Folie, c'est également une épicerie fine, une cave à vins et eaux-de-vie à l'accent international. Une adresse curieuse, voyageuse et gourmande !

LUZECH ★

C'est une presqu'île qui se détache de l'un des méandres de la rivière Lot. Ici, les hommes font la ville de Luzech depuis le Moyen Âge. On remarquera un donjon du XIIe siècle, seul témoin de la prise de la ville par Richard Cœur de Lion en 1188, la chapelle des Pénitents bleus du XIIe siècle, devenu siège des Montagnards sous la Révolution, la chapelle Notre-Dame-de-l'Isle du XVIe, vénérée par les gabarriers, mais également les ruelles et les enseignes des échoppes. Luzech propose plusieurs lieux de visites intéressant dont le musée de la Planète des Moulins, le Musée Armand Viré et l'Ichnospace qui présente des traces de dinosaures.

LE DONJON DE LUZECH

Le donjon carré est caractéristique de l'école architecturale du Midi, contrairement aux tours rondes qui étaient en règle dans le domaine du roi de France. Datant du XIIe siècle, c'est le seul témoin de la prise de la ville par Richard Cœur de Lion en 1188 ainsi que de l'occupation des évêques de Cahors, co-seigneurs de Luzech au début du XIIIe siècle. En 1212, les croisés brûlent et pillent la cité au cours de la Croisade contre les Albigeois. L'évêque de Cahors Guillaume de Cardaillac racheta ce qui restait du château et devint de ce fait seigneur de Luzech.

MUSÉE ARMAND VIRÉ ESPACE AMMONITES / ARCHÉOLOGIQUE ★

Rue de la Ville
✆ 05 65 30 58 47
Ouvert toute l'année du mardi au vendredi 10h-12h/14h-18h, le samedi 10h-12h. Adulte 3-5 €.

Ce musée est le produit des fouilles archéologiques. Le site découvert à la fin du XIXe siècle donne un aperçu précis des habitats de l'époque préhistorique. Grâce à ses collections de silex, céramiques, pointes de flèches, monnaie et à une miniature de la célèbre colonne de Trajan, il raconte l'occupation humaine du site du paléolithique au gallo-romain. Le terrain de fouilles est situé non loin de là, puisque l'oppidum est accessible par un sentier passant vers le donjon (GR36).

MUSÉE ICHNOSPACE

Rue de la Ville
✆ 05 65 30 58 47
Ouvert toute l'année du mardi au vendredi 10h-12h/14h-18h, le samedi 10h-12h. Uniquement sur rendez-vous. Adulte 3-5 €.

Le musée situé au-dessus de la médiathèque assemble toutes les traces et empreintes des dinosaures et autres espèces trouvées sur le site archéologique de Crayssac. Documentation, vidéo, planches explicatives, moulage permettent de bien comprendre les origines de ces monstres du passé. L'Ichnospace est le premier musée européen des traces et des empreintes fossiles. A voir aussi la salle des ammonites des Causses Jurassiques Supérieurs du Quercy qui permet de comprendre leurs évolutions à travers 10 millions d'années. 450 d'entre elles sont à découvrir.

MUSÉE LA PLANÈTE DES MOULINS

144, Quai Emile Gironde ✆ 05 65 31 22 59
museelaplanetedesmoulins.fr
Ouvert de février à décembre sur réservation. En juillet-août du lundi au vendredi 10h-12h/15h-18h. Adulte : 6 €.

Collection de maquettes animées, mues par l'eau et le vent, qui nous raconte le génie des hommes pour apprivoiser les énergies naturelles. Cette belle évocation, à l'échelle de la planète, est un enchantement ! Alliant rigueur, fantaisie et poésie, elle donne envie de mieux connaître cette aventure humaine depuis ses origines à nos jours. Un grand choix de matériel d'expérimentation ainsi que de la documentation vous permettront de vous initier aux secrets de la conception des moulins.

BASE NAUTIQUE DE CAÏX* €

✆ 05 65 21 07 86
Base ouverte d'avril à octobre et camping en juillet-août. Emplacement à partir de 13 €. Snack. Location canoë 6€/h.

Aux abords du château de Caix et du Lot, venez profiter de cet ensemble de loisirs avec un espace de camping, un restaurant et une base nautique (baignade et location de canoë-kayak). Tout près du village de Luzech, le séjour est agréable et reposant. Parfaitement équipées pour des moments de partage, Les Berges de Caix disposent d'un terrain de pétanque, de tables de ping-pong, de terrain de volley-ball et de jeux pour enfants dans un cadre idyllique. Ouvert à l'année pour les camping-caristes, l'endroit est apprécié comme halte dans la découverte quercynoise.

CHÂTEAU DE CAÏX

✆ 05 65 20 13 22
chateau-de-cayx.com
Boutique ouverte du lundi au samedi 10h-12h30/14h-18h. Visite guidée du parc et des musées à 15h en juillet/août 8 €.

Le château de Caïx, propriété de la famille royale du Danemark, voit son histoire se dérouler depuis le XVe siècle dans les méandres du Lot. Son vignoble est planté sur 24 ha et bénéficie d'un emplacement de choix. La boutique permet de déguster les vins. Vous pourrez visiter le parc du château ainsi que ses deux musées, l'un dédié à l'art premier, l'autre à l'art asiatique. Il s'agit de collections du Prince Henrik : jades asiatiques, statues et masques africains, œuvres Inuits. L'ensemble des collections est à découvrir dans les caves voûtées du château.

LA POÊLE GOURMANDE

84, rue du canal
✆ 05 65 30 98 54
www.la-poele-gourmande.fr
Ouvert toute l'année du mardi au dimanche de 8h30 à 12h30. L'été, restaurant en terrasse. Fait maison.

La Poêle Gourmande est tenue par la famille Edart où le fait maison est à l'honneur. A l'année, c'est une boutique au charme d'antan, au comptoir plein de belles pièces de viande, de charcuteries maison et de plats cuisinés : friton de canard, lasagnes, moussaka, gratins, tête de veau sauce gribiche ou langue de bœuf épicée, ribambelle de brochettes, fricandeaux, chou farci, une sélection de vins et des desserts maison. L'été, une terrasse transforme le lieu en restaurant chaleureux où les assiettes sont généreuses. Le brasero est souvent de sortie !

ALBAS

Asservie au Moyen Âge et transformée en voie fluviale navigable, la rivière Lot a façonné l'histoire de sa vallée. Entre rivière et vignobles, Albas s'est faite du commerce des vins de Cahors mais aussi de l'emprise des évêques alors tout puissants qui ont choisi cette bourgade comme lieu de résidence. Dès le XIe siècle, le château dressé au sommet de la falaise manifestait le pouvoir du Seigneur Évêque de Cahors. Surnommée Albas la Jolie, elle s'est enrichie depuis l'été 2019 d'un jardin d'inspiration toscane situé sur l'une des terrasses surplombant le Lot, au pied de l'ancien palais épiscopal, un des plus beaux balcons sur la vallée du Lot.

© MARIE LEROY

Albas.

LES HAUTS D'ALBAS €€€

✆ 06 83 80 14 44
leshautsdalbas.fr
Ouvert toute l'année. Env. 640-100 € la semaine pour 2 pers. Accueil PMR. Epicerie fine de produits locaux.

Le Lot ici revêt un aspect sauvage ! Repris en 2020 par Thomas Lancelle, Les Hauts d'Albas, ce sont dix yourtes, dont une accessible PMR, aux noms plus que lotois (Rocamadour, Padirac, Quercy, etc.) au milieu des bois. Chaque yourte est tout équipée et propose 56 m² de surface habitable avec dôme translucide pour admirer les étoiles. Vous pourrez aussi profiter d'une terrasse circulaire. La nature ici est chatoyante, elle convie à la sérénité, au repos... Une piscine extérieure chauffée de 20 m x 5 m ainsi qu'un bassin intérieur composent un magnifique ensemble.

CHÂTEAU EUGÉNIE

Rivière-Haute
✆ 05 65 30 73 51
chateaueugenie.com
Ouvert du lundi au samedi 9h30-12h30/14h-19h et le dimanche en été.

Vigneron indépendant, la famille Couture vous présente ses grands vins de Cahors, ainsi que sa gamme d'IGP Côtes du Lot, son apéritif traditionnel le ratafia et son jus de raisin. L'histoire de la passion de la vigne débute en 1470 dans la famille Couture, où l'on retrouve la trace d'un ancêtre, vigneron du seigneur d'Albas. Plus récemment, l'empreinte d'une arrière-arrière-grand-mère a donné son prénom à la propriété, et tous ces ancêtres ont légué des siècles de savoir-faire et d'amour pour le précieux liquide en robe grenat.

LA ROSE ET LE RÉSÉDA €€

50, rue de la Carrière
✆ 07 88 90 13 64
Ouvert de juin à novembre jeudi, vendredi, samedi soir. Menu environ 30€. Terrasse guinguette l'été.

Venus de Toulouse, Frédéric et Tamaki partagent leurs passions : la gastronomie et la poésie. Les assiettes sont une véritable ode à la bonne chère : les couleurs des légumes et aromates pétillent, les parfums nous envoûtent, et les saveurs sont... tout un poème. L'agneau mijoté au fondant idéal, le gravlax de saumon bio ou le meli-mélo d'aubergines au parmesan et pesto sont autant de délices, avant de se laisser bercer par la mélodie des desserts. Le buffet à discrétion est d'une générosité sans commune mesure. Le tout dans un lieu fort charmant. Encore !

ANGLARS-JUILLAC

La famille Massaut construit au XVIe siècle un château, réplique de son grand frère, le château de Cousserans situé sur la commune de Bélaye. Ce n'est qu'en 1853 que la commune d'Anglars-Juillac est dessinée, formée d'un morceau d'Albas et d'un morceau de Belaye. C'est ici, au milieu des vignes, que la dernière compagne du Mime Marceau, Anne Sicco, prend en 2010 la direction artistique du Nouvel Espace Appia, ancienne friche transformée en scène contemporaine au cœur du vignoble lotois. Depuis, Anglars-Juillac s'est fait un nom à travers ce lieu dans l'univers du théâtre. Il participe au rayonnement culturel en milieu rural, une belle prouesse.

LA GUINGUETTE D'ALBAS

203, rue de la carrière
✆ 09 77 91 34 67
https://guinguettealbas.wordpress.com/
Ouvert toute l'année. En été, tous les jours 10h/2h. Burger, planche, plat du jour, tapas, concerts, location de vélo.

L'esprit guinguette vibre à Albas grâce à Anaëlle, Tom et leur équipe ! Animations, concerts, soirées DJ : il y en a pour tous les goûts. Côté cuisine, ça dépote avec des burgers, plats du jour ou tapas maison, et des planches charcuterie et fromage. L'ambiance est toujours chaleureuse, et un peu fofolle : un vrai concentré de bonne humeur. Vous aurez le choix de vous installer à l'intérieur ou sur l'une des 4 terrasses avec vue sur la rivière Lot. En bonus, la guinguette est le point d'ancrage de l'association de location de vélos Roue Libre, profitez-en !

HOSTELLERIE CLAU DEL LOUP €€

Métairie haute ✆ 05 65 36 76 20
claudelloup.com
Ouvert toute l'année. Chambre double 100-130 €. Menus à partir de 30 €. Animations l'été. Animaux acceptés.

Maison de maître du XIXe siècle, au milieu des vignes, associant élégance, luxe et simplicité. Cinq chambres de charme personnalisées et très lumineuses, accompagnent harmonieusement le repos dans des teintes chaudes et pastels. Même les eaux bleues de la piscine répondent à l'élégance du lieu. Le parc est entretenu d'une main de maître. Le restaurant offre un cadre somptueux dans lequel la cuisine généreuse et créative de la maison s'exprime pleinement. Adresse de grande qualité.

CASTELFRANC

Castelfranc est une ancienne bastide du XIIIe siècle de l'évêque de Cahors. L'église Notre-Dame très remaniée (XIVe siècle), et sa belle façade ouest, est surmontée d'un mur-clocher fortifié. Plusieurs circuits pédestres permettent de découvrir de magnifiques dolmens et un calvaire qui présente une vue imprenable sur la vallée. Au cœur du village, le jardin des sens offre une pause romantique. Les berges du Lot sont facilement accessibles pour la pêche, les pique-niques ou la baignade surveillée pendant l'été. Bon à savoir : le village de Castelfranc est le paradis des chineurs… il abrite trois brocantes ! Un village où il fait bon flâner

LE JARDIN DES SENS

Rue des jardiniers
✆ 05 65 36 22 93
Toujours ouvert. Visite libre et gratuite.

Au cœur de Castelfranc, derrière la halle, un petit jardin offre une halte romantique. Le jardin des Sens est tenu par l'association Art et Tradition. Lorsque vous entrez, d'un côté vous découvrez le jardin fleuri, de l'autre un potager inspiré du Moyen Âge. On y observe les maisons avec leurs pierres dorées, et le ruisseau du Vert laisse entendre une petite mélodie. Pour votre repas, mieux vaut vous installer un peu plus loin, toujours près du ruisseau, dans le jardin de jeux avec terrain de basket et skate park : une table de pique-nique vous attend.

LE 7 DES TONNELIERS €€

7, rue des tonneliers
✆ 06 06 68 86 0813
Ouvert toute l'année.

Lionel vous accueille au cœur de Castelfranc pour un séjour plein de charme : cour intérieure ombragée, jardin fleuri, terrasse avec vue sur le mur-clocher du XIVe siècle, et des chambres spacieuses avec salle de douche et WC privatifs. Au bout de la rue, vous pourrez profiter de la plage sur les berges du Lot et de la voie verte. Lionel propose le prêt de vélos ou la possibilité de laisser les vôtres dans son garage. La maison appartenait à un peintre, et elle a gardé son authenticité avec de nombreux objets d'art et une déco so british.

LE RESTAURANT DU PONT €€

3, avenue du pont de fer
✆ 05 65 21 80 92
www.lerestaurantdupont.fr/
Ouvert du mardi au dimanche soir, et 7j/7 en été. Formule midi 14 €. Terrasse.

Le restaurant du Pont propose une cuisine familiale et gourmande. Venus du nord de la France, Christine et Frédéric ont importé leur délicieuse carbonnade. Inspiré des produits de saison, le chef renouvelle sa carte chaque jour. Après une baignade à la plage juste à côté, l'endroit est idéal pour un verre ou une coupe de glace. Avec ses deux terrasses et sa salle de restaurant, le lieu se prête parfaitement aux bons moments entre amis, avec, dans l'assiette, de la souris d'agneau confite, des ravioles cèpes et truffes, ou, certains vendredis, des moules-frites.

LA VIGNE HAUTE €€

1, avenue des Tonneliers
✆ 05 65 53 08 45
lavignehaute.net
Ouvert toute l'année. Tous les jours sauf le mercredi. Carte : 17 € environ. Terrasse ombragée.

Face à la belle église de Castelfranc et son mur-clocher du XIVe siècle, le restaurant se fait discret derrière son décor végétal, mais sa réputation n'est plus à faire. La spécialité ici est la viande cuite sur les braises. La terrasse ombragée, avec sa fontaine, est particulièrement agréable. Canard et bœuf se partagent l'ardoise avec du magret, de l'aiguillette et de la côte à l'os de bœuf. Bravo pour le retour de la queue de bœuf cuisinée au vin de Cahors et coup de chapeau au foie gras maison aux épices. Une superbe adresse à retenir absolument.

LA BASE NAUTIQUE

Accès libre. Plage surveillée en juillet et août.

Dans le village de Castelfranc, les larges berges du Lot offrent un espace de détente très agréable pour se baigner, pique-niquer (des tables sont installées durant l'été), pêcher, ou faire une étape en canoë-kayak. Le long du chemin de hallage, il est aussi un endroit privilégié des randonneurs, à pied, à vélo ou à cheval. La vue est superbe, surtout lorsque des parapentistes s'élancent depuis les collines et font le show. Le ruisseau du Vert se jette ici dans la rivière du Lot, et l'on peut le traverser sur un petit passage à gué. Un vrai coin de paradis !

LE LONG DE LA VALLÉE DU LOT - PARTIE 2

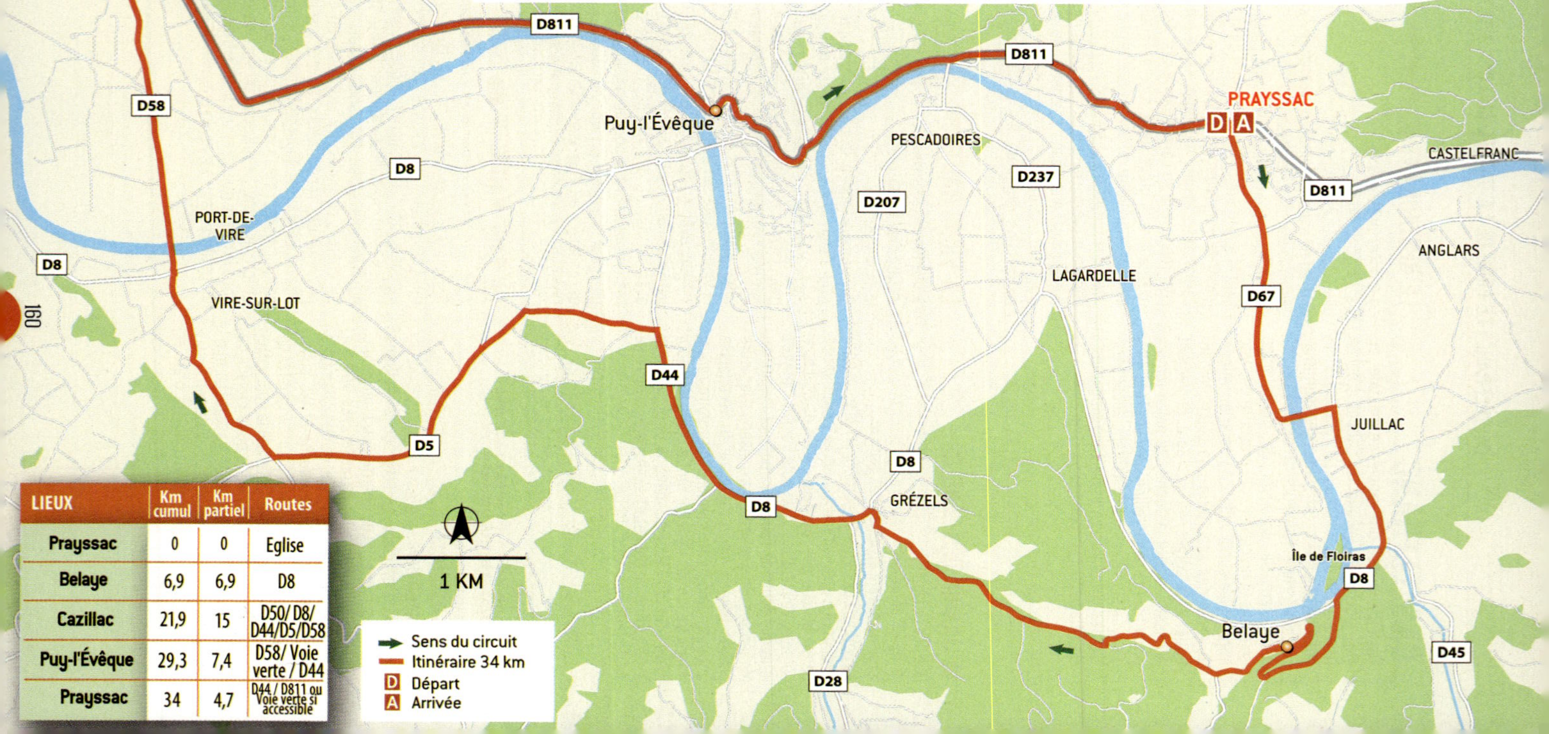

LIEUX	Km cumul	Km partiel	Routes
Prayssac	0	0	Eglise
Belaye	6,9	6,9	D8
Cazillac	21,9	15	D50/ D8/ D44/D5/D58
Puy-l'Évêque	29,3	7,4	D58/ Voie verte / D44
Prayssac	34	4,7	D44 / D811 ou Voie verte si accessible

PRAYSSAC

Prayssac, cité sous l'emprise de l'évêque de Cahors, passe de main au XIIe siècle lorsque l'évêque la céda au seigneur de Cessac, afin de régler ses dettes. Dominé par les châteaux de Calvayrac et du Théron (XVe siècle), Prayssac subit les ravages de la croisade des Albigeois. De nos jours, c'est une des villes de la Vallée les plus dynamiques. Son marché hebdomadaire du vendredi matin a été élu « Plus beau marché de Midi-Pyrénées » en 2019. Le patrimoine mégalithique de la commune est assez important, pour le découvrir vous pouvez emprunter le chemin des dolmens et y admirer le « fauteuil de César », le dolmen de la Bertrandoune ou encore de Quetty.

LE PUKEKO €

18, boulevard de la Paix

✆ 06 70 51 04 76

Ouvert du jeudi au samedi le midi et le soir. En été du mardi au samedi le midi et le soir. Formule du midi 14,50 €.

Le pukeko est le nom d'une poule de Nouvelle-Zélande, le pays d'origine des propriétaires. Mais ce sont bien des burgers de bœuf, de poulet ou de canard, et même du fish and chips qui sont proposés à la carte, en proportion bien généreuse. Tout est fait maison, même les desserts. Selon l'humeur de la cheffe, des burgers spéciaux peuvent être proposés. Vous pouvez emporter votre repas, mais aussi profiter de la petite salle de restaurant à la décoration soignée et chaleureuse, avec un fond de musique toujours bien choisi, ou en terrasse en plein cœur de Prayssac.

POTERIE DE LA MAISON ROSE

Niaudon

✆ 06 85 42 01 56

www.poteriedelamaisonrose.com

Ouvert toute l'année. Du mercredi au dimanche de 10h à 19h. Boutique.

Manon vous accueille dans son petit paradis de la poterie avec un plaisir affiché et se fera une joie de vous faire une démonstration. Dans cet endroit hors norme, vous découvrirez son atelier, dans lequel elle ne manquera pas de vous faire une démonstration de tournage, si vous en manifestez le désir ! A l'arrière, dans sa boutique, tasses, plats, ustensiles, épis de faîtage et objets de décoration vous attendent. Vous dénicherez à tous les coups un trésor...

LE BAHIA €€

50, Boulevard Aristide Briand

✆ 05 65 22 47 12

Ouvert toute l'année du mardi au samedi le midi, vendredi et samedi soir. Menu 17€. Tapas 6€. Soirée salsa mensuelle.

Au Bahia, Luis a su mélanger le Lot à ses racines catalanes, et propose des plats aussi beaux que bons. Le cadre est élégant, le service est efficace et discret. En entrée, le choix va du boudin aux pommes caramélisées au parmentier de canard, en passant par les tortillas. La suite est tout aussi gourmande avec du magret ou du confit de canard, de la daurade, accompagnés de pommes sarladaises, de frites maison ou de légumes. La touche sucrée de la fin se fera entre le tiramisu ou la crème catalane. Les tapas font aussi de l'oeil : accras, samoussas, nems...

LES BOIS DE PRAYSSAC €€

Route Soeur Marguerite Meynen

✆ 05 65 35 65 22

village-vacances-lesboisdeprayssac.fr

Ouvert de avril à mi-novembre. Nuitée à partir de 55 €. 40 gîtes et 20 chalets dont 3 PMR. Animations. Excursions.

C'est ici, dans les hauteurs de Prayssac, sur 7 hectares de chênes et de pins, avec une vue extraordinaire sur la vallée du Lot que Virginie et Christophe ont trouvé leur paradis. Ils vous accueillent dans un petit hameau fait de maisonnettes arrondies et de chalets en bois. L'ambiance est chaleureuse à l'image de ces bois qui reposent et convient à la rêverie. Sur place, de nombreuses activités sont proposées avec notamment la piscine magnifiquement exposée au sommet du parc. Vous êtes à Prayssac, il ne vous reste plus qu'à vous détendre et profiter !

TERRE GOURMANDE €€

25, avenue Maréchal-Bessières

✆ 05 65 21 82 69

www.terregourmande.fr

Ouvert du lundi au samedi 9h-19h + dimanche matin. Env. 20 €. Terrasse. Boutique. Produits du terroir.

Le concept est tout simple : un restaurant dans une épicerie de terroir. Le chef cuisinier concocte des plats simples et sains, uniquement à partir des produits du magasin. Toute la semaine, il propose des plats de qualité qui varient selon les saisons. Dans la boutique, toute une gamme de produits frais, viandes, poissons et légumes, mais aussi conserves, vins, biscuits, gâteaux, chocolats, thé ou café... La traçabilité est affichée : tout est local ! Le rayon frais est alimenté uniquement par des producteurs régionaux qui travaillent dans le souci de la qualité.

QUERCY SAVEURS CHAI MARCO

Route de Puy-l'Evêque
✆ 05 65 24 96 19

Ouvert du mardi au samedi 10h/12h30 et 15h/19h. En été et à Noël, ouvert le dimanche de 10h à 12h. Livraison possible.

Franchir la porte de Marco, c'est accéder au meilleur du terroir du Quercy avec des conseils avisés. Sélection d'une centaine de vins de Cahors à prix propriété représentant 33 domaines viticoles. Apéritifs locaux : Fénelon, Ratafia, Quercy des îles et eau de noix, ainsi qu'une sélection de produits régionaux à base de produits locaux, notamment le canard. L'épicerie fine comporte des produits dérivés de cette noix et de cette truffe tant prisées. Joli voyage dans l'univers gourmand !

LA BICYCLETTE PRAYSSACOISE

9, avenue du Colonel Pardes
✆ 05 65 35 14 55

Location vélo adultes, enfant, VAE, tandem, vélo-suiveur, remorque, porte-bébé... Entretien et réparation de vélos.

Pour profiter de la basse vallée du Lot, les balades à vélo sont un grand plaisir : petits chemins dans les vignobles, sur la voie verte, au bord de la rivière... La Bicyclette Prayssacoise propose de la location de vélos pour toute la famille, en tandem, à assistance électrique, des remorques ou porte-bébé. Si vous avez déjà votre vélo, vous pouvez compter sur Thierry et Béatrice pour l'entretenir ou le réparer. Ils reprennent aussi les vieux vélos pour leur donner une seconde vie.

LE COUVENT

place du Mercadiel
✆ 07 86 53 73 75

Ouvert toute l'année. L'été, du mardi soir et du mercredi au dimanche midi et soir. Concerts le jeudi. Tapas.

Voici un lieu qui rassemble tout ce qui se fait de mieux pour faire une pause de qualité : des tapas avec des produits locaux du terroir, une vue imprenable sur la basse vallée du Lot avec des couchers de soleil à tomber, des concerts qui mettent l'ambiance tous les jeudis soir, un service efficace, des jeux pour petits et grands, et bien sûr les meilleurs vins de l'appellation cahors. D'autres événements sont régulièrement organisés tout au long de l'année, du tournoi de fléchettes aux expositions, en passant par la soirée raclette en hiver, ou du karaoké.

LA FERME DE L'ORIGAN

Monville
✆ 06 77 73 61 57
www.bio46.fr

Vente directe le jeudi de 17h30 à 19h. Participation à « Le Lot de ferme en ferme ».

Maïlys et Jean-Baptiste Mouly tiennent la ferme de l'Origan en agriculture biologique et produisent de nombreux légumes et kiwis, ainsi que de la viande. En effet, ils élèvent des brebis caussenardes, des vaches blondes d'Aquitaine et des poules pondeuses. Tous leurs produits sont vendus en direct à la ferme ou sur les marchés, notamment de Prayssac, même la viande en colis de 5 ou 10 kg. Durant la manifestation « Le Lot de ferme en ferme », Maïlys et Jean-Baptiste ouvrent leur ferme pour proposer des animations liées à leur activité, ainsi qu'un repas savoureux.

BELAYE

Il faut grimper pour arriver jusqu'à Belaye, mais la récompense est grande : une vue spectaculaire sur la vallée du Lot. La table d'orientation vous permettra d'identifier les petits villages du panorama. Le soir, le soleil fait son show depuis la terrasse du café. Le bourg vaut aussi largement le coup d'œil : l'époque médiévale est présente dans l'architecture, notamment par les vestiges du château de l'évêque, inscrit au titre des Monuments historiques, ou encore l'ancien presbytère et l'église Saint-Agnan. Avec seulement 200 habitants, Belaye n'en est pas moins dynamique : de nombreux événements sont organisés tout au long de l'année.

DURAVEL ★

Duravel est l'une des plus anciennes localités du Quercy, située en bordure du pays des Cadourques, au carrefour de l'Agenais et du Périgord. Le bourg se niche dans les plis des collines boisées qui séparent la rivière Lot de son affluent la Thèze. Partout aux alentours, les activités humaines ont laissé les traces d'un lointain passé. Au Moyen Âge, la « ville murée » de Durivelleris se pressa autour de l'église romane Saint-Hilarion. La fondation du prieuré par l'abbaye de Moissac en 1055 transforma l'architecture de l'église. Des reliques dites de « trois frères du désert » : Hilarion, Poémon et Agathon, reposent dans un sarcophage derrière l'autel.

CLOS DU CHÊNE

Route de la Gineste
✆ 05 65 36 50 09
www.clos-du-chene.fr

Ouvert du lundi au samedi 9h-12h/14h-18h et 7/7 en été. Animations l'été : concerts, repas, cinéma, spectacles...

Depuis 5 générations, la propriété vous propose des cuvées en AOC Cahors. Aujourd'hui, la famille propose le Clos du Chêne, Mr Malbec, et le Péché du Clos. Coup de cœur pour Mr Malbec qui traduit l'expression du cépage historique, le malbec noir. Très bon rapport qualité-prix pour ce nectar issu d'une vigne de 35 ans d'âge, éclaircie et effeuillée manuellement : une couleur profonde et des tanins charnus à découvrir ! La dégustation en rouge et blanc se termine par l'apéritif du vigneron, élaboré à base de jus de raisin et d'eau de vie « le ratafia du clos ».

VILLAGE CAMPING LES VIGNES €

✆ 05 65 36 80 39
camping-lesvignes.fr

Gîtes, lodges et emplacements. Lodge (4 pers) à partir de 205 €/semaine. Animations. Snacking. Accès plage direct.

L'atout majeur de ce camping est sa situation géographique : havre de paix et de verdure pour les amoureux de la nature. En bordure du Lot, le village vacances profite d'une vue somptueuse sur la rivière et ses méandres. Sur le terrain verdoyant et bien entretenu, une partie est occupée par des gîtes et des cabanes-lodges, tandis que le reste est réservé aux emplacements. Les plages de sable des berges du Lot sont accessibles par un escalier de quelques marches.

PUY-L'EVÊQUE ★★

Cité du vin et de la batellerie, Puy-l'Evêque est perchée au-dessus la rivière Lot depuis le Moyen Âge. C'était alors une importante cité. Ici s'amarraient les gabares en partance pour Bordeaux jusqu'au XIXe siècle. Le tourisme et le vignoble sont aujourd'hui les deux piliers du dynamisme de Puy-l'Evêque. Le vin AOC Cahors produit ici contribue à faire rayonner Puy-l'Evêque. La navigation de plaisance a pris le relais du commerce fluvial, la rivière joue ainsi depuis la deuxième moitié du XXe siècle un attrait touristique majeur pour la commune. Enfin, notons la présence des Porcelaines du Lot Virebent, labellisée Entreprise du Patrimoine Vivant.

VILLAGE VACANCES L'ÉVASION €€

D28, Martignac ✆ 05 65 30 80 09
lotevasion.com

Ouvert de avril à sept. Emplacement à partir de 23 €. Locatifs (4 à 8 pers.) à partir de 260 €/semaine. Multisport.

Sur les hauteurs de Puy l'Evêque, dans un cadre ombragé et couvert de chênes et de pins, le domaine de l'Evasion s'étend sur 8 ha. Espace aquatique chauffé de 250 m^2 avec plage et bain balnéo ! Soirées musicales, concours et tournois divers dans une ambiance familiale, de détente, de fête et de nature. Restaurant avec cuisine régionale. Un cadre idyllique propice à la détente, des animateurs sympas, et un accueil toujours souriant. Un bon plan pour des vacances en toute sérénité.

COMITÉ DÉPARTEMENTAL CYCLOTOURISME LOT

11, place St Pierre-Es-Lien
PESCADOIRES
✆ 07 57 49 77 57
www.lot.ffvelo.fr

Bienvenue sur le site du comité départemental du Lot de la FFCT ! La région du Lot recèle de trésors à découvrir avec ses nombreux villages pittoresques et paysages de causses comme les vallées du Lot et du Célé, de la Dordogne, mais aussi sa célèbre falaise de Rocamadour. Randonnez sur les plus beaux circuits de la région et vous en serez comblé par sa beauté et son bon savoir vivre. Profitez de la visite pour goûter ses produits du terroir avec son foie gras, sa truffe, etc.

PETIT BISCUIT ET GOURMANDISE €

15, rue des Capucins
✆ 06 85 58 24 67

Ouvert du mercredi au dimanche 10h30-18h. Brunch tous les dimanches 22 €. Plat du jour 10 €.

Au cœur du quartier historique, dans la très jolie petite rue des Capucins, est né en 2019 Petit biscuit & gourmandise. Cuisine ouverte sur une très jolie salle à manger cosy et raffinée. Pour déjeuner vous avez le choix entre 2 plats maison (végétariens et bio), élaborés selon les saisons. Côté sucré, farandole de desserts et de petits biscuits. Belle terrasse avec vue unique sur la vieille ville. Un trésor pour cet établissement qui se révèle être un vrai petit bijou.

LE PIGEONNIER DU LOT €

Promenade de Héron
✆ 05 65 21 37 77
Ouvert de Pâques à Toussaint 7/7j sauf le lundi. Exclusivement à la carte. Terrasse.

Pour les amoureux de la galette bretonne, c'est ici que vous trouverez l'une des meilleures crêperies du Lot. Spécialité de l'établissement, la galette est ici cuisinée avec saveur et goût. Pour ceux qui préfèrent les grillades, ne manquez pas l'entrecôte qui saura vous donner l'eau à la bouche. Enfin, et parce que ce n'est jamais de trop, le Pigeonnier, c'est aussi un cadre magnifique avec une vue extraordinaire sur la vallée du Lot et sur le village médiéval. En été, nous vous conseillons la terrasse et sa verdure chatoyante.

LES DODUS €€

11 bis, rue Marcouly
✆ 05 65 22 91 82
Ouvert du mercredi au dimanche midi et soir. 25 € env. Terrasse.

Depuis mai 2022, Les Dodus sont désormais tenus par Antoine en cuisine et Amandine en salle. Bien que la salle soit de petite taille, le cadre est toujours chaleureux et agréable, et l'on apprécie la cuisine ouverte pour voir le chef en action. Dans l'assiette, il concocte des plats équilibrés et pleins de saveurs, on en redemande ! Les produits frais et locaux sont la matière première de son inspiration qui change donc au gré des saisons. On sent toute la délicatesse dans son travail. Le tout servi avec le sourire d'Amandine et sa bonne humeur : un joli moment.

LE MÉDIÉVAL €€

24, Grand Rue
✆ 09 86 31 80 88
lemedieval-puyleveque.fr/
Ouvert toute l'année du mardi au samedi midi et soir. Menu saison 36€. Terrasse. Vente à emporter.

Dans le cœur historique de Puy-l'Évêque, se trouve l'enseigne Le Médiéval, l'une des Bonnes Tables du Lot tenue par le chef Pierre Creuzet. Des notes viticoles agrémentent la belle salle voûtée. Cadre chic et travaillé dans les assiettes. Chaque aliment façonne un plat tant par sa présentation que par son éclat gustatif. Côté dessert, chocolat ou citron, chacun d'eux est exploité sous toutes ses formes. La carte des vins nous offre notamment une qualité locale qui s'associe parfaitement avec les mets servis. Une adresse où qualité et saveurs nous accompagnent.

CHÂTEAU DU CÈDRE

VIRE-SUR-LOT ✆ 05 65 36 53 87
chateauducedre.com
Ouvert du lundi au samedi de 9h à 12h et de 14h à 18h. Certifié Agriculture Biologique. Accueil Lot Vigneron.

Vinification et élevage en foudre et fûts de chêne. Ces vins se distinguent par leur buvabilité jeunes et leurs grands potentiels de garde. Déjà converti en bio depuis longtemps, le domaine expérimente depuis 2014 des vins sans sulfites. Chaque cuvée est déclinée en 2 versions : 1 traditionnelle et 1 sans sulfite. Chacun se fera une opinion selon son palais. Unanimement reconnus par la profession, les vins du Cèdre sont régulièrement récompensés par la presse internationale. Un vin rare et une excellente entrée en matière pour découvrir ou redécouvrir le Cahors.

CLOS TRIGUEDINA

Les Poujols - **VIRE-SUR-LOT** ✆ 05 65 21 30 81
jlbaldes.com
Ouvert du lundi au samedi 9h-12h/14h-18h. Visite et dégustation sur rdv, dès 5€. Offres sur mesure possibles.

Le Clos Triguedina, berceau de la famille Baldès, est entouré de 70 hectares de vignes. Les premières parcelles ont été plantées ici en 1830 par Étienne, 6 générations avant Jean-Luc et son épouse Sabine. L'avenir est assuré grâce à leur fille, Juliette, vigneronne dans l'âme depuis son plus jeune âge, en passe d'assurer la suite. La gamme de vins produite ici est étonnante de générosité. Les cuvées allient subtilement la tradition du cahors avec la modernité. Bel espace muséographie ludique et pavillon de dégustation très agréable. Une des références du cahors.

PORCELAINE DU LOT VIREBENT

Rue de l'Usine
✆ 05 65 36 46 31
virebent.com
Ouvert du lundi au samedi 10h-12h/14h-18h et 7/7 en été 10h-12h/14h-19h. Livraison possible.

Depuis 1924, cette manufacture de porcelaine façonne l'artisanat français. Dans le village de Puy-l'Évêque, l'entreprise est une institution qui abrite 11 ouvriers dans 2 500 m² d'atelier. Son succès est tel que certaines pièces font partie de l'exposition permanente du célèbre musée des Arts décoratifs de Paris ; quant à sa clientèle, elle s'étale sur plusieurs continents. La porcelaine Virebent attise la curiosité et ouvre ses portes dans une boutique et un petit musée.

LA BOURIANE DANS TOUT SON ART

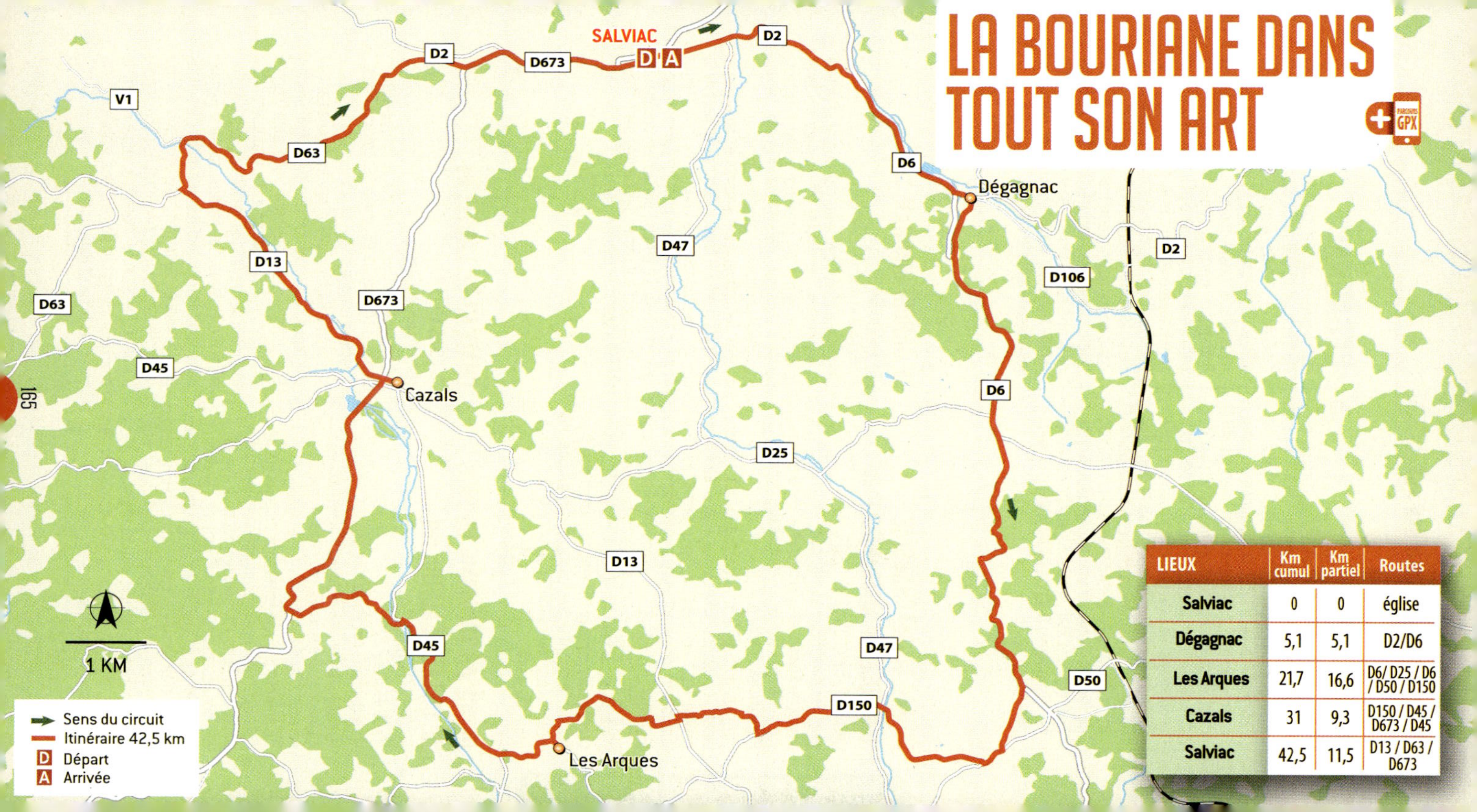

LIEUX	Km cumul	Km partiel	Routes
Salviac	0	0	église
Dégagnac	5,1	5,1	D2/D6
Les Arques	21,7	16,6	D6/ D25 / D6 / D50 / D150
Cazals	31	9,3	D150 / D45 / D673 / D45
Salviac	42,5	11,5	D13 / D63 / D673

SALVIAC

Les ruisseaux de Pâques et de l'Orajou se rejoignent dans ce village au riche patrimoine. La légende raconte que l'église fut reconstruite vers 1280 à l'initiative du futur pape Jean XXII. A l'intérieur : un beau retable du XVIIe siècle et de magnifiques vitraux du XVIe siècle. Le château Lacoste, dit des Templiers, possède une tour Renaissance et une fontaine du XVIe siècle qui valent bien évidemment le détour. La chapelle Notre-Dame-d'Olm du XVe siècle, construite sur le ruisseau de Pâques, possède une remarquable Vierge à l'Enfant du XVIIe siècle. Salviac, c'est aussi le Musée Agricole et de l'Automobile, un petit paradis.

DÉGAGNAC

Degagnac jouit de plusieurs cours d'eau (le Céou, le ruisseau de Rivalès, le ruisseau de Bléou...) ainsi que du plan d'eau de la vallée du Palazat. On y compte deux zones naturelles d'intérêt écologique, faunistique et floristique : les bois et pelouses sèches des collines d'Albecassagne et les landes, bois et zones tourbeuses du Frau de Lavercantière, hauts vallons des ruisseaux du Degagnazès, de la Malemort et du Rivalès. La nature est donc son atout majeur, mais l'église du XIXe siècle, ainsi que l'architecture des maisons de ferme ou du manoir seigneurial et sa tour ronde tronquée aux canonnières offre une jolie balade dans le village.

MUSÉE DU MACHINISME AGRICOLE ET AUTOMOBILE

Lieu-dit Pépy ✆ 06 81 09 98 05
www.musee-agricole-salviac.com

Ouvert du 1e mars au 30 novembre. Visite libre ou guidée. Accessible à tous les types de handicap. Pique-nique. Camping.

Sur plus de 6 000 m², Benoît a rassemblé plusieurs centaines d'outils agricoles allant du simple outil au tracteur, en passant par des voitures et motos anciennes, et de nombreuses superbes miniatures. 5 types de visites sont proposés, dont la visite théâtrale en costumes d'époque pour faire revivre les métiers d'antan : un véritable émerveillement qui, à n'en pas douter, fait le bonheur des petits et des grands. De très belles pièces dont certaines très rares. Superbe visite.

OFFICE DE TOURISME DU PAYS DE CAZALS-SALVIAC

Boulevard Hugon
✆ 05 65 41 57 27
www.tourisme-cazals-salviac.com

Ouvert toute l'année. Horaires d'ouverture en fonction des saisons, voir site internet. 2 bureaux : Cazals et Salviac.

De nombreux documents sont disponibles pour découvrir la région : attractions touristiques de la Bouriane, les hébergements disponibles, les bonnes tables, les circuits de randonnée, les activités et manifestations culturelles, etc. Accueil très souriant. Entre Quercy et Périgord, cette région est attractive notamment pour des vacances en pleine nature. Dans un décor typique, Salviac est une petite commune aux forts atouts touristiques. À découvrir.

LE JARDIN BOURIAN

✆ 05 65 41 64 98

Accès libre et gratuit 7/7.

Le jardin Bourian est tenu par une association de bénévoles. Sur 3 000 m², tout ce qui peut se faire au jardin est présenté : mares, buttes, hôtels à insectes, potager sur thèmes, verger, bordure à papillons... L'équipe organise régulièrement des stages pour enfants et adultes : la sensibilisation à la biodiversité, au respect de la nature, au jardinage au naturel. Ils font preuve d'une grande pédagogie pour un apprentissage tout en plaisir. Le jardin Bourian est un lieu magique où l'on peut rester des heures sans voir le temps passer. Un émerveillement !

CHÂTEAU DE LANTIS

✆ 05 65 41 11 47
chateau-de-lantis.fr/

Ouvert toute l'année. Visite guidée uniquement (environ 1h). Adulte 9€, jeune 5€, gratuit -7 ans. Français et anglais.

M. et mme Barbier-Damiette vous accueillent au château de Lantis datant des XVe et XVIIe siècles. Son histoire passionnante vous sera contée par la propriétaire, et vous ne manquerez pas d'admirer le travail incroyable de restauration qui a été effectué. Ses jardins, sa porte Renaissance parfaitement conservée malgré les aléas de l'Histoire et du temps, ainsi que son dallage incroyable en étoile sont autant de pépites pour les yeux. En 2004, le château a même obtenu le prix de Sauvegarde des Vieilles Maisons Françaises et le Label Patrimoine.

CAMPING LE GOÛT DE LI €€

✆ 05 65 41 64 16

Ouvert de début mai à début septembre. Emplacement nu 8,70€/jour, location 4 pers. à partir de 315€/semaine. Piscine.

Au camping Le Goût de Li, on peut dire qu'il y a de l'espace ! Les emplacements sont immenses, vous ne serez pas gêné par le barbecue ou la musique du voisin. Un vrai havre de paix pour profiter du calme et de la sérénité qu'offre le Quercy. Les gîtes et bungalows sont des petites maisons toutes équipées et confortables. La piscine est bien située, entourée d'une belle terrasse avec des transats pour flemmarder au soleil. Et s'il vous prend l'envie de bouger, les environs offrent des balades magnifiques, aussi bien dans la nature que dans des lieux historiques.

L'AUBERGE SANS FRONTIÈRE €

21, le bourg ✆ 05 65 41 52 88

Ouvert mardi soir et du mercredi au dimanche midi et soir.

Une véritable auberge accueillante et chaleureuse ! Les habitués savent bien qu'on y trouve de bonnes pizzas sur place ou à emporter, ou des moules-frites. Mais surtout, on y déguste des plats faits maison dont les recettes viennent aussi bien d'ailleurs, comme du couscous agneau et merguez et du chili con carne, que typiquement d'ici, telles la tête de veau sauce gribiche ou la traditionnelle mique levée de Bouriane à ne surtout pas manquer. Des concerts ou retransmissions de match animent les soirées de Degagnac. Un vrai lieu de vie rurale.

LES ARQUES

Le village des Arques trouve son origine dans un prieuré-doyenné dépendant de l'abbaye de Marcilhac entre 1182 et 1193. Après les assauts de la guerre de Cent Ans, des constructions viendront transformer le village en place forte jusqu'au milieu du XVIe siècle. Ce sont alors les guerres de Religion divisant le monde chrétien qui détruiront en partie le village. Les Arques a lié son histoire à celle d'un artiste majeur du XXe siècle, le sculpteur Zadkine. Tombé amoureux de la Bouriane, il s'installa dans sa maison-atelier des Arques en 1934. Cette maison est aujourd'hui un musée dans lequel vous pourrez contempler son travail et nombre de ses œuvres.

LES MARAIS ★

Ouvert toute l'année, en accès libre.

Situé aux abords du bras mort du canal, dans la vallée de la Masse, le site est classé en espace naturel sensible. Parcours long de 5 à 6 kilomètres au cœur des marais. Muni d'un livret que l'on vous donnera au Relais Découverte des Arques, vous pourrez déambuler à la découverte de la richesse paysagère, patrimoniale et écologique, grâce à des bornes. Une superbe promenade à la rencontre d'une faune et d'une flore rares avec quelques perles du patrimoine : le moulin de la Masse, la chapelle Saint-André ou encore des vestiges d'activités sidérurgiques médiévales.

MUSÉE ZADKINE ★★

✆ 05 65 22 83 37

Fermé en janvier et les jours fériés. Jours d'ouverture selon la saison. Gratuit jusqu'à 12 ans. Adulte : 3 €. Boutique.

Au début des années 1930, accompagnée de sa femme, Ossip Zakine trouve aux Arques un site idéal de créations. Aujourd'hui, dans son musée, son église ou dans ses ruelles, le petit village peut se vanter d'héberger les œuvres de l'un des plus grands sculpteurs du XXe siècle. Un musée qui se prolonge aujourd'hui dans le village : la *Pietà* et le *Grand Christ* ont tout naturellement trouvé place dans l'église et des œuvres en bronze sont exposées en plein air, dont *La Grande Prisonnière*, récemment prêtée par le musée Zadkine à Paris.

LA RÉCRÉATION €€

Le Bourg ✆ 05 65 22 88 08

www.la-recreation-restaurant.com

Ouvert de mi-février à fin octobre, horaires selon saison. Menu 42 €. Jardin. Terrasse. Cours de cuisine. Traiteur.

Ludovic Soupirot et son chef Rémy Soulignac vous accueillent sous la glycine centenaire ou sous le préau de l'ancienne école pour passer un moment que vous n'oublierez pas de sitôt. Ici, on sert des ravioles de homard sauce corail, des croustillants de Saint-Jacques aux cheveux d'ange, du suprême de caille (désossée) au foie gras, ou le biscuit au chocolat et sa sauce à la poire. Référencée Bonnes Tables du Lot, la cuisine est d'inspiration quercynoise et mondiale. Le restaurateur a également développé toute une gamme traiteur et propose des cours de cuisine.

CAZALS

Ce bourg est construit sur le plan d'une bastide. Initialement baptisé Montolza, il fut fondée en 1319 par le sénéchal du roi d'Angleterre, Guillaume de Toulouse. Ses origines remontent pourtant au Xe siècle : une petite communauté rurale s'installe autour de l'église Notre-Dame-de-Ginolhac, formant un premier noyau. Il est également fait mention d'un ancien château dans un traité conclu en 1193 entre le comte de Toulouse et Richard Cœur de Lion. Plus tard, sur une hauteur, des habitants viennent se grouper au pied du castrum des seigneurs de Gourdon. Ce n'est que lors de la création de la bastide que la vie économique bat son plein grâce aux marchés.

MUSÉE MONTOLZA MECANIC ART

Le bourg ✆ 05 65 22 89 00
www.montolza.com

Ouvert de juillet à octobre, jeudi et dimanche : 10h-13h/14h-18h. Adulte : 5 €. Gratuit -12 ans, chômeurs et étudiants.

Le Musée de Mecanic Art Montolza présente plus de 100 œuvres (bandes dessinées, journaux, lithographies, photographies, tableaux, timbres, cartes postales, dessins, broderies) relatives à cet art né au XIXe siècle et consacré à la naissance et aux évolutions de la civilisation industrielle. Patrick André Laubie, fondateur de ce musée, s'appuie sur 101 années, 101 œuvres déterminantes pour l'Humanité. Est réunie dans ce musée toute l'évolution de l'humanité du Vélocipède à Apollo 11.

AUX 4 SAISONS €€

Le Bourg
MARMINIAC
✆ 05 65 21 42 81

Ouvert toute l'année, du mercredi au lundi midi. Réservation recommandée. Formule 17€. Plat du jour : 10€. Terrasse.

Élégant et raffiné : voici les adjectifs que l'on peut utiliser pour qualifier cette adresse. C'est le rendez-vous des gourmets et des amoureux des belles assiettes. De tous ceux qui aiment se mettre à table. Esther et Julien font de la cuisine un art qui se partage. Ils aiment les bons produits et livrent dans les assiettes des trésors d'inspiration. Les menus varient en fonction de l'inspiration du moment et des produits de saison. Chaque samedi midi, le chef propose un plat traditionnel : boeuf bourguignon, la mique du Quercy, moules-frites, etc.

AUBERGE DE LA PLACE €€

Place Hugues Salel
✆ 05 65 22 86 96
aubergedelaplace-cazals.fr

Ouvert toute l'année, pour les horaires consulter le site internet. Menu 25 €. Suggestion du jour : 13 €. Terrasse.

Bien connue des « locaux » l'Auberge de la Place est une de ces adresses que l'on s'échange entre amis. Une cuisine traditionnelle de terroir, parfois revisitée avec bonheur, simple et de bon aloi. Vous vous y régalerez de foie gras maison, de ravioles ou d'omelettes aux cèpes, mique levée... La maison propose également un bel assortiment de plats à base de poisson. L'accueil toujours chaleureux et la jolie terrasse ombragée donnant sur la place au centre du bourg invitent à la douceur de vivre typique du Sud-Ouest. Une adresse à retenir sans hésiter.

AUX DÉLICES DE LA SERPT €€

Lieu-dit la Serpt - **FRAYSSINET-LE-GÉLAT**
✆ 05 65 36 66 15

Ouvert toute l'année. Menus de 16 € à 28 €. Jardin. Terrasse. Boutique.

A la confluence du Lot, du Lot-et-Garonne et de la Dordogne, Marie-France et Didier ont ressuscité cette ferme d'où émerge un magnifique pigeonnier. Vous dégusterez ici des recettes à base de canard. Tourin, mique levée et cassoulet y sont servies. En sortant de table, allez faire un tour à la boutique, histoire de prolonger le plaisir gustatif chez soi. Une excellente ferme-auberge traditionnelle, une cuisine de terroir concoctée avec les produits frais de la ferme, copieux et au très bon rapport qualité-prix. Pensez à réserver... succès oblige.

LE ALL FERMIER

Place Hugues Salel ✆ 05 65 24 75 81
allfermier.fr/

Boucherie, charcuterie, primeur, épicerie, traiteur. Ouvert toute l'année du mardi au dimanche. Restaurant en été.

Fermé depuis des années, le plus vieux commerce du village, dont l'histoire remonte à plus d'un siècle, a retrouvé depuis 2017 un nouveau souffle grâce à Julien. « On a voulu recréer avant tout l'épicerie de notre enfance ! « Vous y trouverez des bons produits, de l'authenticité mais surtout ce supplément d'âme qu'avaient nos commerces d'autrefois que l'on peut résumer par le doux mot de convivialité. Dans les rayons : des produits de terroir, une belle palette de fromages, vin, charcuterie... Vous y trouverez également une boucherie traditionnelle de qualité.

AU CŒUR DU QUERCY BLANC

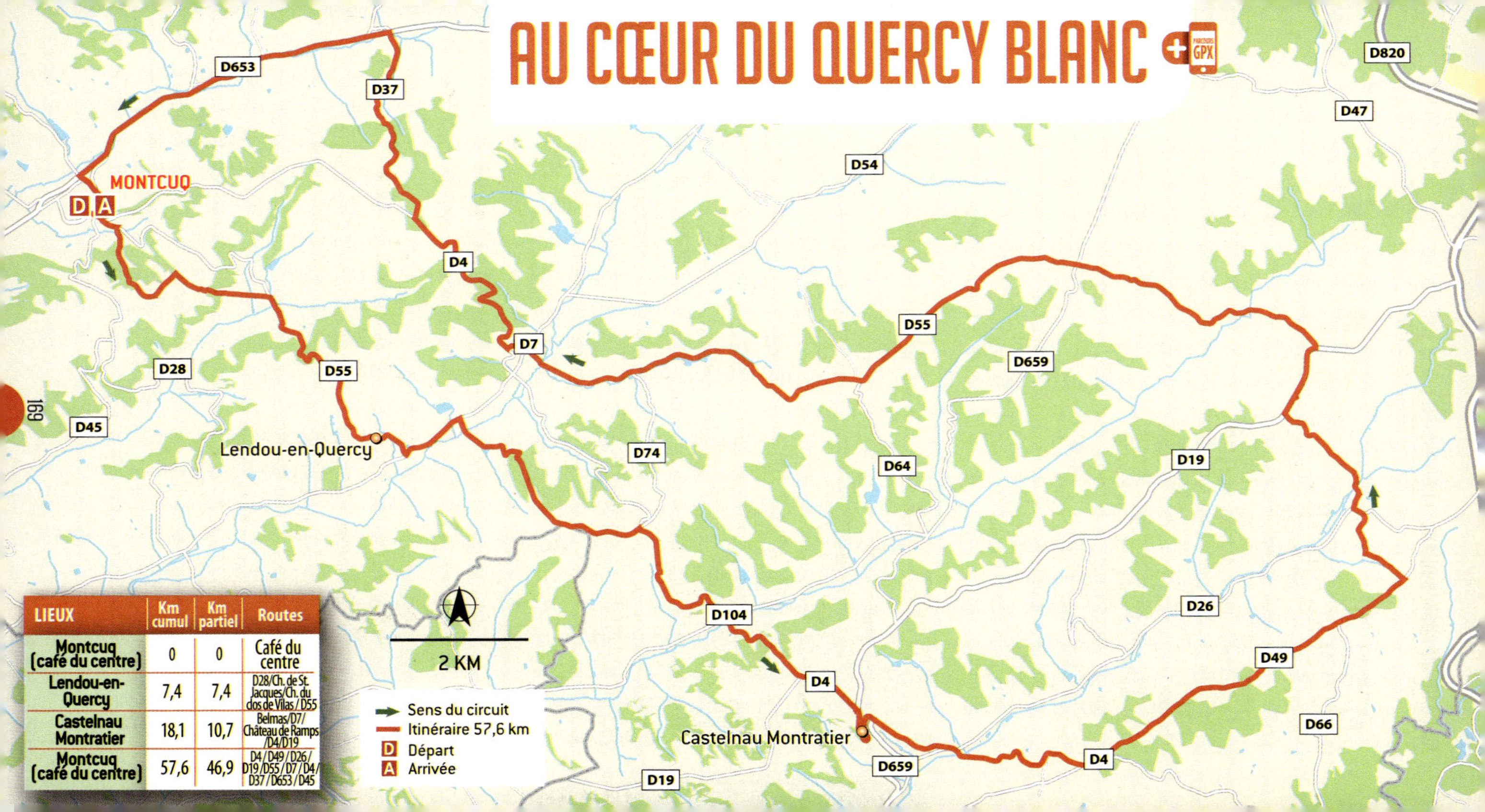

LIEUX	Km cumul	Km partiel	Routes
Montcuq (café du centre)	0	0	Café du centre
Lendou-en-Quercy	7,4	7,4	D28/Ch. de St. Jacques/Ch. du dos de Vilas/D55
Castelnau Montratier	18,1	10,7	Belmas/D7/Château de Ramps/D4/D19
Montcuq (café du centre)	57,6	46,9	D4/D49/D26/D19/D55/D7/D4/D37/D653/D45

MONTCUQ-EN-QUERCY-BLANC

La ville de Montcuq est passée à la postérité grâce à Pierre Bonte et Daniel Prévost dans un célèbre sketch composé pour l'émission « Le Petit rapporteur » dans les années 70. Depuis, Montcuq (prononcez bien la dernière lettre !) se targue de cette renommée et a baptisé une de ses rues du nom de l'émission qui l'a rendue célèbre. Mais Montcuq, c'est surtout une petite ville nichée sur une colline du Quercy Blanc, sur le chemin de Saint-Jacques-de-Compostelle. Montcuq présente de nombreux atouts, dont un patrimoine bâti de toute beauté et une vue à couper le souffle. Ici, on prend encore le temps de partager un moment autour d'une partie de pétanque.

LA TOUR DE MONTCUQ

© 05 65 31 80 05

www.tourisme-lot.com

Été 7/7 de 10h30 à 19h. Horaires selon saison : voir site Internet. Gratuit - 12 ans. 12-17 ans : 2,50€. Adulte : 5 €.

Édifiée aux XII-XIIIe siècle, la tour de Montcuq est un donjon rectangulaire de 12 m sur 8,50 m abritant un escalier en vis. Témoin de l'architecture médiévale, la tour – classée monument historique en 1904 – a donné à Montcuq sa silhouette unique. En visitant la tour, vous découvrirez ses quatre salles, ses voûtes, ses cheminées, ses latrines… ainsi que trois expositions : une permanente sur le village au Moyen Âge, une sur le patrimoine lotois et une sur Nino Ferrer. Quant à la terrasse panoramique au 5e étage, elle offre une vue exceptionnelle sur le village.

QUERCYCLES

3, Rue du Petit Rapporteur

© 06 28 25 17 60

Ouvert 7/7 pendant les vacances scolaires. Du lundi au dimanche 9h/12h hors vacances. Location 1h/15h.

Dans le centre-bourg de Montcuq, la petite boutique de Philippe a vu le jour en 2021. Paradis pour les adeptes du vélo à assistance électrique, Quercycles propose la location, la vente (revendeur agréé de la marque Starway) mais aussi un service d'entretien et de réparation. Soucieux de la qualité de son service, Philippe propose ses conseils avisés afin de vous aider à dessiner votre itinéraire. C'est toute la gentillesse et les qualités d'accueil made in Dunkerque que l'on retrouve chez Philippe. Il a mis quelques années à peaufiner son concept et c'est réussi !

CAFÉ DU CENTRE €

6, place de la République

© 05 65 31 84 64

www.cafeducentremontcuq.fr

Ouvert toute l'année. Tous les jours midi et soir et les dimanches midi. Carte : 15 € environ. Terrasse.

Indispensable au palpitement du centre-bourg, le Café du Centre comme son nom l'indique a tous les atouts pour animer la place centrale de Montcuq. Dans les belles pierres blanches du Quercy Blanc, il déploie sa belle terrasse à ceux qui ont envie de prendre le temps d'admirer cette belle cité. Quand les jours se font plus doux, c'est à l'intérieur que les Montcuquois se réfugient. Une adresse que l'on aime côtoyer souvent. Sur la carte, rien ne dément la qualité de cette brasserie, et du vendredi au dimanche, les pizzas s'ajoutent aux plats traditionnels.

LE CAFÉ DE FRANCE €€

5-7, place de la République

© 05 65 22 52 07

www.cafedefrance-montcuq.com

Ouvert tous les jours le midi ; du jeudi au samedi le soir. Plats de 14 à 24 €.

Dominant la place centrale du village depuis le XVIIe s., cette brasserie jouit d'une grande terrasse à l'ombre du grand marronnier qui prend tout son charme aux beaux jours. Lorsque le ciel fait grise mine, c'est avec un grand plaisir, tout simple, que vous pourrez vous réchauffer dans la salle de restaurant au coin d'un poêle à bois. Le Café de France offre toute sa générosité tant dans les assiettes que dans le service. On se sent bien ici, comme si on allait chez des bons copains. À choisir pour la convivialité et la simplicité de l'endroit.

L'OUSTAL DU LAC €€

579, Chemin de Saint Sernin Chemin de la plage

© 07 63 44 34 06

Ouvert de début juillet à fin septembre 7/7 de 11h à 23h. Plat à partir 13,50 €. Tapas : 9 €.

L'Oustal du Lac est ouvert en été. Il surplombe le lac de Saint-Sernin à Montcuq sur lequel il offre aux clients une vue imprenable. Le restaurant est ouvert tous les jours midi et soir. L'après-midi vous pourrez également y trouver une terrasse pour vous désaltérer ou manger une bonne glace après la baignade. Cuisine traditionnelle maison avec des produits frais et locaux auxquels tiennent beaucoup Stéphanie et Geoffrey les nouveaux propriétaires des lieux. Réservation conseillée lors de la saison estivale, lorsque le lac se pare de ses atouts.

BISCUITERIE DU QUERCY

✆ 05 65 31 83 71
biscuiteriequercy.com/
Ouvert du lundi au vendredi de 8h à 12h et de 14h à 18h.

Depuis ses débuts en 1967, cette biscuiterie a changé de nom mais appartient toujours à la même famille. Autrefois connue comme la biscuiterie les Saules, elle a été renommée en 2010 en biscuiterie du Quercy. Gamme de produits sans colorants, ni conservateurs et des produits phares : gaufres roulées (« Curbelets » en occitan, qui autrefois se fabriquaient dans les fermes au coin du cantou), cigares chocolatées et meringues traditionnelles nappées, aussi fabriquées à partir d'ingrédients issus de l'agriculture biologique pour une gamme bio et une gamme tradition.

LIBRAIRIE LIVRES BOOKS & COMPANY

11, Rue de Montmartre ✆ 05 65 24 35 77
www.livresbooksandcompany.com
Ouvert du mardi au samedi 10h-19h ; dimanche 10h-15h. Salon de thé bio. Petite restauration sur réservation.

Prenez le temps d'un livre, d'un thé, d'une planche gourmande ou d'une tartine. Prenez le temps de grignoter dans le jardin, de vous réchauffer auprès du poêle. Vous trouverez plus de 3000 livres en français et en anglais mais aussi des thés et cafés bio, des jus de fruit, des gâteaux maison, des encas salés. Et régulièrement, des concerts sont organisés dedans ou dehors. C'est un endroit chaleureux, comme une parenthèse que l'on aime ouvrir... et tarder à refermer.

PLAN D'EAU SAINT-SERNIN

✆ 05 65 31 80 05
Baignade surveillée en juillet et août 7j/7 de 12h à 18h. 7 €/véhicule. Restauration. Hors saison : promenade, pêche.

Lorsque le soleil du Quercy pointe au zénith et que la chaleur devient intenable, il fait bon de profiter de la fraîcheur de l'eau. La plage à Montcuq, c'est possible grâce à cette zone de baignade surveillée en été. Le plan d'eau de 4,5 ha est un atout de taille ! Tout est prévu pour que les estivants prennent du bon temps sur le sable blanc. Un chalet restaurant, une aire de pique-nique avec barbecue en libre accès, et une aire de jeux complètent la gamme de services. Farniente, baignade, mais aussi pêche et canoë (sans location de matériel) sont possibles.

CASTELNAU-MONTRATIER-SAINTE-ALAUZIE

Vieilles bâtisses aux façades marquées par le temps, fontaines ruisselantes et lavoirs rappelant le dur labeur des anciens... Castelnau-Montratier est ancrée dans son temps, le passé côtoie le présent à travers un patrimoine unique. En entrant dans la ville, vous ne pourrez pas manquer les 3 moulins à vent, témoins d'une région agricole depuis la nuit des temps. Admirez aussi ses caselles, (cabanes en pierre sèche), ou encore ses églises romanes. 6 voies romaines passaient par là. La ville fut rasée par la guerre puis reconstruite par le seigneur de Ratier en 1250. Le château lui date du XIIIe siècle, il a un temps rempli la fonction d'hôpital.

MOULIN A VENT DE BOISSE

✆ 05 65 21 84 39
CB non acceptée. Enfant -12 ans gratuit. Visite guidée 3 €, contactez l'office de tourisme.

© IRÈNE ALASTRUEY - AUTHOR'S IMAGE

Reconstruit en 1813 à partir et de la même manière que celui se trouvant initalement au lieu-dit L'arbre del Canou, son propriétaire et meunier ayant décidé de le déplacer à l'endroit actuel en raison de coups de foudre intempestifs et trop souvent répétés. Il était complémentaire du moulin à eau de Lamothe à Césac. Situé à 7 km de Castelnau, il est mentionné au XVIIe siècle, et sa construction à l'identique autorise à le dater de cette époque. Il appartient à la commune de Sainte-Alauzie. Il se visite aujourd'hui ponctuellement, sur rendez-vous.

LE BARDOUQUET €

19, place Léon-Gambetta

✆ 05 65 21 28 14

Ouvert toute l'année. De oct à avr : 7h30/19h, fermé le samedi. L'été 7/7 midi et soir. Formule 15€. Terrasse.

Au cœur du village, sous les arcades de la place Gambetta, le Bardouquet est le café, glacier, brasserie incontournable de la ville. L'été, la terrasse est un lieu très prisé pour se détendre et profiter du cadre de la ville. En saison, des concerts sont donnés tous les mercredis sur la place. La terrasse devient alors les gradins privilégiés du spectacle. Le menu du jour est sur l'ardoise toute l'année et varie au fil des saisons. La gastronomie du sud-ouest est également mise à l'honneur. Penser à réserver aux beaux jours, surtout les jours de marché.

L'ÉTAPE BLEUE €€

Durand

✆ 05 65 35 34 77

www.gite-etape-bleue.com

Accueil pèlerins Nuitée 14 €. Petit-déjeuner 6 €. Demi-pension 34 €. Nuitée en chambre d'hôtes 56 €.

A 800 mètres du chemin (retour direct sur le chemin), les pèlerins sur la voie de Saint-Jacques-de-Compostelle seront ravis de faire halte à cette Etape Bleue tenue par d'anciens pèlerins. Accueil particulièrement convivial, conseils, quatre chambres agréables (avec douche et WC) pour 10 personnes avec possibilité de bénéficier de soins de pieds et massages pour se relaxer. Autre bonheur de l'Etape, la cuisine réalisée à partir de produits locaux bio. L'étape bleue est également une chambre d'hôte ouvert aux touristes de passage dans la région.

LA GRANGE DU LEVAT €€

Lieu-dit Le Levat

✆ 05 65 21 98 15

www.lagrangedulevat.fr

Ouvert toute l'année, 7/7 l'été. Menus de 19,50€ à 26,50€. Chèque Restaurant. Terrasse.

Nathalie et Arnaud servent une cuisine maison, élaborée à partir de produits régionaux, frais, de saison et de tradition ! La grande maison dans laquelle ils accueillent les gourmets est typique des causses du Quercy blanc, ce qui confère à donner du charme à cet endroit. Les hôtes, des professionnels de la restauration depuis 20 ans, s'attacheront à vous faire découvrir les trésors de la gastronomie du Sud-Ouest. Une des spécialités du chef est certainement le foie gras poêlé et le ris de veau. Une adresse incontournable pour amateurs de cuisine authentique.

LE LENDOU €€

La Paille Saint-Cyprien

✆ 06 78 60 85 54

Chambre à partir de 62 €/nuit, roulotte à partir de 390 €/nuit, gîte à partir de 550 €/nuit. Piscine, jardin, terrasse.

Le Lendou est une ancienne ferme totalement réaménagée pour accueillir ses visiteurs dans un confort et un charme de tous les instants. Plusieurs types d'hébergement sont proposés : une belle chambre familiale avec trois lits, salle d'eau, WC séparés, un gîte complet et spacieux tout équipé, et une magnifique roulotte pleine de charme, également tout équipée et à l'intérieur digne d'un décor de film, pour un couple. L'extérieur est tout aussi charmant : le beau jardin fleuri et verdoyant et sa piscine anthracite bordée de bain de soleil n'attendent plus que vous.

LENDOU-EN-QUERCY

La commune nouvelle Lendou-en-Quercy est née en 2018 de la fusion des communes de Lascabanes, de Saint-Cyprien et de Saint-Laurent-Lolmie. Elle tire son nom du Lendou, affluent gauche de la Barguelonnette. Dans un décor typique du Quercy Blanc, le patrimoine architectural de la commune nouvelle est celui de son histoire. Lors de vos promenades, admirez l'église Saint-Laurent de Lolmie de 1863, le château de Marcillac à Saint-Cyprien, datant des XIIe et XIIIe siècles, le château de Lolmie et en contrebas de la route à Lascabanes, une source dite miraculeuse. Enfin, Nino Ferrer, grand amoureux du Quercy Blanc vécut à Saint-Cyprien et y est mort en 1998.

DOMAINE DE SAINT-GÉRY €€€

2, rue Giuseppe-Verdi

✆ 04 67 35 26 49

www.lavillaguy.com

5 chambres de 237 € à 477 €. Petit déjeuner inclus. Piscine, bain bouillonnant. Restaurant. Menus de 117 € à 179 €.

La Villa Guy est un lieu digne d'un conte ! Avec son parc d'un hectare, comprenant jardin classé et piscine, c'est un havre de paix au milieu de la cité biterroise. Ici, le confort est au rendez-vous : hammam, sauna, bibliothèque, salle de billard, fitness et massage... Avec ses trois chambres et deux suites, sa capacité d'accueil est remarquable mais vite atteinte. Lumineuses et raffinées, les chambres donnent sur le parc de la villa. Les styles décoratifs se rencontrent comme le montrent le salon napoléonien ou le jardin mixant le style anglais au néo-mauresque.

A LA DÉCOUVERTE DE LA FORÊT DE LA BRAUNHIE ET SES LÉGENDES

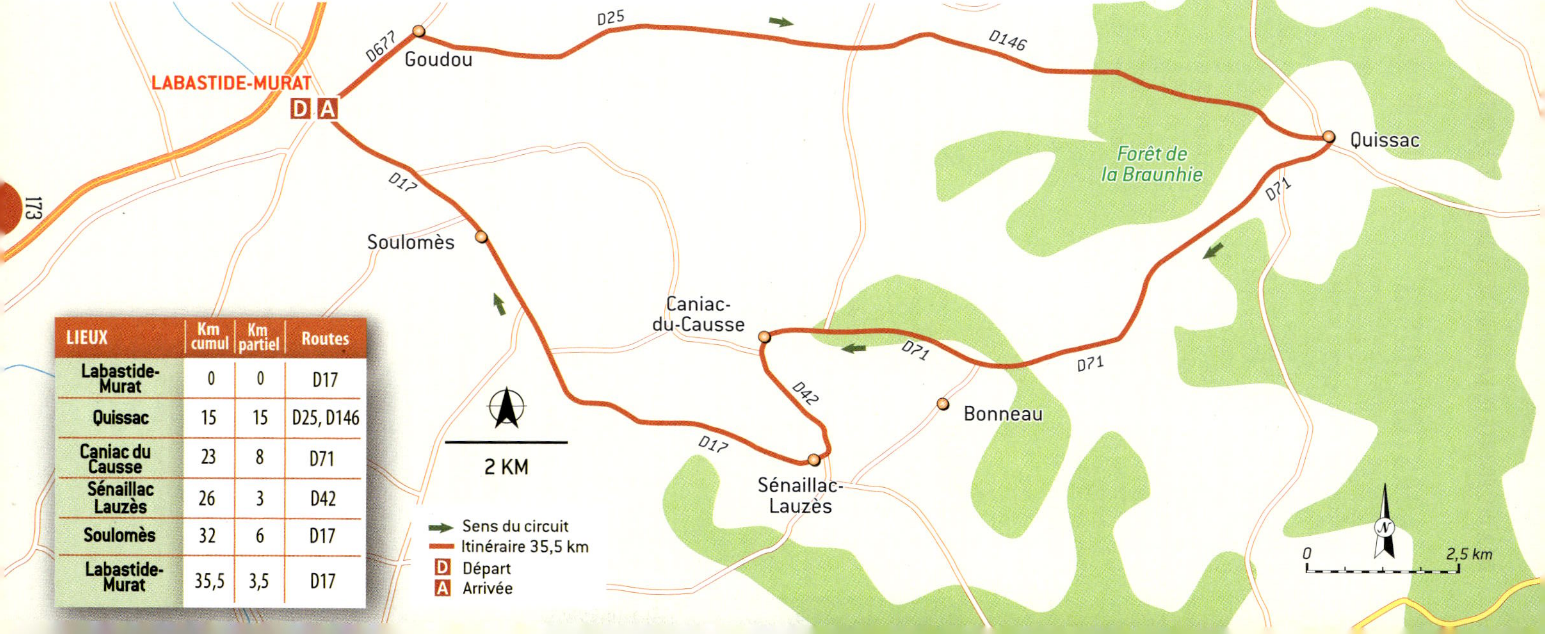

LIEUX	Km cumul	Km partiel	Routes
Labastide-Murat	0	0	D17
Quissac	15	15	D25, D146
Caniac du Causse	23	8	D71
Sénaillac Lauzès	26	3	D42
Soulomès	32	6	D17
Labastide-Murat	35,5	3,5	D17

LABASTIDE-MURAT

La fondation de Labastide-Murat, charmant village implanté à 450 m d'altitude, remonte au Moyen Âge. Afin d'accueillir les pèlerins de Saint-Jacques et Rocamadour, Fortanier de Gourdon, seigneur du XIIIe siècle, y établit une habitation de campagne fortifiée à laquelle s'ajoutèrent une église, des murailles et un château. Mais les lieux sont connus du fait qu'y naquit Joachim Murat, maréchal d'Empire et roi de Naples. Celui-ci fit construire le château de Labastide-Murat, somptueuse demeure néoclassique. En 1852, le village prit son nom actuel – Labastide-Murat – en hommage à Murat, cet enfant du pays dont le musée homonyme retrace le destin exceptionnel.

MUSÉE MURAT ★

Place Tolentino - **COEUR-DE-CAUSSE**

✆ 05 65 24 97 82

www.amismuseemurat.fr

Ouvert du 15 juillet au 15 septembre de 10h à 12h et de 15h à 18h. Entrée 3 € et 1,50 € pour les 5-12 ans.

Installé dans la maison natale du Grand-duc de Berg, le musée rappelle les grandes étapes de la vie de celui qui fut le bélier des armées napoléoniennes, brave plus que de raison, plus guerrier que politicien. Itinéraire d'un enfant gâté par la fortune, né dans une auberge, puis soldat, général, maréchal et enfin roi de Naples, qui connu les pluies de Bohême, le soleil de Toscane, les glaces de la Moscova, la boue des champs de batailles et les ors des palais. La visite nous réserve la découverte d'objets personnels ainsi que des tableaux remarquables !

HÔTEL-RESTAURANT LA GARISSADE** €€

20, place de la Mairie - **COEUR-DE-CAUSSE**

✆ 05 65 21 18 80

www.garissade.com

Chambre 75-145 €. Demi-pension. Petit déjeuner 9,50 €. Menus 36-45 €). Panier pique-nique. Paddock chevaux. Accès PMR.

L'équipe de La Garissade, hôtel 2-étoiles, vous accueille chaleureusement dans une belle demeure du XIIIe siècle entièrement rénovée. Idéalement situées au cœur du Lot et du Parc Naturel Régional des Causses du Quercy, ces 19 chambres sont un point de départ idéal pour découvrir les merveilles de Rocamadour, Cahors, Saint-Cirq-Lapopie, Figeac… Les chambres sont climatisées et décorées avec sobriété. Aux beaux jours vous prendrez petits déjeuners buffet et dîners en terrasse.

FERME DE LARCHER €€

Larcher

COEUR-DE-CAUSSE

✆ 05 65 31 10 39

www.fermedelarcher.com

Ouvert de Pâques à Toussaint tous les week-ends de mai, juin et septembre et 7/7 en juillet à août.

Patrick et Cécile avec leur fille Emmanuelle continuent le travail du canard sur la ferme commencé il y a 4 générations. Ils proposent leur savoir-faire à travers la vente des produits fermiers (foie gras, fritons de canard, pâté quercynois...) et la table en saison. Une adresse où le canard est roi (et l'agneau excellent), couronnée d'une qualité constante comme maître-mot. En saison, la Ferme ouvre sa table et sert ses produits. Pensez à réserver à l'avance, l'adresse est très prisée, pour sa qualité d'accueil tant que pour la qualité des produits !

SOULOMÈS

Vous voici dans « le lieu où il ne reste qu'un seul habitant » ! Soulomès aurait compté qu'un seul habitant après la guerre de Cent Ans. L'histoire de la commune est celle de l'homme. Des travaux d'électrification du village en 1995 permirent de mettre au jour une nécropole du IXe siècle, attestant de la présence humaine à cette époque. En 1160 une commanderie de l'Ordre du Temple voit le jour à Soulomès. On peut encore y admirer des vestiges attenant à l'église Sainte-Madeleine. Datant du XIIe siècle, l'édifice de style Gothique dépendait initialement de l'abbaye de Marcilhac-sur-Célé avant d'être cédé à l'ordre de Saint-Jean de Jérusalem.

LA GRANJA

La Grange du Causse

✆ 05 65 22 97 32

www.associationlagranja.com/

Ouvert toute l'année. Stages, événements, ateliers.

La Granja est une association qui œuvre pour la sauvegarde, l'étude et la transmission de la culture occitane : danse, musique, langue parlée et écrite, édition, contes, théâtre, savoir-faire, lutherie, cuisine... Tout est bon pour vivre à l'occitane. Des ateliers sont proposés tout au long de l'année. De grands événements sont aussi des moments importants dans la vie de l'association : des bals traditionnels et des concerts sont donnés à de nombreuses occasions. Guettez le programme pour vous immerger dans la culture occitane avec une équipe de passionnés.

SUR LA ROUTE DE L'ART ROMAN

PARCOURS GPX

LIEUX	Km cumul	Km partiel	Routes
Figeac	0	0	D840
Saint-Jean-Mirabel	7,5	7,5	D2
Montredon	20	12,5	D13, suivre Mas Roux
La Romazie	26	6	
Felzins	29	4	
Figeac	39	10	D2

FIGEAC ★★

Pour comprendre Figeac, il faut se plonger dans son histoire séculaire. La cité est née au IXe s. sur les rives du Célé. C'est alors une abbaye bénédictine fondée par Pépin Ier, roi d'Aquitaine, arrière-grand-père du fameux Pépin le Bref. Les pèlerins venus du Puy par Conques vers Cahors ou Rocamadour, puis Saint-Jacques-de-Compostelle, passaient par Figeac. C'est aujourd'hui une halte toujours très prisée par les pèlerins, mais aussi par les touristes. Cité flamboyante de la vallée du Célé, Figeac attire par ses nombreux atouts. Elle a été rendue célèbre dans le monde entier par l'un de ses enfants, Champollion qui a su déchiffrer la pierre de Rosette.

LOU FIJAGOL

Le petit train de Figeac
✆ 05 65 34 06 25

Ouvert en juillet/août. Ouvert du dimanche au vendredi. Adulte : 7 €. Enfant (de 5 à 12 ans) : 4,50 €.

En route pour une promenade commentée de 45 minutes à bord du célèbre train de Figeac dans la vieille ville à l'architecture médiévale exceptionnelle (église, calvaire, terrasses du Puy), ensuite, petit tour au bord du Célé. Aucun détail ne vous échappera de part les commentaires avisés effectués sur la ville, son histoire et ses légendes. Possibilité également en soirée, en semaine en juillet ou en août à partir de 21h30 pour une visite nocturne. Une manière ludique de visiter la vieille ville dans une autre ambiance, les enfants vont adorer !

MUSÉE D'HISTOIRE DE FIGEAC

Espace Henri Vayssettes
✆ 05 65 50 31 08
ville-figeac.fr

Ouvert en juillet et août, 7/7 de 14h30 à 18h30. Hors saison sur rdv. Gratuit jusqu'à 18 ans. Adulte 3,50 €.

Le musée incarne la mémoire matérielle de la Ville et du département du Lot et témoigne des voyages effectués par ses généreux donateurs. Il est aménagé en véritable cabinet de curiosités et fait la part belle aux sciences naturelles. On y découvre les toiles lotoises du peintre catalan Pierre Daura (1896-1976), des outils préhistoriques, un crapaud-buffle et un hippocampe naturalisés, ainsi que des minéraux et des fossiles provenant de la région de Figeac.

CAMPING DU DOMAINE DU SURGIE**** €€

Moulin du Surgié ✆ 05 61 64 88 54
www.domainedusurgie.com

Avril à octobre. Emplacement à partir de 66 € la semaine / 1 pers. Locatifs à partir de 339 € / la semaine. Animations

Au coeur de 23 hectares aménagés sur les rives du Célé, le camping possède des aménagements de qualité pour des vacances « grandeur nature ». Le choix du type d'hébergement est important entre les 150 emplacements et les locatifs variés : lodge, mobil-homes, chalets et gite. Sur place les loisirs se déclinent entre l'espace aquatique (piscine à vagues, pataugeoire, toboggan) et les terrains de sports (volley, boulodrome, ping-pong). Des animations sont organisées.

Maisons à Figeac.

MUSÉE CHAMPOLLION - LES ÉCRITURES DU MONDE ★★★

Place Champollion ✆ 05 65 50 31 08
www.musee-champollion.fr
Ouvert toute l'année. Consulter le site pour le détail des jours et horaires. Adulte 5 €. Gratuit jusqu'à 18 ans.

Penchons-nous sur cette histoire qui a commencé il y a plus de 5 000 ans… Il s'agit de celle des Écritures du Monde. Si les premières traces graphiques remontent à 50 000 ans, l'histoire de l'écriture à proprement dite nous ramène effectivement 5 300 ans en arrière. Pour comprendre cette fabuleuse épopée humaine, vous êtes au bon endroit ! Bienvenue dans la maison natale de Jean-François Champollion, le père de l'égyptologie. Le Figeacois est mondialement connu pour avoir réussi à déchiffrer pour la première fois les hiéroglyphes : c'est la fameuse Pierre de Rosette dont vous pourrez admirer la reconstitution géante place des Écritures, à quelques pas du musée. Derrière sa magnifique façade aux mille lettres du monde entier, faite de cuivre et de verre, découvrez à partir des travaux du célèbre déchiffreur des hiéroglyphes, des collections qui racontent la fabuleuse aventure de l'écriture et invitent à un voyage passionnant à travers les cultures et les époques. Pour découvrir ce musée, vous pourrez opter pour la visite libre ou la visite guidée. La visite guidée s'adapte en fonction de votre temps. Vous pouvez opter pour la visite-conférence en 1h30 et explorer le thème de votre choix : Champollion et l'Égypte ; La naissance des écritures ; Le musée et ses chefs-d'œuvre ; De la lettre au mot : la révolution des alphabets. L'autre option, pour les plus pressés, est la visite presto en 55 minutes qui vous invite à une introduction du musée et de ses collections. Véritablement passionnant !

▶ **Expositions temporaires**. Le Musée Champollion - Les Écritures du Monde propose tout au long de l'année des expositions temporaires. Elles font parfois partie d'un événement national, ou sont une initiative de l'équipe du musée. Les sujets sont vastes et précis, et permettent de découvrir certaines facettes inhabituelles d'un domaine. Il peut s'agir d'art antique, préhistorique, ou contemporain, d'ici ou d'ailleurs : c'est la richesse de l'écriture sous toutes ses formes. Les amoureux du musée auront toujours une bonne raison d'y revenir.

▶ **Animations**.

De nombreuses animations pour les plus grands comme pour les petits sont organisées tout au long de l'année. A chaque vacance scolaire, le musée Champollion met en place notamment des visites thématiques pour les enfants, des visites-jeux, des visites-ateliers, des visites en famille… Ou simplement des visites guidées et des conférences pour les adultes. Le programme est riche !

HÔTEL DES BAINS** €€

1, rue du Griffoul
✆ 05 65 34 10 89
www.hoteldesbains.fr
Ouvert toute l'année. Accueil jusqu'à 21h. Chambre à partir de 59 €. Petit déjeuner 8,50 €. Chambre PMR.

Cette jolie bâtisse du début du XXe siècle, située au bord de la rivière Célé, accueillait autrefois les Bains Publics. En mettant en valeur un charme rétro, les chambres sont claires, spacieuses et confortables. Les petits-déjeuners, ainsi que les boissons servies au bar, sont à déguster en salle ou, quand viennent les beaux jours, sur la jolie terrasse. L'orientation est parfaite : soleil levant sur le pont Gambetta et soleil couchant à l'heure de l'apéro ! Douceurs sucrées et paniers de pique-nique peuvent aussi être commandés.

LE SETH €

5 & 7, place Champollion
✆ 05 65 34 50 25
Basse saison : lundi au samedi midi + vendredi/samedi soir. Haute saison : Lundi au samedi midi et soir. Menus 28€/36€.

Le chef travaille des produits frais, souvent choisis sur le marché local, et opte fréquemment pour la plancha quand il s'agit de snacker ses viandes. Le menu du jour est vivement recommandé avec au choix trois entrées, quatre plats et trois desserts. Pas de routine, l'ardoise est effacée tous les jours. Le soir, le plaisir se prolonge à la carte avec 4 ou 5 choix différents de l'entrée au dessert. Le restaurant, dont le charme tient beaucoup à ses belles pierres, bénéficie d'une salle à l'étage et d'une vaste terrasse sur la place.

LA PUCE À L'OREILLE €€

5-7, rue Saint-Thomas
✆ 05 65 34 33 08
Ouvert du mardi au samedi. Réservation recommandée. Menus à 29 € et 36 €. Formule du midi : 20 €. Terrasse.

Dans une petite ruelle du cœur de Figeac se cache un grand restaurant : La Puce à l'oreille. Accueillis dans une salle à la cheminée immense et à l'ambiance chaleureuse, vous vous installerez pour un moment de régal : filet de bœuf aux morilles et ses petits légumes, saucisses de canard à la truffe d'été, terrine de foie gras, gratin de ravioles de Royan, poisson du jour selon arrivage… avant de finir avec une brioche perdue au caramel beurre salé à tomber. La carte change chaque semaine : impossible de se lasser. L'été, le patio est particulièrement agréable.

LA TERRASSE DE FIGEAC €€

6, quai Bessières
✆ 05 65 34 10 07
Ouvert toute l'année du mardi au samedi midi et soir. Menus 24€. Formules midi 13€ et 15€. Menu enfant 7€

L'établissement, un bar-brasserie, renoue avec le traditionnel. Pour les budgets serrés, voilà une adresse qui devrait en combler plus d'un. Au menu, des plats typiques de ce genre d'établissement, pavé de saumon, parmentier de canard délicieux, les desserts ne sont pas en reste, avec la crème brûlée aux spéculoos ou le classique fondant au chocolat parfaitement maîtrisé, pour les puristes gourmands. Des produits frais, du fait maison, de l'espace et un accueil chaleureux. Une adresse de qualité en toute simplicité où l'on a envie de revenir.

SACACYCLE

9, rue de Colomb
✆ 05 65 38 16 35
www.sacoches-velo.com
Visite de l'atelier sur demande.

Irène Brunet a pédalé à travers l'Europe en 2012. La couturière se rend compte qu'il n'existe pas de sacoche, à la fois pratique et esthétique De retour à Figeac, la jeune femme s'est lancée dans la création de « sacacycles » pour les trajets à vélo du quotidien. Irène Brunet utilise un coton épais tissé dans les Vosges, imperméable et imputrescible grâce à un traitement reçu dans le Nord, ainsi qu'un cuir tanné de manière végétale au Puy-en-Velay. Irène Brunet propose plusieurs modèles, dont certains peuvent se transformer en sacs à dos ou sacs à bandoulière.

CIRCUIT VTT DE FIGEAC-LE-SURGIÉ

Hôtel de la Monnaie – Place Vival
✆ 05 65 34 06 25 - www.tourisme-figeac.com
Circuit VTT de 8 km, niveau facile.

© LILUFOTO

Ne vous laissez pas impressionner par la côte du départ, cette boucle VTT est en fait plutôt facile. Mais un petit échauffement est recommandé tout de même. L'itinéraire qui vous attend vous conduira notamment au château – vous serez alors à mi-chemin. De retour à destination, le plan d'eau du Surgié vous permettra de vous rafraichir par temps chaud : reconnaissez que c'est bien appréciable !

- **Tarif :** gratuit.
- **Distance :** 8 km.
- **Durée :** 45 minutes.
- **Difficulté :** facile.
- **Balisage :** VTT jaune.

FELZINS

Situé à proximité du parc naturel des Causses du Quercy, Felzins - rattaché à la Communauté de communes Grand-Figeac - Haut-Ségala - Balaguier d'Olt - est un petit village étendu sur 15 km². Il abrite la chapelle Sainte-Marie-Madeleine de Guirande, édifice inscrit au titre des Monuments historiques et vraisemblablement rattachée aux dépendances de Conques au Xe s. avant d'être intégré au prieuré limousin de Notre-Dame du Chalard entre les XII et XVIIIe s. On pourra y admirer sa nef charpentée et son abside à chevet plat, ses ogives associées à des ornements sculptés autour des XIIe et XIIIe s. et surtout ses remarquables peintures du XVIe s.

LE PENTADOU €

Le Bourg ✆ 05 65 40 48 12
www.lepentadou.com
Ouvert toute l'année. Nuitée chambre d'hôtes avec pdj à partir de 65 €/1 pers, 80 €/2 pers. Gîtes. Table d'hôtes 20 €.

Felzins est un petit village à proximité immédiate du chemin et cette belle demeure traditionnelle, une ancienne ferme du XIXe siècle, faite de pierres apparentes et de boiseries est d'une grande beauté. Que l'on choisisse de dormir dans les confortables chambres d'hôtes ou en gîte (3 gîtes avec possibilité de manger à la table d'hôtes ou de faire un barbecue en terrasse), tout le monde profite du superbe cadre de nature, mais encore du barbecue ou de la piscine. Ambiance apaisée, zen et conviviale pour partager une étape sympathique avec tout le confort.

AU CŒUR DES CAUSSES DU QUERCY

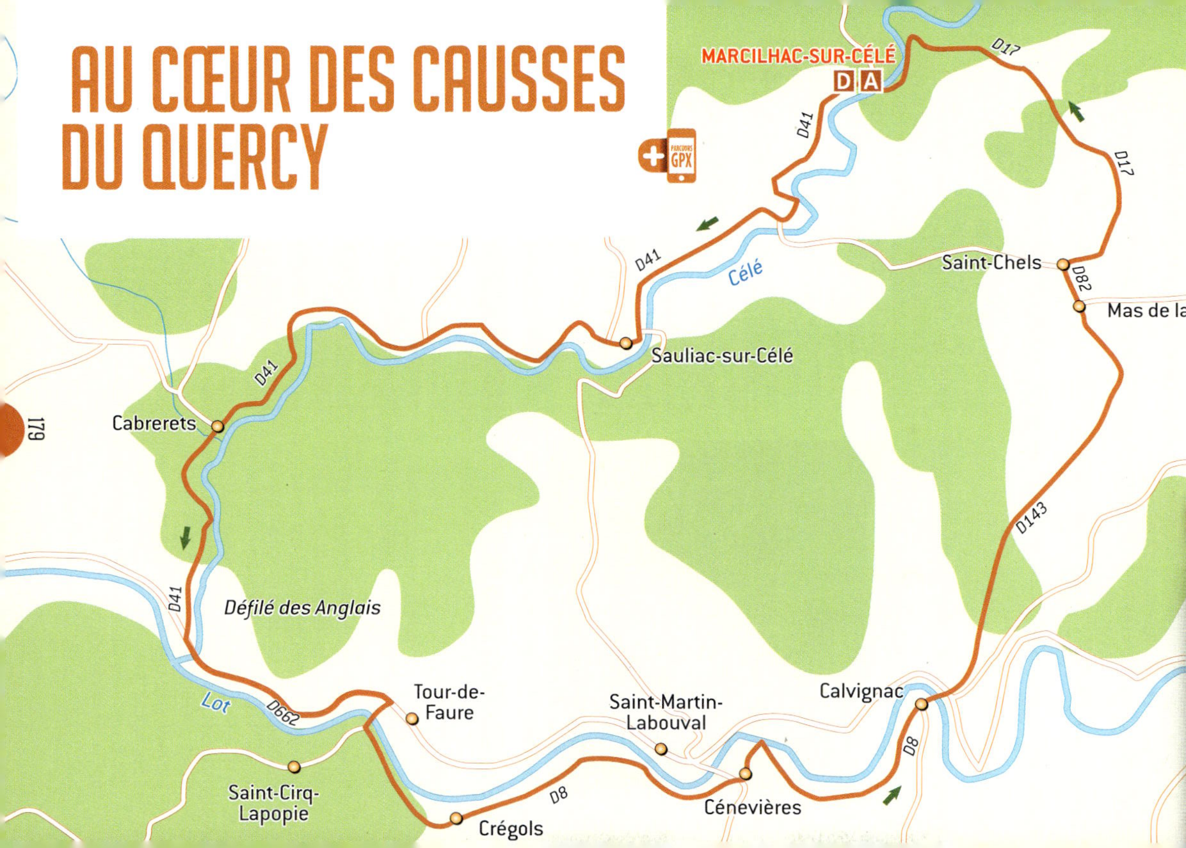

LIEUX	Km cumul	Km partiel	Routes
Marcilhac-sur-Célé	0	0	D41
Sauliac-sur-Célé	6,5	6,5	D41
Cabrerets	15	8,5	D41
Crégols	25,5	7,5	D41, D662, D181, D8
Calvignac	35	9,5	D8
Mas de la Borie	44	9	D143
Marcilhac-sur-Célé	52	8	D82, Saint Chels, D17

MARCILHAC-SUR-CÉLÉ

Face à Marcilhac-sur-Célé, c'est l'émotion intacte de la pierre. Celle des grandes falaises de calcaire qui se reflètent dans la rivière du Célé. Celle des ruines d'une abbaye du XIe s. Celle de l'église romane, beauté minérale s'il n'en faut. Marcilhac est une petite cité douce et paisible où l'on trouve un peu de fraîcheur en été sur les rives du Célé. Une cité millénaire logée au bord de l'eau et autour de son abbaye. Des fouilles entrepris à la fin des années 60 ont révélé des similitudes avec la célèbre Abbaye de Conques, confirmant la date de sa construction. Très abîmée par le temps, elle conserve une poésie brute indescriptible.

© CHRIS ROSE - ISTOCKPHOTO

Marcilhac-sur-Célé.

ABBAYE SAINT-PIERRE DE MARCILHAC-SUR-CÉLÉ

✆ 07 69 46 07 79

www.abbayedemarcilhac.com

Visite libre ou guidée sur réservation. Fermé du 1er janvier au 28 février. Ouverte l'été 8h/22h, l'hiver 9h/16h30.

L'abbaye de Marcilhac a longtemps été ignorée des touristes et parfois même des Lotois jusqu'à l'arrivée d'un curé bien décidé à sortir l'abbaye de l'oubli. C'est toute l'histoire de l'abbé Guillaume Soury-Lavergne, le curé qui sauta en parachute pour sauver son abbaye en 2015. L'année d'après, il réitère ses exploits sportifs en effectuant cette fois une plongée de 250 m dans le célèbre gouffre du Ressel. Chaque exploit lui permit de récolter des fonds. Alors quelle est donc cette mystérieuse Abbaye ? Il est vrai que cette antique et majestueuse abbaye a bien de quoi vous émerveiller par ses fascinants atouts. Son histoire nous ramène au Ve siècle au temps des Carolingiens. L'abbaye bénédictine en tant que telle a été fondée au IXe siècle et est entrée plus tard sous la dépendance de l'abbaye de Moissac. Les ruines actuelles témoignent des ravages de la guerre de cent ans, puis des guerres de religion et retracent l'histoire d'une construction du XVIIe, XVIIIe siècle précédée de ruines romanes. On y trouve le deuxième plus vieux tympan d'Europe encastré dans les fascinants restes romans laissés à ciel ouvert. La salle capitulaire ornée de délicats chapiteaux vous rappellera les grandes heures de l'abbaye, et l'église gothique qui recèle de vrais trésors vous permettra d'entrer dans toute l'actualité d'un bâtiment millénaire. Pour une visite guidée, n'hésitez pas à vous rapprocher de l'association qui œuvre à la sauvegarde de l'édifice.

O PIEDS DANS L'EAU €€

Route de Saint-Chels

✆ 06 20 78 27 67

Ouvert 7/7 juillet/août. Réservation recommandée. Menus dès 10 €. CB non acceptée. Terrasse. Location canoë sur place.

Niché au creux des falaises au coeur du Parc naturel régional des Causses du Quercy et au bord du Célé, Marcilhac-sur-Célé est un de ces villages-écrin du Lot, riche de son panorama et de son histoire. C'est dans ce cadre idyllique, sur la terrasse sur pilotis ombragée, que vous pourrez goûter pour un prix très raisonnable une cuisine traditionnelle savoureuse ou des grillades conviviales. Le charme de l'endroit appelle tant à des moments inoubliables en amoureux qu'à des souvenirs en famille ou entre amis. Adresse très prisée des locaux, pensez à réserver !

PASSION AVENTURE

Pont de Marcilhac

✆ 06 10 73 73 12

www.location-canoe-cele.com

Ouvert d'Avril à Septembre. 4 parcours au choix de 12 à 26 €/pers. ANCV. Pas de CB.

Au cœur de la vallée du Célé, Marcilhac, site unique où coule une rivière calme et ombragée… Passion Aventure, une équipe souriante et dynamique, vous propose différents parcours en location de 1h30 à plusieurs jours, en canoë ou en kayak. Classée en première catégorie, niveau facile, le Célé est une rivière idéale pour naviguer à deux, en famille ou entre amis. Moment ludique et rafraîchissant garanti ! Laissez-vous glisser au fil de l'eau, la vallée du Célé se déroule sous vos yeux en toute intimité… Respirez. Profitez. C'est pour vous !

CABRERETS ★

L'imposant château des Gontaud du XVe s. flanqué de deux grosses tours rondes ouvre l'accès au petit village situé au confluent de la Sagne et du Célé. En face sont plaquées contre la falaise du Roche-Courbe les ruines du « château du diable » détruit en 1390 afin de le rendre inutilisable par les pillards anglais. Il ne faut pas manquer de visiter la remarquable grotte de Pech-Merle. En remontant la vallée, on parvient à la Pescalerie, un des sites les plus enchanteurs de la vallée : un moulin semi-troglodytique accueille la fontaine de la Pescalerie, résurgence d'une rivière souterraine du causse de Gramat. Attention, le site est privé.

GROTTE DU PECH MERLE ★★★

2550, route de la grotte du Pech Merle
✆ 05 65 31 27 05
www.pechmerle.com

7/7 de Pâques à Toussaint. Horaires & ouverture hiver sur le site. 14 € ; 8,50€ -14 ans ; 3,50 € -5 ans. Visite guidée.

Le département du Lot a son Lascaux : la Grotte du Pech Merle située dans la vallée du Célé ! Mais ici, on visite la véritable grotte ornée avec d'authentiques peintures de plus de 20 000 ans. Qualifiée par l'abbé Breuil de « chapelle Sixtine des Causses du Lot, un des plus beaux monuments de l'art pictural paléolithique », avec près de 800 motifs recensés, Pech Merle est un site majeur de la préhistoire européenne. Sur 600 m de galeries et de vastes salles, vous découvrirez successivement la frise noire (bisons, mammouths, chevaux sur 7 m de long), la salle des disques aux curieuses concrétions discoïdales et ses émouvantes empreintes de pieds humains, la gravure d'une tête d'ours, un mammouth en relief puis la galerie de l'Ours. Enfin, vous apprécierez la célèbre fresque des Chevaux ponctués, entourés de mains au pochoir. Cette grotte explorée en 1922 par 3 adolescents célèbre donc cette année le centenaire de sa découverte. Pour l'occasion, deux nouvelles formes de visites sont possibles, en plus de nombreuses autres activités et animations dans l'année. Le centre de Préhistoire est aussi un musée fraîchement rénové : vous avez accès à deux salles d'exposition sur la Préhistoire et l'art du Quercy et à un film documentaire sur l'art préhistorique. Bonne nouvelle : le musée est entièrement accessible aux personnes à mobilité réduite. Et un conseil précieux pour éviter les frustrations : réservez votre visite de la grotte ! En effet, pour la conservation de la grotte et des peintures, le nombre de visiteurs est limité.

MUSÉE AMÉDÉE-LEMOZI ★

Coordonnées, horaires et tarifs similaires à la grotte.

Avec le ticket de la grotte, allez visiter ce musée, fondé en 1934 par l'abbé Amédée Lemozi, archéologue et préhistorien, et tout récemment réaménagé en Centre de la préhistoire. Des outils, des armes, des parures sont présentées dans un ordre chronologique et dévoile la beauté de l'art pariétal. Vous découvrirez comment concevoir des harpons, aiguilles à coudre, lames de poignards et pointes de sagaies à partir de bois de rennes. On vous montrera même comment ériger un dolmen. Des fois que vous vous perdriez dans ce Quercy sauvage sans vous munir du Petit Futé !

MUSEE DE L'INSOLITE

Lieu-dit Liauzu ✆ 05 65 30 21 01
www.museedelinsolite.com

Ouvert de Pâques à Toussaint tous les jours de 9h à 19h, l'été jusqu'à 20h. Adulte : 3 €. Enfant de 4 à 13 ans : 2 €.

Ce musée de l'insolite est le rendez-vous de l'humour et du surréalisme ! Le maître des lieux, l'artiste Bertrand Chenu, y a rassemblé tous les objets qu'il collectionne depuis son enfance, qu'il stocke dans son grenier avant de l'utiliser. Une machine à coudre à cornes qui devient « chèvre de M. Singer », « Don Quichiotte », un couteau suisse géant « spécial potager », des loups de l'âge de fer uniques au monde... Voilà un extrait de ce que vous pourrez découvrir. Poétique, émouvant, furieusement artistique, remue-méninges assuré, et du rêve plein les yeux !

GÎTE DU BARRY €

Le Bourg
✆ 05 65 22 91 79

Ouvert du 1er avril au 30 novembre. 19,50 €/pers. Petit déjeuner 6,50 €. Repas 15,50 €. Panier Pique-Nique : 8,50 €.

Situé dans une demeure du XIXe siècle entièrement rénovée, le gîte du Barry peut accueillir jusqu'à 16 personnes réparties dans 4 chambres, toutes ayant une salle de bain et un WC indépendants. Une cuisine équipée vous permettra de préparer vous-même vos petits-déjeuners avant de partir sur la route de Compostelle ou de visiter la région. Vous pourrez également manger au restaurant de Christelle, La Roue. Possibilité de prendre l'option pique-nique, une idée judicieuse pour les marcheurs du chemin de Saint-Jacques-de-Compostelle.

HÔTEL-RESTAURANT DES GROTTES** €€

Le Bourg ✆ 05 65 31 27 02

www.hoteldesgrottes.com

Ouvert de fin avril à septembre. Chambre double à partir de 55 €. Restauration à la carte à partir de 13,50 €.

Idéalement situé en bord de Célé dans le cadre magnifique de Cabrerets, l'Hôtel des Grottes propose aux voyageurs une halte agréable. Beaucoup de charme pour ce petit hôtel familial ancien mais confortable et décoré avec beaucoup de goût. Les chambres offrent au choix un regard sur la piscine privée, la rivière ou le parc naturel des Causses du Quercy. Côté cuisine, ouverte jusque début octobre, on mise sur la qualité avec bons burgers, salades et plats plus traditionnels.

NOCT'EN BULLES €€

Lieu-dit Merlan

✆ 06 15 20 41 54

www.noct-enbulle.fr

Bulle simple 179 € pour 2. Bulles de luxe avec salle de bains dans la bulle 209 € pour 2. Petit déjeuner compris.

Entre Lot et Célé, sur les hauteurs de Cabrerets, Annie accueille ses hôtes dans l'une des bulles de 4 m de diamètre sur des terrasses en bois regardant la vallée et l'horizon. Dans chacune des bulles, un grand lit 160 cm, une salle de bains privative avec toilettes sèches et un accès à la piscine. De votre nid douillet, vous pourrez admirer le coucher de soleil, vous endormir dans la voie lactée du Parc naturel régional des Causses du Quercy, courue par les astronomes du monde entier pour la pureté de son ciel. Une expérience unique à vivre à deux !

LE REFUGE DU CÉLÉ €€

Le Bourg

✆ 09 88 66 20 15

www.lerefugeducele.com

29 €/pers en chambre double/triple. 58 €/personne en chambre double. Petit déjeuner : 9 €, pique-nique : 9,50 €.

Halte privilégiée pour un moment paisible au cœur du Quercy. Ce refuge destiné aux randonneurs et pèlerins en chemin vers Saint-Jacques de Compostelle a été entièrement rénové. Il propose 4 chambres, avec vue sur le village, la rue ou la campagne, toutes équipées de douche, lavabo et toilettes. Restauration possible sur place. Le matin, profitez sur les terrasses d'un petit-déjeuner composé de produits locaux, bio et fermiers. Une télévision est mise à disposition dans le salon commun. Le petit plus : paniers pique-nique pour repartir sur le chemin.

CHAMBRE D'HÔTE & GÎTE ATYPIQUE €€€

Le Bout du Lieu ✆ 05 65 21 48 97

www.chambresdhoteatypique.com

Fermé en janvier et février. Nuit à partir de 140 €. Espace bain nordique de mi-avril à mi-octobre : 60 €.

Au coeur du magnifique paysage de Cabrerets, adossé à la falaise, quatre chambres aux noms lotois, Saint-Cirq, Lapopie, Padirac, Pech Merle et son lit suspendu, mais aussi un tipi, la cabane Rocamadour et la bulle transparente avec un lit rond et un spa privatif. Autant de promesses de voyages ! Ici, tout est poétique comme si l'architecture ne répondait plus aux lois mathématiques. L'accueil est adorable en tous points, le petit-déjeuner délicieux. Un vrai pays des merveilles !

CAFÉ-RESTAURANT O'LOUISE €

Le bourg

✆ 05 65 21 23 64

Ouvert 7/7 de Pâques à octobre. De 11 à 16 € env. Terrasse.

Le O'Louise : en irlandais, fils de... hommage de Claude à son arrière-grand-mère qui a tenu ce café pendant de très nombreuses années. Depuis 20 ans, c'est Annie qui tient le restaurant. Cuisine de pays familiale toujours savoureuse et à un prix très correct, pour ce petit restaurant fort sympathique, avec terrasse sous la glycine en été, et en prime une vue magnifique, une jolie déco et une ambiance pub au bar où les habitants aiment se retrouver en soirée. Accueil chaleureux et convivialité assurée. Arrêt vivement recommandé !

LE JARDIN DE CABRERETS €€

Le Bourg

✆ 05 65 21 40 28

Ouvert de mi mai à fin septembre 7/7. Plats dès 10 €. Menus : 13, 15 ou 17 €. Menu enfant : 7 €. Jardin. Terrasse.

Niché au creux des falaises de Cabreret, un magnifique jardin qu'on croirait sorti d'un tableau impressionniste. Sous un saule, des poufs moelleux et un hamac vous invitent irrésistiblement au farniente et à la rêverie apéritive. Au détour d'une allée, des tables ombragées près d'un muret fleuri, sous une tonnelle... une aire de jeux pour les enfants. La maîtresse des lieux cuisine fabuleusement les produits frais, et bio principalement, et propose également de succulents plats végétariens et végétaliens. Un enchantement pour les yeux et les papilles.

LA ROUE €€

Le Bourg
✆ 05 65 22 91 79
Ouvert midi, soir février/mars à mi-novembre. Carte : 20/25 € environ. Accueil des groupes. Terrasse. Vente à emporter.

Christelle se plie en quatre pour offrir des prestations de qualité principalement à destination des marcheurs de Saint-Jacques-de-Compostelle. Aménagé dans un ancien garage avec une belle vue sur les falaises, le restaurant propose avant tout des plats traditionnels. Pour vous reposer, le gîte du Barry, tenu également par Christelle, peut accueillir jusqu'à seize personnes réparties dans quatre chambres. Pour les marcheurs accompagnés de leurs animaux, il faut savoir que les chiens, ânes et chevaux sont également les bienvenus.

SAINT-CIRQ-LAPOPIE ★★★★

Saint-Cirq-Lapopie fait partie des lieux que l'on garde en mémoire. Imaginez-vous arriver en 1950 à bord de la voiture du poète surréaliste André Breton, vous arrivez de Cahors et en apercevant la cité de Saint-Cirq-Lapopie une seule pensée vous vient : « j'ai cessé de me désirer ailleurs « - déclara le chef de file du mouvement surréaliste en parlant de son coup de foudre pour le village lotois. L'émotion que chacun peut ressentir en visitant pour la première fois la cité se réitère à chaque fois que l'on foule les ruelles pavées de ce drôle de village perché. Son histoire nous ramène dans les pas de nos ancêtres médiévaux qui ont bâti cette cité.

CAMPING DE LA PLAGE**** €€

Porte Roques ✆ 05 65 30 29 51
campingplage.com
Ouvert du 16 avril au 2 oct. Emplacement à partir de 10 €. Locatifs à partir de 41€/nuit. Accès direct à la plage.

Panorama somptueux sur Saint-Cirq-Lapopie, le camping de la Plage est un petit paradis pour les amoureux de dame nature. Rien ne saurait ici briser la quiétude des lieux. Eden des familles en quête d'un retour aux sources, ce camping offre une multitude d'activités afin d'agrémenter vos vacances d'un peu de fantaisie et est le lieu idéal pour visiter la région. Vous bénéficiez d'un accès piéton pour vous rendre au village et d'un départ au chemin de halage situé à proximité. Partage et découverte seront les maîtres mots des lieux.

HÔTEL-SPA LE SAINT CIRQ*** €€€

✆ 05 65 30 30 30
hotel-lesaintcirq.com
Ouvert toute l'année. Nuitée 90-200 €. Accès à l'espace bien-être (2h) 18-28 €.

Eric Viven a créé un lieu fait de matériaux nobles comme la pierre, le bois, les enduits à la chaux et la terre cuite. Dans un écrin de charme de 25 ha, planté d'arbres fruitiers, de vignes et d'enclos animaliers, il offre 26 chambres tout confort. Pour les appart'hôtel, la décoration a été chinée avec goût et raffinement. Après avoir œuvré plus de 25 ans en cuisine au Gourmet Quercynois, Eric travaille en collaboration avec l'établissement. Le panorama est à couper le souffle.

LOU BOLAT €€

✆ 05 65 30 29 04
loubolat.fr
Mi-mars à mi-novembre. 7/7. Menu 21/27 €. Glaces et crêpes maison. Terrasses panoramiques. Boutique.

Situé au sommet d'un des plus beaux villages de France, Lou Bolat est l'endroit idéal pour apprécier le charme de St-Cirq-Lapopie. Sa terrasse domine le village qui avait charmé, jadis, André Breton. Belle adresse où vous dégusterez une cuisine traditionnelle et savoureuse faite maison. La carte propose des plats régionaux et d'antan mais aussi des salades, galettes, omelettes… L'après-midi, Lou Bolat troque sa toque contre sa veste de limonadier et propose glaces et crêpes faites maison. Au-dessus du restaurant vous y trouverez aussi une boutique de souvenirs.

LE MUSÉE DU VIN

Rue de la Peyrolerie
✆ 05 65 31 21 20
lemuseeduvin.com
Ouvert des vacances de février au 11 novembre + vacances de noël. 9h30/19h

Ancien et typique atelier de tourneur qui abrite la cave et le musée du vin. Le terroir, rien que le terroir. Voilà la devise des lieux. Foie gras, vin de Cahors avec les cuvées du musée mais aussi tous les produits à base de truffe, de noix, de safran et autres douceurs : apéritifs, digestifs, huiles, gâteaux, confitures, miel… La partie gourmande est le parfait complément de la partie musée avec le pôle du tonnelier où l'on découvre ou redécouvre les métiers et les outils autour de la vigne, comme un magnifique alcoomètre en cuivre.

Saint-Cirq-Lapopie.

CALVIGNAC

Village médiéval haut perché - 80 mètres -, poste de guet idéal qui permettait d'allumer les feux grégeois pour alerter de la menace d'envahisseurs. Les remparts du château protégeaient le village des agressions. On peut encore voir une partie de ces remparts et une porte fortifiée. Calvignac fait partie des villages typiques de la vallée du Lot, marqué par une histoire séculaire et d'une poésie faite de pierres et d'un souffle de nostalgie. De nombreux dolmens sont à voir sur la commune, preuves de la présence de l'homme il y a bien longtemps ! Ne manquez pas également de vous rendre sur le Rocher de la Baume, point de vue sur la vallée.

MAS DE GARRIGUE €€€

La Garrigue
✆ 05 65 53 93 31
masdegarrigue.com

Ouvert toute l'année. 4 chambres. Chambre double de 135 € à 140 €.

Quatre chambres restaurées avec soin, dans un style épuré, au coeur d'une bâtisse des XVe et XVIe siècles typiquement quercynoise, avec son pigeonnier fièrement dressé. Tout a été pensé pour offrir un gîte douillet et luxueux : choix des matières et des matériaux, salles de bains dans le pigeonnier, piscine chauffée, produits du terroir frais ; rien n'a été laissé au hasard. Sarah et Steve vous transmettront également leur passion pour la gastronomie, raison de plus pour rester à table. Une adresse de charme dans un cadre superbe.

CHEZ MAIWENN

Peyrelevade
✆ 05 65 40 79 49
fermeequestrechezmaiwenn.fr

Ouvert toute l'année. 17 €/heure. Balade à la journée 55 € - Gîte 300-450 €/semaine.

Maiwenn, diplômée, accompagnatrice de tourisme équestre du ministère de la Jeunesse et des Sports - vous attend avec ses chevaux et ses poneys dans un superbe emplacement, isolé et calme. Pour les petits, la découverte de la ferme et de ses animaux est un vrai moment de détente et une source de joie. A chaque niveau, sa formule. Que vous soyez un cavalier averti ou un débutant, la balade à cheval vous comblera. En solitaire, en famille ou entre amis, voilà une adresse pour une sortie nature. Vous pouvez également séjourner au cœur de la ferme dans le gîte rural.

ESCAPADE EN CAUSSE LIMOGNE

LIEUX	Km cumul	Km partiel	Routes
Limogne-en-Quercy	0	0	D19
Saint-Jean-de-Laur	7	7	D143, D53
Laramière	16	9	D79, suivre Loupiac, Mas de Laborie
Beauregard	24	8	D55
Limogne-en-Quercy	30	6	D53, D24

LIMOGNE-EN-QUERCY

Limogne-en-Qercy est un petit bourg très dynamique qui centralise commerces, services et vie populaire. Il faut venir le dimanche matin assister au marché hebdomadaire, s'asseoir à la terrasse du café et humer les parfums qui flottent dans l'air. On peut alors saisir ce qui fait de ce village tout son charme. Dans la Maison du Pays de Limogne, au centre du village, on trouve l'office de tourisme, une salle d'exposition et un musée d'Art et de Traditions populaires. Agrémentant les alentours du village, de nombreux dolmens, pigeonniers, gariottes et un beau lavoir biface couvert avec abreuvoir se dressent pour éveiller la curiosité du touriste.

SENTIER BOTANIQUE DE CANTAGREL

Départ à la maison des associations.

Info auprès de l'office du tourisme. Suivre les panneaux fléchés depuis la maison des associations. 1 h env. Gratuit.

Au pied de la maison des Associations, à deux minutes de marche du centre-ville, sur la route de Villefranche, suivre le parcours fléché. Ce sentier, bordé de murets de pierres sèches et de champs fermés par des barrières en bois, fait environ 2 kilomètres. Les sols, perméables, permettent l'implantation d'espèces résistant à la sécheresse. Le sentier est accessible à tous avec de bonnes chaussures et toute l'année. Une balade poétique dans l'intimité du Causse du Quercy.

MOULIN À VENT DE LA BOSSE

La Bosse

PROMILHANES

✆ 05 65 31 52 71

Ouvert de mi-juin à fin septembre. Gratuit jusqu'à 6 ans. Adulte : 3 €. CB non acceptée. Aire de pique-nique.

Le moulin fut construit en 1828 et resta en activité jusqu'au début de la Première Guerre mondiale, puis épisodiquement jusqu'en 1932. Son meunier a tout essayé pour rentabiliser son œuvre. Le vent, bien sûr, puis la locomobile, le moteur à gaz pauvre, pour finir par l'abandonner. Il fallut plus de 10 années de restauration pour lui redonner tout son éclat. A l'écart du bourg, il faut emprunter un petit sentier pédestre pour y accéder et admirer son imposante silhouette.

TRUFFES PASSION

151, chemin du Joncas ✆ 06 21 52 77 70

www.truffespassion.fr

Les vendredis à 10h30 sur réservation découverte du marché aux truffes en hiver et dégustation. Adulte 6,50 €.

Marie-France Ourcival est Madame *tuber melanosporum*, la truffe noire du Périgord ! Passionnée du diamant noir, elle entraîne les visiteurs dans l'univers de la truffe et leur en fait découvrir les moindres secrets. Elle guide les papilles lors de journées dédiées. La journée débute de bonne heure sur le marché aux truffes de Limogne. En saison (décembre à mars), la visite se poursuit dans un verger truffier où elle fait une démonstration très pointilleuse de « cavage », avec un chien dressé à cet usage. Sur réservation, Marie-France propose une petite dégustation.

MUSEE D'ARTS ET TRADITIONS POPULAIRES

55, Maison du Pays de Limogne

✆ 05 65 24 34 28

Toute l'année. Mêmes horaires que l'office de tourisme. Visite groupes : résa au 05 65 31 48 78 - yves.lacam@orange.fr

L'aventure de ce musée a commencé en 1997 lorsqu'une importante collection d'objets et de mobiliers XIXe siècle fut prêtée à l'association Découverte et Sauvegarde du Patrimoine. Aujourd'hui la très riche collection se déploie dans 3 salles : outils des paysans lotois, travail du bois, ustensiles et meubles de cuisine d'une ferme typique avec sa cheminée, le berceau, le lit et son « moine ». Des reconstitutions de pièces avec meubles et accessoires nous font voyager dans le temps.

OFFICE DE TOURISME DE LIMOGNE

55, place d'Occitanie

✆ 05 65 24 34 28

www.cahorsvalleedulot.com

En été ouvert 7/7. Hors saison, se renseigner pour les horaires.

Dans un ancien couvent, l'office de tourisme du Pays de Lalbenque-Limogne offre de multiples services, et bien entendu nombre de documents et de prospectus sur les animations des villages du Causse de Limogne. Juste à côté, une salle d'exposition très prisée par les artistes locaux peut être visitée librement. A l'étage, le musée d'Art et de Traditions populaires présente l'outillage quercynois rural ancien, les traditions, l'habitat et l'architecture historique de la région.

GÎTE D'ÉTAPE COMMUNAL LA HALLE €

36, rue de la Halle
✆ 06 12 84 86 47
www.mairie-limogne.fr
Ouvert toute l'année. 3 chambres. Nuitée 18,50 € avec taxe de séjour.

Un gîte d'étape communal situé au cœur du village de Limogne-en-Quercy, à deux pas des commerces. Un gîte qui dispose de 4 chambres à partager - 2 ou 3 lits par chambre - pour recevoir les pèlerins dans de bonnes conditions d'hébergement (avec salle d'eau et sanitaires dans chaque chambre). Cuisine équipée au rez-de-chaussée et grande salle de convivialité avec de grandes tables pour partager de bons moments. Local à vélos et surtout un enclos à proximité pour les ânes et les chevaux.

CAMPING LE BEL AIR** €€

311, rue de la Piscine
✆ 06 20 07 40 87
www.campinglebelair-limogne.com
Ouvert toute l'année. Emplacement 2 pers à partir de 15 €. Mobil-homes (2 à 4 places) à partir de 270 €/ semaine.

43 emplacements, plus 5 mobil-homes en location dans ce joyau de la nature au coeur du parc naturel des causses du Quercy. Ambiance sereine et bucolique assurée, l'ombrage confortable et les prestations de qualité vous raviront. Accès wi-fi gratuit, piscine, aire de jeux pour enfants, épicerie de dépannage, snack et possibilité de livraison de pain et viennoiseries... Un accueil convivial et une situation idéale pour d'excellentes balades et activités. Nombreuses possibilités de visites touristiques, et proximité avec les nombreux marchés en saison estivale.

LA HULOTTE €€

Mas de Games
✆ 05 65 31 58 51
www.chambreslahulotte.fr
4 chambres. Chambre double 70 €, PDJ inclus. Wifi. Restauration (repas sur réservation pour pèlerins à 19 €).

Dans un joli petit mas quercynois, au coeur d'un écrin de verdure et de calme, Claudine et Lionel ont aménagé avec goût 4 chambres. L'indépendance des hôtes est garantie avec une cuisine aménagée à disposition permettant de se faire les repas et une sortie sur un jardin privatif. Deux chambres sont mansardées et ajoutent au charme des lieux. Pour les marcheurs ou les pèlerins, sachez que la gîte n'est qu'à 180 pas du GR 65, sur le chemin de Compostelle, pour vous ressourcer au calme avant d'autres escapades lotoises. Accueil chaleureux en prime.

MAS DE LONA €€

Mas de Parrache - **SAINT-JEAN-DE-LAUR**
✆ 05 65 39 77 09
www.masdelona.com
Séjour pour 2 personnes de 590 € à 790 €/ semaine. Une nuit pour 2 personnes 98 €, week-end 220 €.

A la limite du Lot et de l'Aveyron, tout près de Saint-Cirq-Lapopie, le Mas de Lona sonne comme une adresse alliant la beauté de l'authenticité avec le confort de la modernité. Chaque pièce accueille la lumière lotoise comme dans un écrin. Chaque détail de la décoration a été conçu avec raffinement. Couleurs chaleureuses, des tons gris taupe, des draps blancs. En somme une décoration moderne que l'on aime ! Belles pierres, poutres apparentes, grande terrasse et jardin, le cadre prête à la flânerie et aux soirées prolongées sous les étoiles.

L'AUBERGE DE LA GRANGE DU CROS €€

Le Cros - **SAILLAC**
✆ 05 65 24 77 13

Ouvert de mi-février à mi-décembre sur réservation. Menus à 26€. CB non acceptée. Accueil des groupes. Jardin. Terrasse.

La pierre et le bois : le décor de l'auberge de la grange du Cros est en accord avec la cuisine des lieux, authentique. Rebecca vous fera profiter de sa cuisine familiale et Thierry complète le tableau avec le sourire de l'aubergiste d'antan. Terrine de lapin aux noisettes, poule vallée d'Auge, plateau de fromage… Le menu change chaque semaine ce qui est gage de qualité. La grange peut accueillir des groupes jusqu'à 35 personnes toute l'année. Parking pour voitures et bus.

L'ESPRIT DU CAUSSE €€

Le Bourg - **CONCOTS** ✆ 05 65 22 37 66
lesprit-du-causse.com

Mardi au vendredi et dimanche sur réservation. 31-36€. Formule du midi 14,50 €. Chambres d'hôtes 90€/nuit avec spa.

Avec son vieux parquet, ses grosses poutres et sa vaste cheminée, l'Esprit du Causse porte donc bien son nom et perpétue une tradition d'accueil et de bien manger vieille de plus de deux siècles. Le chef Romain Bouëtard propose une cuisine bistronomique réputée pour son raffinement. La carte des vins, qui fait la part belle aux vignerons en bio ou en reconversion, et l'accueil chaleureux que vous réserve Marlène, l'épouse de Romain, sont à la hauteur de leur réputation. Une adresse incontournable du Lot qui se distingue par son excellent rapport qualité-prix.

RESTAURANT LE JARDIN €€

14, Rue de Cenevières
✆ 09 81 69 52 74

Ouvert toute l'année. Réservation recommandée. Menus de 25 € à 33 €. Formule du midi 19,50 €. Terrasse.

Le midi, le chef de cuisine et le patron des lieux - fort de ses 25 années d'expérience - joue la carte fraîcheur avec 2 entrées et 2 plats au choix, fromage et/ ou dessert. La qualité des produits est indéniable et Philippe en cuisine les travaille avec talent. Le chef apporte une place privilégiée aux légumes de saison qu'il sublime à merveille. Dans les assiettes pas de fausses notes, c'est joli pour les yeux et pour les papilles. En été, le restaurant sort sa terrasse pour profiter du beau village de Limogne-en-Quercy. Une adresse à mettre en favori.

LE VINAGROU €€

Mas de Vinagrou - **CONCOTS**
✆ 05 65 22 58 08
www.vinagrou.com

Ouvert de mars à décembre sur réservation. Menu 288€. Formule du midi 14,50€. Chambres d'hôtes 68€ pour 2 pers. Piscine.

Le restaurant est logé dans un corps de ferme et les chambres d'hôtes dans un autre. Aux commandes de la cuisine, Stéphane propose des menus basés sur le terroir et le poisson. Quelque soit le menu, la soupe respecte la tradition quercynoise en étant servie en début de repas. Pour la partie gîte, c'est Sandrine qui s'y colle. Les 4 chambres sont aménagées sous les toits en gardant l'esprit rustique du lieu, à savoir, pierres et poutres apparentes. Les accès aux chambres sont indépendants. Une adresse authentique qui mérite qu'on s'y attarde.

LES FINS GOURMETS

Grand'Place
✆ 05 65 40 71 41
www.les-fins-gourmets.com

Ouvert du mardi au samedi 9h30-12h15 / 15h-19h. Ouvert le dimanche de 9h à 12h15. Livraison possible.

Quatre sympathiques agriculteurs sont regroupés pour perpétuer le savoir-faire hérité de leurs parents et grands-parents en matière de gavage de canards et de fabrication de produits. Le gavage se fait exclusivement au maïs, les produits fabriqués sont totalement naturels. Vous pourrez retrouver leurs produits dans leur boutique maire à Limogne-en-Quercy mais également dans 2 autres boutiques à Cajarc et Villefranche-de-Rouergue. Une sélection gourmande de produits du terroir préparés dans la plus pure tradition qui vous ravira les papilles.

CENTRE ÉQUESTRE PONEY CLUB DE LIMOGNE

Mas de Bassoul
✆ 05 65 31 67 91
www.fraysse-equitation-lot.ffe.com

Différents cours du mardi au samedi.

Didier, moniteur diplômé d'Etat et accompagnateur de tourisme équestre, aime les chevaux et les fait aimer. Chevaux et poneys vous attendent, que vous soyez débutant ou confirmé. Vous pourrez vous initier et vous perfectionner jusqu'à la compétition. Des stages à la carte sont même prévus pour les plus aguerris. Les balades vous feront découvrir le Lot. Une approche complète et pédagogique du cheval, et un apprentissage ludique pour ce centre équestre en pleine nature.

5 CONSEILS POUR

VOTRE BALADE VÉLO EN FAMILLE

veloenfrance.fr
À vélo tout est plus beau !

Le vélo est une activité sportive qui se transmet de génération en génération. Rouler en famille, c'est partager un moment unique pour se ressourcer et se réunir autour d'une activité commune. La Fédération française de cyclotourisme vous apporte quelques conseils pour quelques sorties sympas durant les vacances… Essayez : ça plaira à tous les âges !

1. Votre parcours

Pour une sortie vélo, si vos enfants sont sur un vélo autonome, assurez-vous qu'ils aient acquis certaines bases pour rouler : suivre une trajectoire, pédaler de façon constante, reconnaissance de la signalisation routière.

Ensuite, côté condition physique, nous vous conseillons des parcours de niveau très facile à facile (vert / bleu côté code couleur, comme au ski). Il s'agira d'une distance ne dépassant pas 40 kilomètres pour une journée avec des enfants à partir de 12 ans, et 30 kilomètres sur la journée pour des enfants plus jeunes. Vous pouvez toujours opter pour une roue additionnelle, voire une carriole pour les plus petits. Nous vous invitons également à choisir un parcours au cours duquel vous pourrez faire des haltes avec d'autres activités (visites, pique-nique, jeux, etc.), afin de varier les plaisirs et toujours avoir un objectif à la sortie vélo !

Trouvez des circuits de différents niveaux de difficulté sur le site ***veloenfrance.fr***

2. Respectez le Code de la route et les autres usagers

Avec les enfants vous privilégierez les pistes cyclables et autres Voies vertes, ou encore des routes à faible circulation. Cela n'empêche pas de respecter les autres usages et les réglementations : priorité aux piétons, rouler à droite, stops, feux rouges… Pensez à vous mettre en file indienne chaque fois que les conditions de circulation l'exigent. La route ne vous appartient pas, il faut la partager.

Révisez en famille ses bons réflexes à vélo sur ***ffvelo.abeilles-jeux.fr***

3. Votre matériel indispensable

N'oubliez pas le nécessaire de réparation et la pompe. Emportez vos papiers d'identité, de l'argent, de quoi vous orienter. Évidemment, à boire et à manger ! Le casque est obligatoire pour les enfants de moins de 12 ans, mais nous le conseillons aussi pour les adultes. Côté vêtements, vous opterez pour des tenues confortables de couleur claire. Vous pouvez aussi mettre des gants (utiles pour le confort et en cas de petite chute), et des lunettes (pour le soleil et des branches éventuels sur les chemins forestiers).

4. L'échauffement est essentiel

En début de sortie, pensez à utiliser de petits développements (pédalage facile), à partir avec une allure modérée, et constante. Cela permet de se familiariser à la route ou au chemin, d'être attentif à votre petit groupe. Si vous le pouvez, partez également face au vent afin que le retour soit moins pénible.

5. Les réflexes pour rouler en groupe

En groupe, votre progression doit donc être constante afin de limiter les à-coups. Un adulte à l'avant donnera ce rythme et l'adulte à l'arrière alertera pour temporiser. Des changements brusque du rythme entrainent de la fatigue supplémentaire, mais peuvent aussi poser des problèmes de sécurité. Pensez à anticiper vos changements de direction, de route ou de chemin (« *à droite* » et on met le bras), les arrêts éventuels (« *on s'arrête* »), avec des gestes et des paroles simples et compréhensibles par tout le monde.

Les clubs de la Fédération française de cyclotourisme vous accueillent pour rouler toute l'année, en toute convivialité et sans esprit de compétition. Pour trouver le club proche de chez vous : ***www.veloenfrance.fr/clubs***

INDEX

© CHRISAT - ISTOCKPHOTO.COM

Cahors.

EDITION

Directeurs de collection et auteurs : Dominique AUZIAS et Jean-Paul LABOURDETTE

Auteurs : Marie LEROY, Marie-Charlotte AMBLARD, Sophie AYMARD, Anne BECHEAU, Frédéric FILALI, Jean-Paul LABOURDETTE, Dominique AUZIAS et alter

Directeur Editorial : Stéphan SZEREMETA

Rédaction France : Briséis CREAC'H-MENUT, Mélanie COTTARD, Audrey VEDOVOTTO, Nicolas WODARCZAK

Rédaction Monde : Laure CHATAIGNON, Morgane VESLIN, Pierre-Yves SOUCHET, Natalia COLLIER

FABRICATION

Maquette et Montage : Romain AUDREN, Julie BORDES, Delphine PAGANO

Iconographie et Cartographie : Anne DIOT, Julien DOUCET

WEB ET NUMERIQUE

Directeur Web : Louis GENEAU DE LAMARLIERE

Développeurs : Guillaume BARBET, Adeline CAUX et Roland SPOUTIL

Intégrateur Web : Mickael LATTES, Antoine DION

Webdesigner : Caroline LAFFAITEUR

Community Traffic Manager : Alice BARBIER, Mariana BURLAMAQUI et Noémie LE SAUX

DIRECTION COMMERCIALE

Directeur commercial : Guillaume VORBURGER

Coordinatrice des Régies commerciales : Manon GUERIN assistée de Jonas HESOL

Account Manager Marketplace : Leila ROUGEOT assistée de Lola FAVRE-MOT

Responsable Régies locales : Michel GRANSEIGNE

Responsables Développement régie inter : Jean-Marc FARAGUET et Guillaume LABOUREUR et Camille ESMIEU

Chefs de Publicité Régie nationale : Caroline AUBRY, François BRIANCON-MARJOLLET, Perrine DE CARNE MARCEIN, Jonathan TOUTOUX et Amélie NOEL

DIFFUSION ET PROMOTION

Directrice des Ventes : Bénédicte MOULET assistée d'Aissatou DIOP

Responsable des ventes : Jean-Pierre GHEZ assisté de Nelly BRION

Relations Presse-Partenariats : Jean-Mary MARCHAL

ADMINISTRATION

Président : Jean-Paul LABOURDETTE

Directrice des Ressources Humaines : Dina BOURDEAU assistée de Sandra DOS REIS et Eva BAELEN

Directrice Administrative et Financière : Valérie DECOTTIGNIES

Comptabilité : Guillaume PETIT, Aminata BAGAYOKO, Jeannine DEMIRDJIAN

Recouvrement : Fabien BONNAN assisté de Sandra BRIJLALL

Responsable informatique : Elie NZUZI-LEBA

PETIT FUTÉ BALADES À VÉLO PÉRIGORD-LOT

LES NOUVELLES EDITIONS DE L'UNIVERSITE
18, rue des Volontaires - 75015 Paris.
✆ 01 53 69 70 00 - Fax 01 42 73 15 24
Internet : www.petitfute.com
SAS au capital de 1 000 000 € - RC PARIS B 309 769 966

Couverture : © AL hutluht - Shutterstock.com / © samui - Shutterstock.com
Impression : Imprimerie de Champagne Nouvelle – 52200 Langres
Achevé d'imprimer : septembre 2022
Dépôt légal : 11/10/2022
ISBN : 9782305079431

Pour nous contacter par email, indiquez le nom de famille en minuscule suivi de @petitfute.com
Pour le courrier des lecteurs : info@petitfute.com

IMPRIMÉ EN FRANCE